解说陕历博

LEARN ABOUT SHAANXI HISTORY MUSEUM

主编 步雁

陕西新华出版
陕西人民教育出版社
·西安·

图书在版编目（CIP）数据

解说陕历博 / 步雁主编. -- 西安 ：陕西人民教育出版社，2023.2（2025.11 重印）
ISBN 978－7－5450－9214－1

Ⅰ. ①解… Ⅱ. ①步… Ⅲ. ①历史博物馆—介绍—陕西②文物—介绍—陕西 Ⅳ. ①G269.274.1②K872.41

中国国家版本馆 CIP 数据核字（2023）第 030478 号

解说陕历博

JIESHUO SHANLIBO

出版发行	陕西人民教育出版社
地　　址	西安市丈八五路 58 号
邮　　编	710077
经　　销	各地新华书店
印　　刷	中煤地西安地图制印有限公司
开　　本	787 mm×1092 mm　1/16
印　　张	24.5
字　　数	430 千字
版　　次	2023 年 2 月第 1 版
印　　次	2025 年 11 月第 2 次印刷
书　　号	ISBN 978－7－5450－9214－1
定　　价	108.00 元

编委会

序

陕西地处黄河中游，是中华民族和华夏文化的重要发祥地之一。中国历史上包括周代、秦代、汉代、唐代等辉煌盛世在内的十四个王朝或政权都曾在这里建都，建都史长达1100多年。陕西曾是我国古代重要的政治、经济、文化中心，其丰富的文化遗存、深厚的文化积淀，形成了陕西独特的历史文化风貌。源远流长、博大精深的陕西文化也谱写了中华文明最耀眼的华彩乐章。

被誉为“古都明珠，华夏宝库”的陕西历史博物馆更是成为收藏和展示陕西历史文化和中国古代文明的艺术殿堂，馆藏文物171万余件。以“陕西古代文明”“大唐遗宝——何家村窖藏出土文物展”和“唐代壁画珍品展”三个常设陈列全面反映了陕西历史文化的概貌，充分展示了陕西乃至中国的历史、文化、艺术和社会发展的光辉成就，体现了中国历史的悠久和中国古代文明的博大精深。

为了增进公众对陕西历史博物馆以及陕西历史文化的深度理解，为了更好展现文物的历史价值、文化价值、审美价值、科技价值、时代价值，笔者特编写了这本《解说陕历博》。本书对陕西历史博物馆的常设陈列进行了较为全面地梳理，深度解读了其中的珍贵文物信息，全方位、系统化地为广大读者重点介绍了陕西古代历史文化中最具代表性、最具影响力的文明成果及其丰富的文化内涵。区别于其他介绍文物的书籍，本书通过基础信息、完整信息、拓展信息三大模块，由浅入深地带领读者了解文物背后所蕴含的文化内涵。借助此书使读者在参观陕西历史博物馆的同时，更深入地感知和了解陕西古代优秀历史文化。而且，本书还可以作为讲解员、志愿者等博物馆服务人员的培训教材，让大家在不同学习阶段能够逐步掌握所需的历史文化信息。

《解说陕历博》这本书是对考古成果和学术成果的有效转化，也是对中华优秀传统文化的充分阐释，还是对陕西故事、中国故事的准确讲述，更是促使公众读懂陕西、读懂中国的有益尝试。以文物为媒介，以博物馆为窗口，充分发挥博物馆教育职能，实现文化研究成果向大众常识的转化，对于读者加深认识中华优秀传统文化、加深他们对民族与国家、历史与艺术的正确认识和理解具有重要意义。

目 录

东方帝国 /63

唐代壁画珍品展 /277

陕西历史博物馆

【基础信息】

陕西历史博物馆是我国第一座大型现代化国家级博物馆，于 1991 年 6 月 20 日建成并对外开放，馆区占地面积 6.5 万平方米，建筑面积 5.56 万平方米，展厅面积 1.1 万平方米。它的建成标志着中国博物馆事业迈入了新的发展里程。馆藏文物 171.795 万件（组），文物不仅数量多、种类全，而且品位佳、价值高，尤其以商周青铜器、历代陶俑、汉唐金银器以及唐墓壁画四大类为特色藏品。

【完整信息】

陕西历史博物馆的陈列体系以一个基本陈列和两个专题陈列为主，临时展览为补充，彼此支撑、交相辉映。

基本陈列为“陕西古代文明”。该陈列共分为三个展厅、七个部分，按照历史发展的时间顺序集中展示了馆藏精品文物以及近年来陕西省内重大考古出土珍品文物，共计 3000 余件，本着“以物带史”的原则，系统展示了陕西古代文明的丰硕成果以及不同时代的兴亡盛衰。

两个专题陈列分别设在基本陈列的东西两侧：“大唐遗宝——何家村窖藏出土文物展”和“唐代壁画珍品馆”。“大唐遗宝——何家村窖藏出土文物展”集中展示了 1970 年 10 月在陕西省西安市南郊何家村窖藏出土的金、银、玉器及其他各类珍品文物，共计 300 余件，它们代表了唐代手工艺品的最高水平。“唐代壁画珍品展”展示了从 14 座高等级唐墓中揭取的壁画精品，该展厅集展陈功能和文物保护功能为一体，为我们了解、研究唐代社会生活及风俗文化打开了一扇窗口。

临时展览作为陈列体系的补充，具有周期短、内容新、主题鲜明等特点。同时，临时展览也起到了文化交流的作用，通过引入国内外优秀展览，极大地丰富了公众的文化生活。

陕西历史博物馆的展览从多角度向广大观众揭示了历史文物的丰富文化内涵，展现了中华民族博大精深的文明成就，将灿烂辉煌的三秦文化呈现给世界各国人民。“陕西古代文明”“大唐遗宝——何家村窖藏出土文物展”“唐代壁画珍品展”，这些主陈列蝉联第八、九、十届“全国博物馆十大陈列展览精品奖”。2018 年“陕西古代文明”陈列通过提升改造，增加了近十年陕西考古新发现的精品文物，吸收了当代博物馆最新陈列理念，采用了最新展示传播手段，充分反映了陕西古代文明发展成果和水平，荣获第十六届“全国博物馆十大陈列展览精品奖”。

【拓展信息】

20 世纪 70 年代，周总理来陕西视察的时候有感于当时陕西省博物馆潮湿局促的库房与陕西丰富的文物资源实不相称，提出应在适当的时候建一座新博物馆，地点可选在大雁塔附近。1986 年这座博物馆正式开工建设，于 1991 年建成并对外开放。

陕西历史博物馆由中国工程院院士、著名建筑设计师张锦秋女士主持设计，整体建筑为“中央殿堂、四隅崇楼”的仿唐风建筑群，将唐代古典建筑风格与现代博物馆功能相结合，融中国古代宫殿与庭院建筑风格于一体。这座建筑荣获“经典设计奖”并入选“首批中国 20 世纪建筑遗产”目录。

序　厅

1. 顺陵走狮（复制品）

【基础信息】

在陕西历史博物馆的序言大厅中央展示着一尊巨大的“顺陵走狮”，这尊石狮是以武则天母亲杨氏顺陵前的石狮为原型等大复制而成。石狮与底座由一整块石头雕刻而成。整尊石刻恢宏大气、雕工精美、气势磅礴，代表了这一时期石刻艺术发展的最高水平，是迄今为止中国发现的最大的古代石狮雕刻，也是最具代表性的唐陵石刻之一。

【完整信息】

亚洲狮子原产于西亚和印度中南部地区，随着丝绸之路的开通以及佛教文化的广泛传播，狮子这种动物以及它所代表的神勇、力量和王者威仪等文化内涵传入我国，并逐渐与中国本土文化相融合。从这尊走狮身上，我们可以看到唐人昂扬向上的精神面貌，也反映出陕西文化的开放、多元和兼容并蓄。

【拓展信息】

武则天之父是唐朝开国功臣武士彟，其母杨氏出身隋代宗室。杨氏顺陵始建于唐高宗咸亨元年（公元 670 年），至武则天长安二年（公元 702 年）顺陵碑的设置才最后完成，历经太原王妃墓、顺义陵、顺陵三个阶段，其修造与扩建的时间达 32 年之久，这使它成了唐代规模最大、级别最高的一处皇家外戚陵园。园中石刻气势雄伟，在唐代陵墓中最为杰出。

陕西古代文明

【基础信息】

“陕西古代文明”展览是陕西历史博物馆的基本陈列，这个陈列用 3000 余件文物来体现陕西从约 163 万年前古人类出现一直到 1840 年鸦片战争以前的发展状况，时间跨度达 100 多万年。该陈列分三个展厅、七个部分，七个部分分别为史前时期、周代、秦代、汉代、魏晋南北朝时期、隋唐时期和唐以后的陕西，本着“以物带史”的原则，从不同侧面反映出陕西古代文明在中国古代历史上的重要地位。

陕西曾经是中国的政治、经济、文化中心，历史上有十四个朝代在此建都，仅建都史就长达 1100 多年。因为陕西在中国历史上的特殊地位及陕西历史博物馆馆藏文物数量多、种类全、序列完整的特点和优势，所以陕西历史博物馆不仅是全国少有的能举办通史展览的博物馆之一，还被誉为“浓缩的中国文明史”。下面就请大家走进“陕西古代文明”展览，一起来解读文物，了解历史，感知文明。

2. 陕西省地形图

【基础信息】

陕西省简称“陕”或“秦”，位于黄河中游，地处中国内陆腹地，是大西北的门户。全省总面积 20.56 万平方千米，人口 3954 万（截至 2022 年）。陕西省地域狭长，地貌丰富，由北向南依次为陕北黄土高原、关中渭河平原和陕南秦巴山地。关中渭河平原又叫关中平原，位于陕西省中部，东西宽约 360 千米，约合 800 华里（长度单位，1 华里约等于 500 米），俗称八百里秦川。在遥远的地质年代（指地壳上不同时期的岩石和地层，在形成过程中的时间和顺序），蒙古高原的黄沙被强劲的北风席卷南下，受到秦岭北坡的阻挡后，堆起了厚厚的黄土层，再经河流的冲刷、淤积，形成了这片肥沃广阔的平原地带。加之关中平原地处暖温带，气候温和湿润，非常适宜人类居住和农业发展。这些优越的自然环境使陕西成了中华民族和华夏文化的重要发祥地之一。

关中，是指“四关”之内，即东函谷关（东汉后被潼关取代）、西大散关、南武关、北萧关，四面都有天然地形屏障，易守难攻，从战国时期起就有“四塞之国”的说法。战国时期，苏秦向秦惠王陈说“连横”之计，就称颂关中“田肥美，民殷富，战车万乘，奋击百万，沃野千里，蓄积饶多”，并说，“此所谓天府，天下之雄国也”。这比成都平原获得“天府之国”的称谓早了半个多世纪。汉代张良用“金城千里”来概括关中的优势，并劝说刘邦定都关中。

得天独厚的自然环境和地理条件使得陕西省成为我国历史上建都朝代最多、建都史最长的地方。陕西省作为中国曾经的政治、经济、文化中心，不仅留下了民族盛衰、王朝更迭的历史印迹，更积淀了丰厚而宝贵的物质和精神文明，共同构成了陕西省独特的历史文化风貌。陕西作为中华民族和华夏文化的重要发祥地之一，文化积淀十分深厚。黄帝陵、兵马俑、延安宝塔、秦岭、华山等，是中华文明、中国革命、中华地理的精神标识和自然标识。

史前时期

（约 163 万年前—公元前 21 世纪）

【基础信息】

每当我们说起一段历史，往往要追溯它的源头，而陕西历史的源头要从百万年前的史前时期说起。所谓史前时期，指的是文字出现前的人类历史时期，陕西的史前时期年代范围为约 163 万年前至公元前 21 世纪。在那个遥远的年代，陕西地区气候湿润温和，植被茂密，特别适合古人类和动植物的生存。

【完整信息】

地处黄河中游的陕西，是中华民族和华夏文化的重要发祥地之一，也是古代文明的摇篮之一。陕西境内发现的蓝田人、大荔人等远古人类遗存及西安半坡、临潼姜寨、高陵杨官寨、神木石峁等早期文化遗址，反映了远古先民在这里形成、演进的过程和生存、发展的状况，再现了陕西史前文明的基本特征和中华民族生机蓬勃的“童年”时代。

人猿揖别（旧石器时代）

【基础信息】

陕西是中国最早的人类起源地之一，蓝田人、大荔人、黄龙人和秦岭旧石器时代一些重要遗存，不仅完整地展示出中国早期人类体质、智力的成长过程，更代表着中国旧石器文化在世界文化格局中发展演进、自成体系的重要地位。

3. 蓝田人

【基础信息】

1964 年，考古学家在陕西省西安市蓝田县公王岭和陈家窝分别发现了一具头骨化石和下颌骨化石。对公王岭头骨化石进行检测后发现，这位蓝田人的年龄在 30 岁左右，女性，她的相貌呈现出较多的原始性。从复原头像中可以看出，她的前额低平，眉骨粗壮，吻部突出，牙齿粗大，头骨高度极小，骨壁很厚。经测算，她的脑容量仅有780毫升，相当于现代人的一半左右。

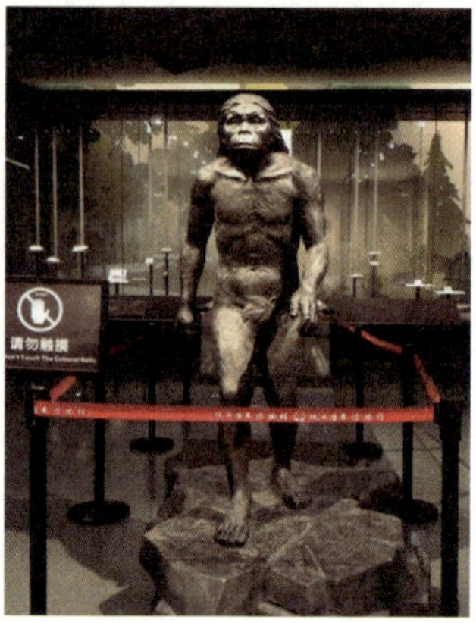
蓝田人复原像

【完整信息】

根据最新的考古研究，蓝田人生存的年代距今约115万年，是目前所知亚洲北部最早的直立人。直立行走是“人猿揖别”的重要标志之一，蓝田人的发现对探索和考察人类起源有着重大的意义。

【拓展信息】

现代一般认为，人类是由古猿中的一支演化而来，古猿早在3000多万年以前就已经出现在地球上，他们体形较现代猿类小。考古学通常讲的“南方古猿”大约生活在4000万～100万年以前。人类就是由南方古猿的一支演化而来的。200万～300万年前，南方古猿中的一支脱离了古猿类，朝着人类的方向演化。截至目前，在陕西省蓝田县发现的蓝田人是我国境内除元谋人之外最早的古人类，陕西也因此成了中国人类最早的起源地之一。

4. 蓝田人石器一组

【基础信息】

与蓝田人头骨同时出土的还有蓝田人狩猎和采集所使用的石制工具。这些大型刮削器和砍砸器比较粗糙、原始，并且具有一器多用的特点。一般考古学上把这种以简单粗糙的打制石器作为生产和生活用具的史前阶段称为旧石器时代。

【完整信息】

打制石器可分为尖状器、刮削器、砍砸器、雕刻器、球状器等几种主要类型。其材料主要为燧石、玛瑙、石英岩、石英砂岩、角岩、各种硅质岩等。

尖状器：石器有一个尖锐的角，两到三边均经修理打制，其大小一般适合古人用手拿稳。刮削器：一般由打击石块后留下的石片再加工制成。砍砸器：常以扁平砾石，大石片或石核制成，只在边缘部位进行多次加工成单边或多边的石器，主要用途是砍砸大型动物或制造修理工具。雕刻器：在旧石器时代晚期、中石器时代和新石器时代均可见到，主要用来雕刻制作木制品。球状器：呈球状，在球状器上能清楚看到打击剥落石片的疤痕。旧石器时代中期较常见。球状器用途不明，有专家认为是为打击远处动物制造的。

尽管人们今天所看到的这些打制石器是如此粗糙和笨重，但是打制石器的出现，对人类的进化与发展具有莫大的意义。古人类制作、改进石器是一种有目的的创造性活动，在这数百万年间取得的每一个进步，都是人类在改造自然中充分发挥主观能动性的证明。

5. 洛南盆地旧石器遗址

【基础信息】

洛南盆地旧石器遗址，是我国重要的旧石器时代遗址群。洛南盆地旧石器遗址，位于秦岭东麓陕西洛南盆地。在旧石器时代就有原始人类在这里居住。洛南盆地旧石器遗址出土石制品 1.8 万余件，发现了非洲及欧亚大陆西侧旧石器时代早期流行的阿舍利石器工业器物中的手斧、薄刃斧和手镐等工具组合，这是迄今为止在中国乃至整个东亚地区旧石器时代早期阿舍利石器工业器物最为集中的发现，这一发现从侧面反映了世界文化的大传播。

【完整信息】

阿舍利文化是非洲、西欧、西亚和印度的旧石器时代早期文化，因最早发现于法国亚眠市郊的圣阿舍尔而得名，被称为“阿舍利技术”，阿舍利石器工业以手斧为主要特征，除此之外，还有薄刃斧、手镐等工具。

经 C-14 测定，洛南盆地旧石器遗址出土的阿舍利石器工业器物距今有 25 万年～7.5 万年。而在西方，大约 20 万年前阿舍利文化就逐步消失了。中国为何在 7.5 万年前还有此类器物？专家推测可能与环境等因素有关。洛南盆地旧石器遗址阿舍利文化器物的再次密集出现，对于认识东亚地区旧石器工业面貌、早期人类行为和技术交流与传播、东西方旧石器文化比较研究以及与现代人类起源有关的环境变迁与技术行为关系，具有极为重要的学术价值。

6. 大荔人

【基础信息】

继蓝田人被发现之后，1978 年在陕西省渭南市大荔县出土了一具比较完好的古人类头骨化石，故名大荔人。该化石为一 30 岁左右的男性头骨。与大荔人化石同时出土的有石制品和哺乳动物化石，时代为中更新世末期，距今有 15 万年～20 万年。

【完整信息】

与蓝田人相比，大荔人在体质特征上呈现出较大的进步，介于直立人和早期智人之间，脑容量增加到 1120 毫升，是早期智人中的古老类型。大荔人使用的工具以刮削石器为主，也有尖状器和少量石锥等，由此推断大荔人的生活方式可能以狩猎为主，采集为辅。

【拓展信息】

大荔人头骨化石的发现，在中国及东亚地区早期人类演化史的研究中具有非常重要的意义，它填补了我国历史上人类由蓝田人（今陕西省西安市蓝田县）向丁村人（今山西省临汾市襄汾县汾河附近）过渡的空白，为研究汾渭谷地早期人类活动提供了重要线索。同时，大荔人头骨化石的面部有一些性状与现代蒙古人种比较接近，如颧骨比较朝向前方，使面部显得扁平，鼻梁扁塌，鼻根处凹陷不深等，为研究蒙古人种提供了宝贵的资料。

7. 龙王辿（chān）遗址

【基础信息】

龙王辿遗址位于陕西省延安市宜川县，距今 2 万年～1.5 万年。我们现在看到的细石器（刮削器、尖状器等石器）就出土于此，龙王辿遗址出土的细石器使用功能复杂多样，既有用来切割肉类的，也有用于加工皮革、骨质和木质工具等。另外，在龙王辿遗址还发现了精美蚌饰。遗址里出土的石磨盘、磨制石铲等重要遗物，也是目前国内已知年代最早的磨制石器，它们标志着人类迎来了新石器时代的曙光。

【完整信息】

2002 年陕西省考古研究院在对陕北黄土高原进行旧石器考古调查时发现了此处遗址。经过多次考古发掘，已出土石制品 20000 多件及一些动物骨骼化石。石制品以细石器为主，兼有大型的打制石器和磨制石器。其中的磨制石铲是目前国内旧石器文化遗址中发现最早的磨制石器之一。这批石制品所用的原料多以燧石和石英石为主。在制作手法上具有十分成熟的间接打制及压制修整特征。从加工技法、形制特征观察，龙王辿遗址第一地点的文化内涵具有典型的中国华北细石器工业传统的特征。在龙王辿遗址第一地点的发掘中发现了精美蚌饰，弥足珍贵。在龙王辿遗址第一地点的发掘中还发现了多处人类生活的遗迹，有多处以一件石砧为中心的断块、废片、碎屑的集中分布区，表明这里曾是石器加工场所。因此专家普遍认为龙王辿遗址应是一处石料采集和石器加工生产的生活场所。龙王辿遗址的年代，经初步的年代测定并参照周边其他遗址的材料，判断其绝对年代应为距今 2 万年～1.5 万年。龙王辿遗址的发现与发掘，为我们深入研究中国北方旱地农业的起源、黄河中游地区旧石器时代向新石器时代的过渡等学术课题提供了资料，具有特别重要的意义。

华夏源脉（新石器时代）

【基础信息】

在距今 1 万年左右，人类社会进入了一个崭新的阶段，人类及其文化的发展也迈入了一个全新的阶段——新石器时代。在考古发现中，一般以出现长期定居的村落，在生产中使用磨制石器和烧制陶器，经营原始农业及家畜饲养作为新石器时代的显著特征。当然，旧石器时代向新石器时代过渡是逐渐实现的，上述新石器时代的显著特征也并非同时出现。

【完整信息】

旧石器时代和新石器时代的根本区别是人类经济活动的变革。旧石器时代人类使用打制石器进行生产劳动，新石器时代除了沿用打制石器外，较多地使用磨制石器从事生产劳动。磨制石器是适应农耕的需要而产生、发展起来的。因此农业、磨制石器和家畜饲养业的出现是新石器时代开端的标志。同时制陶业也是新石器时代文化的一个重要标志，陶器的出现是人类历史上的一大创举，是人类第一次用火将一种物质改变成另一种物质，这一改变为人类吃熟食提供了条件，从而大大改善了人类的生存条件，也促进了人类体质与思维能力的进化。

【拓展信息】

陕西是中华文明的重要发源地之一，也曾孕育了中华民族。据目前的考古资料来看，新石器时代中国不同地区的文化发展并不平衡，但陕西一直是发展的核心区域。根据文化面貌的不同，陕西新石器时代文化又依次可分为老官台文化时期、仰韶文化时期和龙山文化时期三个阶段。老官台文化时期，农业逐步发展，定居逐步形成，是氏族初兴和文化奠基时期；仰韶文化时期，以分布在陕西渭河流域的仰韶文化为核心，开启并实现了中国史前文化的大融合，“文化意义上的中国”开始形成，也是传说中“人文初祖”炎、黄二帝统一华夏的时代；龙山文化时期的陕西以超大型城址群落为代表，标志着中国进入了古国时代。

氏族生活——老官台文化时期

【基础信息】

随着原始农业的发展，渭水两岸、汉水上游如雨后春笋般出现大量氏族聚落。临潼白家、华县（今陕西省渭南市华州区）老官台、宝鸡北首岭和西乡李家村等遗址是陕西已知最早的新石器时代文化遗存，距今 8000～7000年。这时的先民们种植粟类作物，饲养猪、狗等家畜，过着定居的生活。生产工具以磨制石器为主，兼有打制石器和细石器。制陶工艺比较原始，彩陶尚处于萌芽阶段。

【完整信息】

老官台文化是黄河中游地区的早期新石器文化，也被称为“大地湾文化”或“北首岭下层类型”。因首先在华县（今陕西省渭南市华州区）老官台遗址发现而得名。老官台文化主要分布在渭水流域、陕西的关中平原及丹江上游地区。从考古发掘来看，老官台文化仍处于以狩猎采集经济为主，并进行低水平食物生产的“似农非农”阶段。

仰韶文化时期

【基础信息】

仰韶文化，是黄河流域重要的新石器时代文化，距今 7000～5000 年，因首先发现于河南省三门峡市渑池县仰韶村而得名。仰韶文化主要分布于黄河中下游地区及其边缘地区，而陕西境内分布着 2000 余处仰韶文化的遗址，处于仰韶文化时期的中心区。代表遗址有西安半坡遗址、临潼姜寨聚落遗址、宝鸡北首岭遗址、高陵杨官寨聚落遗址等。

【完整信息】

仰韶文化早期以西安半坡遗址、临潼姜寨聚落遗址等为代表，这一时期，带有圆形环壕的聚落普遍形成，农业有所发展，粟、黍等为主要农作物，人工饲养的家禽、家畜有鸡、狗、猪等。这一时期的陶器制作精良，表面多绘有写实或抽象的鱼纹、蛙纹、三角纹、条带纹等。这一时期的农业生产主要由妇女承担，因此，社会形态处在母系氏族公社的繁荣阶段。

仰韶文化中期以高陵杨官寨聚落遗址为代表，社会出现了比较明显的分工，单个聚落的规模普遍扩大，彩陶发达，主要图案有写实或抽象的鸟纹、花瓣纹、弧线三角纹、圆点纹、条带纹等。这一时期是仰韶文化的鼎盛阶段。

仰韶文化晚期关中地区聚落规模缩减，这一时期社会分工更为精细，但陶器制作及彩陶加工都较中期粗糙。农业的发展，使渔猎经济退居到次要地位，大量的男子投入到农业生产中去，这一变化使男子的社会经济地位得到了提高。晚期文化遗存中发现了象征男性崇拜的陶祖，说明当时男子的社会地位已经开始发生变化。

【拓展信息】

仰韶文化遗址的发现与发掘意义深远：第一次宣告了中国蕴藏着丰富的新石器时代文化遗存，证实了中国存在过较为发达的新石器时代。仰韶文化成为中国考古史上第一个被正式命名的远古文化体系。这次发现揭开了中国新石器时代考古事业的第一页，揭开了中国原始社会研究的第一页，是一次划时代的重要发现。

8. 尖底瓶

【基础信息】

尖底瓶多为泥质陶器，是新石器时代仰韶文化典型器物之一。小口、细颈、溜肩、长圆腹、尖底，有的上腹部带双耳，器表多拍印纹饰。

【完整信息】

一些学者认为尖底瓶是一种汲水器，用来从河里或井中取水。并且极个别的小口尖底瓶可以自动汲水，使用时将绳子系于双耳之上放置在水中。当瓶子接触到水面时，瓶身在水的浮力的作用下自然倒下，水便自动注入瓶中，随着水量的增加，瓶的重心不断发生改变，当水达到一定量时瓶子就会自动竖立。虽然这种现象只是巧合，但尖底瓶还是有其优点的，一是口小，装水后不易溢出；二是有的尖底瓶腹部两边有耳，穿绳后便于背挎和手提。这一设计充分体现了先民的聪明智慧。

还有些学者认为尖底瓶是一种酿酒的器具。在距今9000～7000年的贾湖遗址已经出现了先民酿酒的直接证据。至仰韶文化时期，先民的酿酒技术已经相对成熟了，陕西高陵杨官寨聚落遗址就出土了与酿酒有关的小口尖底瓶。通过对部分尖底瓶内残存的淀粉进行分析，专家推测它们可能是酿造酒的器具，而且甲骨文中的“酉”字很像尖底瓶的象形。由它组成的会意字有“尊”“奠”等，因此从侧面也可以推测出尖底瓶中所装的不应是日常饮用的水，应是礼仪、祭祀用的酒。

9. 彩陶

【基础信息】

仰韶文化以彩绘红陶最具代表性，因此仰韶文化又被称为彩陶文化。人们采集大自然中的天然矿物进行研磨，制成颜料，绘于器物内外壁上。由于矿物质颜料含铁量较高，因此烧成成品后呈现出暗红色或黑色。彩陶纹饰的题材多种多样，有动物纹、人物纹、几何纹等。

【完整信息】

艺术来源于生活，远古时期的人们将日常生活中所见的动物、植物、山河风雨的形象绘在陶器上，产生了最初的美术形式和审美意识。这些图案不仅是对大自然的真实摹写，而且还经过了思维加工的抽象符号。可以说，在没有文字记载的史前时期，留存在陶器上的丰富多样的彩绘纹饰便是解读史前社会图景以及远古先民精神世界的依据和线索。

彩陶是史前制陶业的突出成就之一。在我国，从东南沿海地区到东北地区都有发现彩陶的踪迹，其中以仰韶文化、马家窑文化最为盛行，其彩绘纹饰也最绚丽，并且在不同地区出现的相同纹饰还充分证明了早在新石器时代晚期先民们便存在文化交流的现象。

【拓展信息】

制陶方法

我国新石器时代的陶器制作方法大致可分为手制、模制和轮制。从早期的手制经慢轮修整，发展到快轮制陶，经历了一个漫长的发展过程。大约在距今 7000 年前才产生了慢轮，在距今 5000 年前后，黄河下游的龙山文化时期才发明并使用了快轮。

手制又可分为捏塑法、泥片贴筑法、泥条筑成法。捏塑法仅限于少量小型器物，以及器物上的附件，如耳、足与贴附在器物上成为附加堆纹的手捏泥条等。泥片贴筑法主要流行于我国南方地区；泥条筑成法是以陕西为主的黄河流域的主要制陶方法。

彩陶

10. 姜寨聚落遗址

【基础信息】

姜寨聚落遗址位于陕西省西安市临潼区姜寨村，距今 6600～6400 年，属于母系氏族社会，遗址总面积约为 50000 平方米，分为居住区、烧陶窑址区和墓葬区三部分。整个聚落区位于渭河最大的支流临河北岸，东、南、北三面有人工壕沟环绕，是用于保护居住区安全的防御设施。中央有面积较大的广场，广场周围分布着五个建筑群，每个建筑群以一座大房子为主体，周围环绕一座或数座中型房屋，中型房屋的周围分布数座小型房屋。房门均朝向中心广场，房屋附近有储物的窖穴、家畜圈栏以及儿童的瓮棺葬。邻近河流处分布着烧陶窑址区，说明制陶作为一个重要的手工业部门在当时已有相当的发展。墓葬区位于居住区东部，共发现墓葬 600 余座，以单人葬为主，也有一定数量的多人二次合葬、同性合葬以及母亲和子女合葬，在一定程度上反映了当时的社会形态。

【完整信息】

姜寨聚落遗址的发掘是继半坡遗址发掘之后规模更大的一次史前聚落考古。它既为确立关中地区新石器时代文化发展的相对年代序列提供了明确的证据，也为研究我国母系氏族社会繁荣时期的村落布局、氏族组织等提供了珍贵资料。在姜寨聚落遗址的发掘中，发现的10000多件珍贵文物，为研究各个文化时期的生产情况、原始艺术的发展程度、文字的起源等都提供了相当重要的资料。

姜寨聚落遗址复原模型

11. 人面鱼纹盆

【基础信息】

这件陶盆用细泥红陶制成。盆内壁用黑彩绘制出两个人面鱼纹和两个单鱼纹，对称分布。两个人面鱼纹接近图案化，但仍保留着人面的基本特征。脸为圆形，双目大而夸张，鼻为倒“T”形，嘴角两侧各绘制一鱼，好像嘴巴衔着鱼一样，头顶的三角图案，似乎为发髻或头饰，图案朴素简洁。彩陶人面鱼纹盆自1957年在半坡遗址首次出土后，相似的陶盆在临潼姜寨聚落遗址、宝鸡北首岭遗址中均有发现，其分布范围均在渭水流域内，因此，彩陶人面鱼纹便成为仰韶文化半坡类型的典型标记。

【完整信息】

这种彩绘陶盆多为当时小孩瓮棺葬的葬具，因此对于盆上纹饰的内在含义一直众说纷纭。有人认为是一种图腾标志；有人认为是一种渔猎巫术的表现，蕴含了人们对丰收的期望；也有人认为它代表了祈求子孙繁衍的祝福意义。不管是哪种含义，在这一时期，渔猎都是重要的生产方式，因此，在小孩瓮棺葬的葬具上描绘鱼群围绕的人面，饱含着生者对死者的祝福和长辈对晚辈的疼爱之情。

人面鱼纹盆

12. 杨官寨聚落遗址

【基础信息】

杨官寨聚落遗址位于陕西省西安市高陵区姬家乡杨官寨村。在 2003 年泾渭工业园建设中，陕西省考古研究院发现了该遗址。从 2004 年开始，陕西省考古研究院对该遗址进行了多年的考古发掘，并获得了重要收获。

该聚落距今约 5500 多年，是目前已知面积最大、同时期内唯一保存较好的大型环壕聚落遗址。遗址面积为 24.5 万平方米，相当于 40 个标准足球场，分为居住区、制陶区、大型普通“居民公共墓地”等。遗址西门附近出土了大量陶器，可能是因举行某种特别仪式而埋入的，聚落的中央建设有人工水利设施，遗址边缘有一条长达 1945 米的壕沟，类似于今天的护城河，目的是防止野兽的侵袭和外来部落的侵略。保存如此完整、规模如此宏大的环壕聚落遗址在这之前从来没有被发现过。有专家认为杨官寨聚落遗址或可把西安的建城史、建都史提前至 5500 多年前，这一遗址也可能是中国最早的“城镇”雏形，并为后来国家的起源、中华文明的起源奠定了基础。杨官寨聚落遗址两度入选“全国十大考古新发现”。

龙山文化时期

【基础信息】

龙山文化因1928年首次发现于山东省济南市章丘县（1992年，撤销章丘县，设立章丘市。2016年，撤销章丘市，设立济南市章丘区）龙山镇而得名，距今5000～4000年，这一时期生产工具及生产力有了新的发展，中国开始跨入文明社会的门槛。黄河及长江流域城邑林立，早期国家普遍形成，位于陕西北部的神木石峁等城址标志着这一时期已经进入古国时代。

【完整信息】

龙山文化时期为新石器时代晚期文化，主要分布在黄河下游，在黄河中游和长江中下游等地也发现了类似的文化遗存。因此，陕西地区这一时期的文化遗存被命名为“陕西龙山文化”。这一时期，农业和畜牧业有了新的发展，生产工具的数量及种类大为增加，陶器以灰陶为主，有少量黑陶和红陶。随着社会经济的发展变化，男性逐步取代女性在社会生活中的主导地位，原始居民进入了父系氏族公社阶段。

13. 石峁外城东门遗址模型

【基础信息】

石峁遗址位于陕西省榆林市神木市高家堡镇石峁村，地处陕北黄土高原北部边缘。经勘探初步证实该遗址是龙山文化晚期到夏代早期规模最大的城址，距今有4000多年，由内城、外城、皇城台三部分构成。总面积约425万平方米，是目前我国发现的面积最大的史前遗址。

【完整信息】

2011年起考古人员对石峁外城东门遗址进行发掘并取得重大收获，出土了玉器、骨器、陶器、石器、壁画等文物。石峁遗址最引人注目的便是“藏玉于墙”的现象，在东门石墙内发现了一些玉铲、玉璜等器物，古人相信玉有神秘功能，在城池建造过程中将玉埋在墙体内，给石峁的居住者或者统治者构建了一个精神屏障。这次发掘还搞清楚了石峁外城东门遗址的结构，发现了由南、北墩台，内、外瓮城，马面，角楼等组成的一个结构非常复杂的城防设施，开创了中国城建中城防设施的先河，具有非常重要的学术意义。

【拓展信息】

石峁遗址的发掘成果为多元一体的中华文明起源的形成和发展过程提供了全新的研究资料。该遗址在 2012 年以“中国文明的前夜”的美誉入选“2012 年十大考古新发现”，同时还获得了“世界十大田野考古发现”“21 世纪世界重大考古发现”等诸多荣誉，被考古学家认为是探寻中华文明起源的窗口。

14. 牙璋

【基础信息】

牙璋形似刀，器身上端有弧形刃，底端柄部有向外突出的鉏牙，是出现于新石器时代晚期的一种礼器。这组牙璋出土于石峁遗址，多为墨玉质地，呈扁平长方体状。牙璋种类很丰富，有一个齿的，也有多个齿的，有刃部呈弧形的，也有刃部呈三角形的；每件牙璋在大小上也不尽相同。这些牙璋磨制光滑平整，都没有纹饰，有的保存完好，有的有磨损、破损的痕迹。

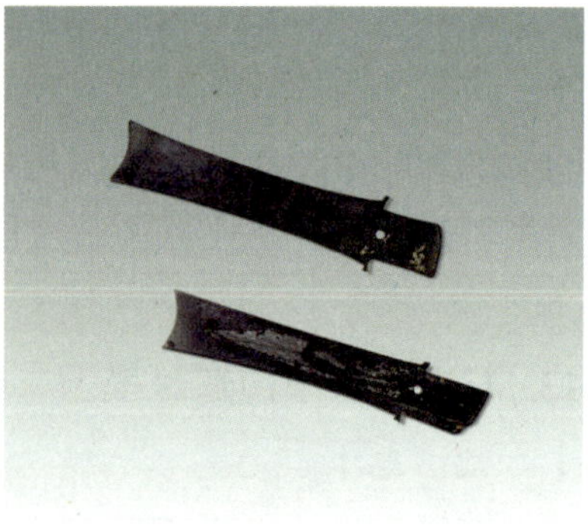

牙璋

【完整信息】

牙璋作为权力和地位的象征，始见于龙山文化时期，夏、商时期得到发展，商晚期逐渐消失。关于牙璋的用途，目前学术界还没有一个统一的说法。根据《周礼》记载，牙璋可能是军中所用器物。宋代沈括《梦溪笔谈》中认为牙璋是兵符。多数学者认为牙璋的形制是从原始社会晚期耕田起土的农具“耜”演变而来的。古人仿此农具制作瑞玉，可能是将其用于农事的祭祀典礼。四川广汉三星堆二号坑出土的一件小铜人，挺身跪地，两臂平伸手持牙璋，是牙璋作为祭祀礼器的生动写照。

15. 鳄鱼骨板

【基础信息】

鳄鱼骨板呈方片状，约 2 厘米见方，背面稍向内凹，正面有许多点状的小孔，内侧凸起一条脊棱，专家推测极有可能是扬子鳄的骨板。上古时期有一种名叫鼍鼓的鼓，是等级身份的象征，而鼍是扬子鳄的简称，这件鳄鱼骨板很可能与制作鼍鼓有关。

【完整信息】

鳄鱼是一种冷血的卵生爬行动物，除少数生活在温带地区外，大多生活在热带、亚热带地区的河流、湖泊和多水的沼泽，很多人据此判断那个时代的黄土高原，气候湿润，适宜扬子鳄生长。但是这块鳄鱼骨板是在陕晋中北部至内蒙古中南部在内的河套地区首次发现的，所以有专家推测这条扬子鳄未必生长于此，极有可能来自遥远的南方。考古遗址出土的鳄鱼骨板象征着墓主人身份的不俗，如山东大汶口新石器时代墓葬、河南安阳殷墟侯家庄商王陵大墓、山西襄汾陶寺墓地、山西芮城清凉寺墓地等都有鳄鱼骨骼遗骸出土。

16. 玉人头

【基础信息】

这件玉雕人头像出土于石峁遗址，为一侧面人头形象，五官俱全，目光平视，鼻梁隆起，根据玉人头中间的孔洞推测，它可能是当时用于悬挂的装饰物。整件玉人头刀法简练，刻画得非常生动，由此可见，当时的先民已经掌握了切割、钻孔、抛光等玉器加工工艺。

玉人头

【完整信息】

石峁遗址出土了大量玉器，尤其以这件玉人头价值最高，是目前中国史前玉人头像中唯一一件侧面雕像。石峁遗址中出土的玉器，不论是在出土位置上还是形制上，都具有自身特色，这件玉人头就是其中具有代表性的一件。

史前艺术

【基础信息】

先民们在漫长的生产生活实践中不断探索人与自然的关系，初步认识了天文、历法等科学规律，也产生了图腾、占卜、祭祀等精神崇拜和活动，并将其物化为绘画、音乐、雕塑等艺术形式，蕴含着先民们朴实真切的审美追求和原始神秘的精神信仰。

17. 陶埙

【基础信息】

陶埙是中国最古老的闭口吹奏乐器。演奏时用嘴吹顶端的孔，用手指按住边上的孔，然后根据手指的起落吹出不同的乐曲。最初的埙是单音孔、二音孔或三音孔，发展到商周时期为五音孔，汉代还有六音孔陶埙。关于陶埙的最早文献记载始于《诗经》中的“如埙如篪”“伯氏吹埙”等诗句。可见埙在周代已相当流行，秦汉以后多用于宫廷雅乐中。

18. 红陶刻符钵

【基础信息】

这两件红陶钵上均有刻符，带有刻符的陶器及残片在姜寨聚落遗址中先后出土了 38 种，在半坡遗址中也出土了 27 种，虽然刻符的意义还存在争议，但是有学者认为这些可以看作是中国文字的源头，是研究中华文明起源的重要资料。

红陶刻符钵

赫赫宗周

先周（公元前 21 世纪—公元前 1045 年）

西周（公元前 1046 年—公元前 771 年）

【基础信息】

原始社会结束之后，我国历史上的第一个王朝是距今约 4000 年前的夏朝，而后是商朝和周朝。夏和商两代王朝的政治中心主要在今天的河南省一带，而距今 3000 多年前的周朝则是中国历史上第一个在陕西建都的王朝。从周王朝开始，陕西成为全国的政治中心，这一地位一直持续到唐代结束，时间跨度超过 1000 年。从西周开始，陕西在中国历史上留下了浓墨重彩的一笔。无论是“以农立国”的政策，还是影响深远的分封制、宗法制、礼乐制等，都是周人的创造。可以说周代是中国传统文化的奠基时代，而这奠基的起点正是陕西。

【完整信息】

周朝（公元前 1046 年—公元前 256 年）是中国历史上继夏朝、商朝之后的第三个王朝。周王朝共传三十二代，有 37 位王，享国 790 年。

这里为大家介绍的是先周和西周两个部分：先周（公元前 21 世纪—公元前 1045 年），指的是夏商时期周部族的发展进程；西周（公元前 1046 年—公元前 771 年），指的是由周武王姬发在公元前 1046 年击败商纣王后所建立的王朝。

公元前 771 年镐京陷落，西周灭亡。公元前 770 年（周平王元年），周平王东迁，定都成周（今河南省洛阳市），将都城名称改为洛邑，此后的周朝在历史上被称为东周。史书又将西周和东周合称为两周。

周人起源

【基础信息】

周人是一个古老的部族。尧舜禹时期，周人活动于我国陕西省、甘肃省一带。周人的始祖叫弃，是夏朝的农官。《史记》中记载，黄帝的曾孙帝喾（kù）有一位妃子叫姜嫄。一天，姜嫄在野外因踩上巨人的脚印而怀孕，并生下一个男孩。她认为这个没有父亲的孩子是不祥之物，因此想把他抛弃掉。可是接连抛弃了几次，孩子都大难不死。姜嫄认为有神灵在保佑，便给孩子取名为“弃”，并将他抚养成人。相传弃很小就显露出农耕的天赋，长大以后为农业发展做出了杰出贡献。舜帝为表彰他，任他做农官，号称后稷，意为“谷物之神”。舜帝将邰地（今陕西省杨凌区）作为封地赐予他，从此周人便在这里世代经营农业，逐渐发展强大起来。因邰地接近姬水，周人便以“姬”为姓。周人擅长农耕，奠定了我国古代“以农为本”的根基。

19. 卜骨

【基础信息】

卜骨

卜骨是占卜时所用的动物骨块。商周时期占卜由专职的“贞人”负责，多选用龟的腹甲和牛羊的肩胛骨进行占卜。占卜时，“贞人”先进行祷告，然后将艾草捻成绒条，点燃后在事先凿好圆坑的卜骨背面灼烧，骨头受热以后会出现裂纹。“贞人”根据裂纹的粗细、长短、方向和曲直来判断事情的吉凶，最后将占卜的时间、所问事项和结果等都刻在卜骨上，于是就成了中国最早的成形文字——甲骨文。

【完整信息】

占卜源于原始社会万物有灵的自然信仰。到了商周时期，占卜之风日渐盛行。占卜的对象除了自然神以外，还有被神化的先公先王。占卜的内容，大到征伐、祭祀等国家大事，小到天气、田猎等生活琐事，可谓是“每事必卜”。

【拓展信息】

甲骨文是镌刻在龟甲或兽骨上的文字。其内容绝大多数是王室占卜之辞，故又称“卜辞”或“贞卜文字”。这种文字基本上都是由契刻而成，又称“契文”或“殷契”等。

甲骨文距今已有3000余年，它不仅是研究我国文字源流的最早且系统的资料，同时也是研究甲骨文书法的重要依据。从书法的角度审视，甲骨文已具备了书法的用笔、结字、章法三个基本要素。

甲骨文在汉字漫长的发展历史上具有极其重要的地位，作为现代汉字的鼻祖是当之无愧的。中国的文字萌芽较早，在新石器时代仰韶文化的陶器上，就发现了各种刻画符号，这些符号成为中国文字的雏形，经过两三千年的孕育、发展，到了商代，中国的文字基本达到成熟阶段。甲骨文具有一定体系并有比较严谨的规律，对中国古文字研究具有重要意义。过去，古文字研究的主要依据是商周青铜器上的铭文，也曾参考东汉许慎编著的《说文解字》。甲骨文直接来源于考古发掘出来的文物，可信程度更高，这对研究汉字的起源和发展，纠正《说文解字》的疏失，解决青铜器铭文中悬而未决的问题都有极大价值和意义。

周原立国

【基础信息】

从周的始祖后稷到周武王建立西周王朝之前，周一共经历了十五代传人。商代初年，周的第四代首领公刘为了振兴农业，率部迁居豳州（今陕西省咸阳市旬邑县），为后来周人的发展奠定了基础。到商代中期，周部落已经发展成为西部地区的大部族。周的第十三代首领古公亶父率部落南迁至今天的陕西省宝鸡市一带，这里地处周原，姬姓部族从此被称为周人，后来所建立的国家就叫周。周人在此发展农业，兴建城邑，设立官制，建立起国家的雏形。周人在此共居住了 78 年，经历周太王、周季王和周文王三代。周原是周人最重要的发祥地和先周时期的都城，因此在周原地区也发现了大型宫殿基址群，出土了大量建筑材料、甲骨和青铜器。

20. 板瓦　筒瓦

【基础信息】

中国古代的瓦有板瓦和筒瓦之分。板瓦用作仰瓦。筒瓦为覆瓦，来覆盖两瓦之间的垄缝。

周在方国时期，关中地区气候温暖湿润，雨量充沛，人们在修建房屋时为了排水方便，大多把屋顶修成“人”字坡或四面坡。因为这样的屋顶坡度较大，为防止屋顶上的瓦滑落，人们就在瓦上加了瓦钉，插入屋顶的泥中，起到固定作用。

【完整信息】

考古工作者在陕西省宝鸡市岐山县凤雏村西周宗庙建筑遗址，发现了距今 3000 多年的瓦。据专家分析，当时屋顶没有全部用瓦覆盖，而是沿屋脊和椽在茅草覆盖层上施瓦镇压。西周宗庙建筑遗址所用瓦种类多达 10 余种，大小、形制、纹饰各不相同。有筒瓦、板瓦、带钉瓦、带环瓦，瓦钉和瓦环有的在正面，有的在反面。其中的一种大瓦，长约二尺（约为 66.67 厘米），宽近一尺（约为 33.33 厘米），呈青色，用手敲击时声音清脆，质地坚硬，这说明这些瓦在烧制时火候和出窑时间掌握得非常准确。这些西周瓦的发现，把我国用瓦的历史提前了 1000 多年。

21. 陶水管道

【基础信息】

陶水管道呈筒状，一头较大，一头较小，多为直管，也有用于转角处的弯管，两两套接使用。陶水管道的发现说明当时人们已经开始采用人工铺设管道的方式解决排水问题。

【完整信息】

周原出土的陶水管道大多为泥质灰陶，盘制而成，内壁素面，外壁印绳纹，在管子粗头堵有堵头，堵头刻有大小不同的菱形镂孔，它是装在一排水管的第一节进水口处，镂孔用以过滤水在进入水管时所夹杂的柴草、泥沙，使管内能经常保持畅通。值得注意的是堵头中菱形镂孔的大小和形状，设计得十分科学。大的镂孔设计在上部，便于堵挡柴草，因为柴草身轻，多漂浮水面；小的镂孔设计在下部，便于堵挡泥沙、瓦砾、石块，因为这些东西重，多沉于水下。菱形镂孔不仅堵挡杂物有力，而且四角小中间大，能保证水流畅通。

22. 空心砖

【基础信息】

20 世纪 70 年代在陕西省宝鸡市岐山县凤雏村和陕西省宝鸡市扶风县召陈村分别发现了大型西周建筑基址群，出土了大量的建筑材料，空心砖就是其中的一种。先民的智慧，推动着烧结砖、瓦制造技术的进步。距今 3000 多年前的古代，我们的先民发明了大型空心砖，这也是世界上最早的大型空心砖。按照现代建筑界的概念，这种大型空心砖应该称为空心砌块。专家推测空心砖早期多用作台阶的踏步，后来逐渐被广泛运用。

23. 凤雏甲组建筑遗址复原模型

【基础信息】

根据周原凤雏甲组建筑遗址复原模型，我们可以看到这组建筑南北长约 45.2 米，东西宽约 32.5 米，占地面积约为 1469 平方米。整个院落坐北朝南，分为两进，以门道、前堂、后室为中轴线，左右对称，东西两侧配置厢房并以回廊相连，形成一个封闭的院落，布局井然有序。

【完整信息】

凤雏甲组建筑遗址中的房屋建筑是中国已知最早、最完整的四合院，且已有相当成熟的布局水平。这种四合院式的建筑形式，规整对称，中轴线上的主体建筑具有统率全局的作用，使全盘建筑具有明显的有机整体性，体现一种庄重严谨的风格，院落又给人以安定平和的感受。这种不大的木结构建筑单体组合成大小不同的群体的布局，是中国古代建筑最重要的群体组合方式，并得到了长久的传承。

凤雏甲组建筑遗址复原模型

周人的四邻

【基础信息】

在周不断发展的同时，周的“左邻右舍”也呈现出不同的文化面貌。《史记·周本纪》中记载，周早期是商代诸多方国中的一个，其首领被称为“周方伯”；周的北邻是游牧民族鬼方；南邻是汉水流域的巴方、蜀方，同时还有井方、羌方等。这些方国不断斗争，文化也在不断地融合，因此陕西文化也呈现出多元化的特点。

关中商文化

【基础信息】

因关中平原东部曾被商统治。所以，陕西境内也发现了丰富的商代文化遗存，这些发现体现出了商文化的强大影响力。

24. 饕餮（tāo tiè）纹鼎

【基础信息】

鼎是青铜器中最常见的器物之一，早期用作炊煮器，类似现在煮肉的锅。后来随着礼乐制的不断健全和发展，鼎逐渐演变为一种礼器，成为身份等级的象征。这件饕餮纹鼎是商代晚期的器物，1977 年出土于陕西省咸阳市礼泉县商代遗址。两个立耳呈曲槽形，鼎口处有加厚的宽沿。这件鼎外形庄重大气，造型古朴，厚重典雅，鼎身铸有饕餮纹。

饕餮纹鼎

【完整信息】

饕餮纹是以动物形象为基础变形而成的一种极具感染力和装饰性的纹饰。饕餮，是古代中国神话传说中的一种凶恶贪食的野兽。《吕氏春秋·先识览》中记载："周鼎著饕餮，有首无身，食人未咽，害及其身，以言报更也。"从以上记载可看出，饕餮是贪欲的象征，常用来形容贪婪的人。还有学者认为饕餮是古人对鳄鱼形象的一种变形和延伸，据文献记载，饕餮是百兽之首，贪婪凶恶，形象和习性与鳄鱼相符。其实"饕餮"一词，从学术的角度讲，本身内涵就较为模糊，专家们推测饕餮并非某一具体的凶兽，而是中国古代先民集合百兽之形创造出的自然神，古人将这样一种凶狠、神秘，极具威慑力的形象，铸造于祭祀宗庙的青铜礼器之上，体现了先民们最原始的信仰与崇拜。

25. 凤柱斝（jiǎ）

【基础信息】

斝是古代的一种温酒器，盛行于商代和西周初期。其形态为侈口，口沿处有立柱，腹下有足，便于加热。这件凤柱斝于 1973 年出土于陕西省宝鸡市岐山县贺家村一号墓，是典型的商代器物，因两个立柱上各有一只高冠凤鸟而得名。凤鸟是商周青铜器上常见的装饰题材，表现手法变换多样，多以线雕为主，但这件斝上的凤鸟为立体圆雕，十分罕见。凤柱斝的三足为菱形，腹侧有一只兽形扳手，腹身下侧有按规则排列的乳钉。凤柱斝整体造型大方稳重，在肃穆中呈现出一种祥瑞之气。

凤柱斝

26. 透雕羽纹戈

【基础信息】

与凤柱斝同时出土的还有一件透雕羽纹戈。戈是商周时期最常用的一种进攻性兵器，古称"勾兵"，用于钩杀。这件戈呈三角形，是陕南汉中盆地早期蜀文化的典型器形，器身上装饰的羽状纹饰多见于北方系器物的装饰中，因此这件器物应该是北方系文化与汉中盆地早期蜀文化在关中地区融合的产物。

透雕羽纹戈

【完整信息】

古代青铜兵器分为进攻性兵器和防御性兵器两大类，这件戈中间透雕，锋部卷起，显然不是实用器。在目前发现的商周青铜戈中，有一部分戈的锋部有卷起的现象，专家推测这可能与当时的宗教祭祀有关。

27. 人头纹钺

【基础信息】

钺是一种兵器，形似斧，但比斧大，可用于劈砍。由于钺的形体笨重，杀伤力远不如戈、矛，所以渐渐脱离实际作战，变成一种礼器，成为军事指挥权的象征。在钺身上装饰着人头纹，具有震慑的作用。

【完整信息】

在战争中，钺作为仪仗用具，象征统帅的地位。对于战争中违抗军令者，用钺进行斩杀，以示军纪严明。分封时，王将钺赐予诸侯，象征赋予他们军事权力。这件人头纹钺，造型简洁，体量厚重，给人庄严肃穆之感。

陕北商文化

【基础信息】

鬼方是周原北方的部族，商周时期游牧于陕北高原地区。有些学者认为他们可能是匈奴的前身。这一地区出土的文物中包含大量的动物形象装饰，其中以蛇首匕、羊首勺最具代表性。

28. 蛇首匕

【基础信息】

匕是商周时期比较少见的短兵器，可以刺，也可以用来劈砍，类似短剑。它的杀伤力较小，专家推测它可能是餐具或者生活用品。

蛇首匕

这件蛇首匕扁长而且很薄，中间有脊，剑锋呈圆形无尖。匕柄为蛇头形，头吻部突出夸张，嘴呈半开合状态，双目以圆孔表现，看上去深邃阴沉。整体形象生动逼真，是青铜匕中的珍品。

29. 羊首勺

【基础信息】

勺是古代挹酒器，一般和盛酒器配套使用。这件羊首勺是商晚期文物，柄端是羊头形状，羊角大而向下弯曲。勺柄上还铸造了一只老虎和一只羊，生动地体现了自然界弱肉强食的生态图景。

这件羊首勺的造型生动有趣，特别引人注目的是，羊的双眼圆睁，张着嘴，像在嘶鸣。虎口大张，尾巴拖地卷翘，脊背凸出，身体微向后坐，呈现欲扑之状。羊小尾后竖，双耳直立，努力向前奔跑，惊恐之态跃然器上。

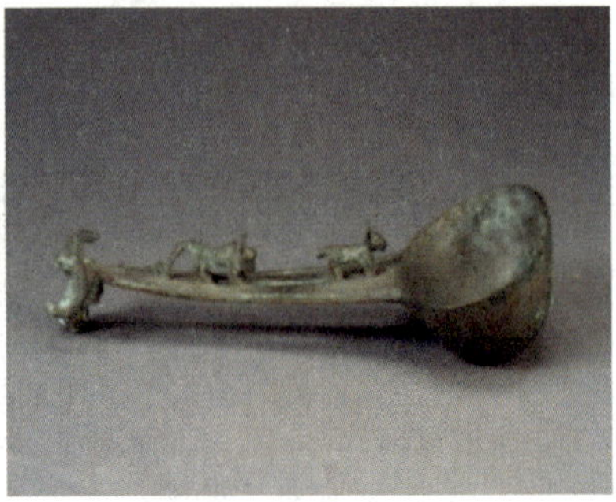

羊首勺

30. 三羊瓿（bù）

【基础信息】

三羊瓿出土于陕西省榆林市绥德县，羊角上翘并向内卷，非常生动形象。瓿是一种酒器，流行于商代中期至商代晚期。三羊瓿肩部有三个高浮雕的羊首造型，为羊的正面头像。羊是六畜之一，与人类关系密切，在我国传统文化中被赋予吉祥的寓意。以羊的形象作为青铜器的装饰在商周时期非常流行。

陕南商文化

【基础信息】

陕西省南部与四川省相接，自古以来两地文化就相互影响，商周时期这里主要活跃着巴方、蜀方等部族。

31. 人面具　兽面具

【基础信息】

这组人面具和兽面具出土于陕西省南部的汉中市城固县。面具为青铜质地，人面具形象逼真，五官透雕有孔；兽面具形似牛面，牛角粗大上翘，凶猛威武。

【完整信息】

关于面具的用途，大致有以下几种说法：覆盖在死者面部使灵魂能够升天；祭祀时佩戴可以与神灵沟通；娱乐时佩戴可以达到忘我的境界。从它们身上，我们能看到四川省广汉市三星堆铜面具的影子，可以看出这一时期巴蜀文化对陕南地区文化的影响。

人面具

兽面具

礼乐之邦——西周王朝

建都丰镐

【基础信息】

公元前 12 世纪，商灭亡前，周只是商王朝的一个小方国，长居于岐山、扶风一带的周原。周文王时期的周部族已经十分强大了，它灭掉了沣河一带商朝强有力的部族——崇，在沣河西岸营建了丰京，实现了政治中心的东移，逐步形成了与商王朝相抗衡的政治势力，《诗经》里“既伐于崇，作邑于丰”的记载，就是指这一重大历史事件。周武王姬发继位后，随即在沣河东岸营建了新都镐京。他一面大力发展农业和手工业，一面扩充军力，联合众多少数民族部落，形成强大的统一战线，最终与商军大战于牧野，之后建立了西周王朝。

【完整信息】

公元前 1046 年二月甲子日，周武王的军队与商军在牧野（今河南省鹤壁市淇县）决战，商军临阵倒戈，商纣王自焚于鹿台。从此，西周王朝正式建立。丰京是宗庙和苑囿的所在，镐京是周王居住和理政的中心。丰、镐二京作为西周王朝的都城，是西安地区出现的第一个全国性政治中心。在西周王朝 300 多年的统治时间里，这一地区的经济和文化发展达到我国奴隶社会的顶峰。

32. 利簋（guǐ）（复制品）

【基础信息】

利簋 1976 年出土于陕西省西安市临潼县。利簋内底镌刻铭文 33 字："武王征商，唯甲子朝，岁鼎，克昏夙有商，辛未，王在阑师，赐有事利金，用作檀公宝尊彝"。铭文大意是说：周武王征伐商纣王。一夜之间就将商灭亡，在岁星当空的甲子日早晨，占领了朝歌。在第八天后的辛未日，武王在阑师论功行赏，赐给右史利许多铜、锡等金属，右史利用其为祖先檀公作此祭器，以纪念先祖檀公。铭文所记载的周武王伐商的日子是在"甲子"这一天，与《尚书·牧誓》的"时甲子昧爽"和《逸周书·世俘解》的"甲子朝"记载相吻合，灭商时间与《史记·周本纪》相契合。从而澄清了以往研究中的诸多疑惑，无可争辩地肯定了牧野之战的具体日期为公元前 1046 年。利簋也因其铭文解决了有关牧野之战日期的千古悬案而成了最著名的青铜重器之一。此器是目前所知铸造年代最早的西周青铜器，也是武王伐商最重要的实物凭证。

牧野之战后，周王朝取代商朝，成为黄河流域新的统治者，统治范围从陇山两侧一直到东海之滨，即《诗经·小雅·北山》中所说的"普天之下，莫非王土，率土之滨，莫非王臣"。西周是陕西地区出现的第一个大王朝，也是中国继夏、商之后的第三个大王朝。后来周王改称周天子，"天子"二字为中国历代最高统治者所沿用，意思是天的儿子，代表上天来统治生民，同时是天与人之间的联络媒介，可随时传达天意，也可以理解为"天的代言人"。

33. 白壶　伯百父盘　镂空豆　伯百父鎣（yíng）　孟簋

【基础信息】

1961 年在陕西省西安市长安县（2002 年，撤销西安市长安县，设立西安市长安区）张家坡一处西周窖藏内出土了 53 件青铜器。从器物铭文和形制来看，这批青铜器的铸造年代从西周初期延续到了西周中期，且器物主人不止一人，因此不太可能是墓葬的随葬品。有观点认为，这批青铜器可能是西周末年战乱迁徙时仓促埋下的。

【拓展信息】

在欣赏青铜器时会发现，青铜器的器型名称繁多，而且很多都是我们平时不常见的生僻字，比如鋬、簋等。青铜器的名称是如何确定的呢？关于文物的定名，学术界一般有三条原则：第一，有自名的器物，要依自名定名；第二，根据约定俗成定名，指某器物已在史籍著录中定过名，一般不再另取新名；第三，对没有自名，也未见史籍著录者，可根据其造型、用途予以定名。在考古中，大多数青铜器的名称都来自它自身的铭文。

采邑与封国

【基础信息】

西周王朝建立以后，推行了一系列巩固新政的措施，其中最重要的就是实行分封制。分封制是指将土地和人民分给诸侯，即“授民授疆土”。被分封的有同姓诸侯王，也有异姓诸侯王。诸侯服从于周天子，有为天子镇守疆土、作战保卫、缴纳贡赋和朝觐述职的义务。诸侯有权将各自的领地进一步分封给卿大夫，称为采邑，卿大夫在采邑内享有统治权力的同时也对诸侯承担义务。卿大夫之下再分封士，这样就形成了“天子—诸侯—卿大夫—士”的宗法等级。

34. 旟（yú）鼎

【基础信息】

旟鼎于 1972 年在陕西省宝鸡市眉县杨家村出土。这件鼎内壁共铸铭文四行，28 个字，大意是说：某年八月初，王姜将原赐予师栌的土地收回，转赐给旟。旟将这件事记载下来，特铸造了这件鼎纪念。旟又称史旟，曾奉周王的命令征讨过东夷，为周王立下过汗马功劳。王姜是周康王的后妃，她可以将赐给臣属的土地收回又转赐给另外的臣属，这也从侧面说明了周康王对她的宠爱。旗鼎内壁的铭文恰恰印证了西周时期“普天之下，莫非王土，率土之滨，莫非王臣”的土地所有制。这件鼎具有珍贵的历史及艺术价值，是研究西周初期土地制度的重要资料。该鼎铭文铸刻时代明确，被认为是周康王时期的断代标准器。

旗鼎

西周建立之后，统治者为了巩固政权，实行分封制。周天子是最高的土地所有者，可以将土地和耕种土地的人，任意赐给他的臣属，也有权将土地收回，其臣属对君王所赐的土地只有使用权而没有所有权。

35. 五祀卫鼎

【基础信息】

五祀卫鼎是陕西历史博物馆馆藏十八件（组）国宝级文物之一。1975 年出土于陕西省宝鸡市岐山县董家村。该鼎内壁铸有铭文 207 个字，记录了裘卫和邦君厉之间的土地交易事件。铭文大意是讲西周恭王五年正月，一个叫裘卫的人向邢伯、伯邑父、定伯等宰辅官员告发，他和邻人邦君厉之间发生了土地纠纷。经过一番询问，在邦君厉同意偿付并有誓言的情况下，经三有司（司徒、司马、司空）和内史实地勘察、划定地界并办理了手续，裘卫以“田五田”交换邦君厉靠近两条河川的“田四田”，而了结了官司。

五祀卫鼎铭文

古时，田地不能买卖，也不能随意交换，臣子们的田地都是天子授予的，但是通过五祀卫鼎的铭文反映出西周中期，土地占有形式已经发生变化，部分土地实际上已属私有，但土地的转让，仍需通过王朝重臣，说明贵族对土地的处置已得到制度上的默认。

五祀卫鼎为研究西周中期社会经济和土地制度以及法律情况提供了宝贵的资料。同时，铭文中有确切纪年，五祀卫鼎也成为西周恭王时期青铜器的标准器。

36. 琱生豆

【基础信息】

豆是一种盛食器，在祭祀、宴飨时用来盛放腌菜和肉酱。豆同其他青铜器一样，也是从新石器时代的陶器演变而来。商代开始出现青铜豆，并逐渐演变成一种礼器，这件豆内铸有铭文“周生作尊豆，用享于宗室”。它为我们展示了一件自名为豆的标准器，既是一件实用器，又是一件制作精良的艺术品。

琱生豆

【拓展信息】

与鼎、簋等礼器一样，豆的使用数量有严格的等级规定，使用的多寡表示贵族身份等级的高低。豆在使用时常以偶数组合，《礼记》中记载，天子用26豆，诸侯用12～16豆，卿大夫用6～8豆。

青铜豆的形制因年代早晚而有较大差异，这件周生豆浅盘、束腰、高足，是西周晚期青铜豆的典型代表。

37. 此簋

【基础信息】

1975年，考古工作者在陕西省宝鸡市岐山县董家村发现一处青铜器窖藏，出土青铜器37件，其中11件上有“此”字铭文。其中，簋共有8件，称为“此簋”，它们的形制、纹饰、铭文完全相同，仅大小略有差别。每件此簋内壁都铸有铭文112个字，记载了周厉王时期的一次册命事件。册命制是周王册封官职和赏赐臣下的重要制度，这种制度起于西周成康时期，周穆王时期发展完善。这组“此”器的铭文中有具体的人名和官职名，是研究西周册命制的珍贵史料。

梁带村两周遗址

【基础信息】

以下所述这组精美小巧的器物全部出土于陕西省韩城市梁带村两周遗址。梁带村两周遗址位于陕西省韩城市昝村镇，紧邻黄河，共发掘出墓葬1300多座，墓地面积约为33万平方米，是一处西周晚期至东周早期的大型墓地。该遗址出土文物精美罕见，为研究两周时期的历史、文化、手工艺以及古芮国的文化内涵、世系、地望等提供了珍贵的实物资料。该遗址于2005年被评为“全国十大考古新发现”，于2006年被国务院确定为“全国重点文物保护单位”。

【完整信息】

梁带村两周遗址规模大、级别高、布局完整，历史上少有被盗，这样的发现在陕西省尚属首次，在全国也十分罕见，是20世纪70年代以来陕西省发现的最重要、保存最完整的周代墓地。据考古专家介绍，梁带村3座大墓的建造年代为春秋早期，而且出土的青铜器铭文中数次出现了“芮”字，现已确定，此大墓属于周代芮国。

在春秋时期的140多个诸侯国中，有关芮国的史料记载并不是很多，我们只能从零星的文献中寻找到一点蛛丝马迹。

《诗经·大雅·绵》中曾提到“虞芮质厥成，文王蹶厥生”，可见“芮”之名号可追溯至周文王时期。周代实行分封制，芮国是周的一个诸侯国，这在《尚书》和《国语》等史书中也能找到线索。文献曾记载，有些芮国的君主在周王室担任要职，与周王室同为姬姓，南方的巢国来向周王朝聘时，芮君还曾受命献咏赞之作。梁带村两周遗址的发现使得芮国在史书中的记载逐渐被证实。

38. 玉腕饰

【基础信息】

腕饰是以方形玉牌为核心，配以其他装饰而制成，玉牌为弧形，能够与人手腕的曲线相贴合，佩戴舒适。这种腕饰为目前国内考古首见，丰富了我们对西周玉串饰种类的认识。

【完整信息】

古人佩玉，在《诗经》中被歌颂过，在《春秋》中也有记载，其起源悠久，历代传承。到西周时期，佩玉已成为一种礼制，“君子无故，玉不去身”，是贵族佩戴玉器的真实写照。在社会生活中，一套比较完善的用玉制度逐渐形成。

这件玉腕饰是在一座大墓中墓主人的左手腕上发现的。根据此墓出土的青铜器上的铭文“仲姜作为桓公尊”推断，这座大墓的主人是芮国国君的夫人芮姜（也就是仲姜）。玉腕饰类似于当代女性所佩戴的手镯，由玉鸟、玉贝和玉蚕与玛瑙管（珠）分两周间隔串联而成，复原后周长约为 30 厘米。

【拓展信息】

芮姜的墓里仅出土的玉器就有 500 多件，而在国君芮桓公的墓里却只出土了 240 多件玉器。考古人员又将不同墓葬里出现的青铜器进行比对，发现与梁带村两周遗址的其他墓葬相比，芮姜墓中出土的青铜器体量较大、做工精细。在她的墓中为什么会随葬如此奢华的陪葬品，甚至超过了国君，历史上的芮姜到底是个怎样的人呢？

据《左传·桓公三年》记载，芮姜因为自己做国君的儿子宠幸的人太多而荒于朝政，就将儿子驱逐出境，此后芮国国君便住在魏国，但国君被逐，国内秩序势必受到影响，所谓“国不可一日无君”。正在关中扩展其势力的秦国的秦宪公，看准了这个时机，便率兵前来攻打芮国。他想着一个无君之国，必然唾手可得，不料却惨败而归。秦宪公受此打击，再不敢轻易出兵攻打芮国，但可能是出于报复的心理，秦国联合周王室军队等一起围攻魏国，掠走了在外的芮伯万（芮姜的儿子），想以此逼迫芮姜以芮国城池来换回芮伯万，但秦国的愿望没有得以实现。也许是因为芮姜主政时期芮国实力增强，秦国不愿两国的矛盾继续下去，六年后，秦国又将芮伯万送回芮国，这也从侧面说明芮姜不仅处理内政果断，而且抵御外敌有术，是一位颇有谋略的女政治家。

39. 玉握

【基础信息】

玉握，又称“握玉”，是握于死者手中的玉器。古人认为，人死后不能空手而去，所以便在死者手中放上一些代表财富与权力的东西，称为“握”。我国的玉殓葬文化从新石器时代就已经开始，经过夏、商、周三朝的完善，到汉代达到顶峰，成为我国古代玉文化的一个重要分支。从殓玉的广泛使用可以看出玉在古人生活中的特殊地位，以及生者对死者的缅怀和对死后未知世界的敬畏。

【完整信息】

殓玉也被称为葬玉，这种玉器与一般装饰性、实用性的玉器不同，它是古人专门为殓葬而制造的玉器，通常情况下，其玉料、雕工较差，种类单一。而在梁带村两周遗址中发现的殓玉，既有临时制作的殓玉，也有墓主人生前使用过的玉器，主要有玉琀、玉握、牙托、脚踝饰玉等。

40. 兽首拱形金饰

【基础信息】

这件金饰长约 3.8 厘米，宽约 2.3 厘米，通体被做成了像彩虹一样的兽首拱形金饰，出土于墓主人肩部位置，器身无孔。它如何与衣带联结，及其具体的使用方法尚不明确。

41. 牛首金扣环

【基础信息】

牛首金扣环共出土 6 件，形状、纹饰、尺寸相同，质量略有差异，长约 2.8 厘米，宽约 1.8 厘米，厚约 0.6 厘米，均出土于墓主人胸腹部位置，器身呈倒置梯形，正面作牛首形，背面相应内凹，中部设一纵向长条形梁，嘴中空，作管状圆穿孔，并衔套一个可以转动的圆环，设计精巧。

【完整信息】

鼻子上有环的牛大多是耕牛，我们可以大胆推测在春秋早期芮国已经有了牛耕文化。据史书记载，我国的牛耕技术最早出现在春秋晚期，这一发现把史书记载的这项技术又往前推了近 300 年。牛耕技术是从人力到畜力的历史变革，也是当时社会经济的一个质的突破，由此可见当时的农业发达程度。

42. 三角形牌饰

【基础信息】

这件三角形牌饰底边长约 5 厘米，高约 8.7 厘米，厚约 1.2 厘米。底面呈三角形，中部隆起，呈三棱锥体，背面相应凹陷，其两长边上有 8 个两两相对的小穿孔。器表为一组单首双身镂空龙形，龙口吐长舌，旁有獠牙，纹样的间隙镂空。

三角形牌饰

【完整信息】

古人下身的裳，非常宽大，容易被风吹起来。那时的人讲究脚踝以上是不能露出来的，因此用这件三角形牌饰固定，使衣服有垂感，不易被风吹起来。

上述这些金器都是衣饰上的装饰品，共出土了 48 件，目前只展陈了部分金器，而且这组金器是春秋早期单个墓葬中出土黄金器物数量最多的一组，也是两周时期出土的金器中黄金纯度最高的，含金量高达 92%～98%，这组金器还把金属镂空技术向前推了近 300 年。

礼制和刑罚

【基础信息】

西周是礼乐文明发展的鼎盛时期，礼乐制贯穿于社会生活的方方面面。西周王朝建立以后，为了巩固其统治以及加强对分封诸侯的控制，周武王之弟周公姬旦制礼作乐。周礼的内容非常复杂，号称“经礼三百，曲礼三千”。其核心内容是“亲亲”和“尊尊”，前者强调血缘宗法关系基础上的和谐，后者强调社会等级现实基础上的秩序，就是说要根据政治地位的高低制定不同规格的礼仪。

礼刑并用是西周时期法律制度的重要特征。西周时期的五大刑法分别是墨刑、劓刑、刖刑、宫刑和大辟。墨刑是在犯人脸上刺字，劓刑是割鼻，刖刑是砍断犯人的一足或双足，宫刑是破坏生殖机能，大辟是杀头。刑罚主要用来惩治奴隶和平民，贵族犯法，缴纳一定数量的罚金就可以免刑，这就形成了所谓“礼不下庶人，刑不上大夫”的等级制度。礼制的实行是为了调节统治阶级内部的矛盾，刑罚则是用来调节统治者和被统治者之间的矛盾。

43. 它盘

【基础信息】

它盘因盘内铸有做器者的名字“它”而得名。盘是当时奴隶主洗手时用来接水的容器，与今天的水盆有些类似。它盘造型简洁，盘下有四足，为受过刖刑失去双足的男子形象。周代律法规定，凡受过刖刑的人贬为奴隶，终身服苦役。因其行动不便，所以只能从事一些托盘或守门之类的工作。它盘是西周时期残酷刑罚的真实写照。

它盘

44. 柞（zuò）钟

【基础信息】

柞钟共有 8 件，为一套。纹饰基本相同，大小依次递减，柞钟是双音钟，演奏时敲击钟中间奏出的音称为隧音，敲击转角两处奏出的音称为鼓音，两个音相差大三度或小三度。这是现存西周时期枚数较多的一组编钟。因钟的主人的名字为柞，故又名柞钟。柞钟前 4 件各铸一篇铭文，后 4 件合铸一篇铭文，内容相同，大意是说柞在三年四月甲寅这一天受到周王的册命和赏赐，感到非常荣幸，因此铸钟纪念。

乐器作为青铜礼器的一部分，在当时的社会生活中也占有极其重要的地位。当时用于祭祀和宴飨的乐器主要有钟、铙、镈、錞于等。所谓“礼非乐不履”，就是说没有音乐的配合，礼就难以体现出来。乐器不仅能用于祭祀等仪式活动中，也广泛用于日常生活中。贵族们就连平时吃饭都要列鼎而食，鸣钟佐餐，“钟鸣鼎食”形容的就是这样的场景。

柞钟

45. 五鼎四簋

【基础信息】

鼎和簋最初都是实用器，鼎相当于煮肉的锅，簋相当于盛放熟食的碗。随着西周礼乐制的不断完善，它们逐渐演变为重要的礼器，成为“明尊卑、别上下”的标志。鼎和簋在使用时有严格规定，以奇偶数相配，按大小依次排列，来代表使用者的身份和等级。《周礼》记载“天子九鼎八簋，诸侯七鼎六簋，大夫五鼎四簋，士三鼎二簋”，如果僭越，就会受到严厉的惩罚，这就是西周的列鼎列簋制。陕西历史博物馆中展出的五鼎四簋属于卿大夫的级别。

46. 师丞钟

【基础信息】

钟是祭祀和宴飨时必不可少的重要礼器。单独悬挂敲击的钟称为“特钟”，按大小依次排列的钟称为“编钟”。师丞钟就属于特钟。师丞钟上共铸有铭文 48 个字，大意是说师丞为了祭祀先祖而做此钟，用以祈求长寿多福。这件师丞钟是迄今为止国内出土的最大的一件西周青铜钟。

战争与交流

【基础信息】

“国之大事，在祀与戎”的意思是祭祀和征战对于国家来说是非常重大的事。西周王朝建立之后，为了获取土地、劳动力等资源，扩大统治范围，不断与荆楚、鬼方、玁狁、东夷、淮夷等方国和部族发生战争。同时，也与相邻方国和部族保持着经济、文化上的交流。在战争和交流中，周文化吸收了外来文化元素，创造了众多独具特色的青铜器。

47. 多友鼎

【基础信息】

多友鼎于 1980 年出土于陕西省西安市长安县。其造型简洁，全身光素无纹，仅在口沿下方装饰两道凸纹。多友鼎铭文共 278 个字，记载了西周厉王时期的一次战争。大意是说，某年十月，玁狁侵犯京师，周王命武公抵御，武公派遣多友率兵追击。多友在十几天内，一共打了 4 次胜仗，共杀敌 350 余

多友鼎

人，俘获20多人，缴获战车127辆，并救回了被俘虏的周人。武公将战绩报告给周王，周王赏赐给武公包括玉器、青铜器等在内的若干财物，武公将部分赏赐赐予了多友。多友特意铸造了这件鼎，用来纪念这次胜利。

对于猃狁的族源，以国学大师王国维为代表的学者多认为是匈奴的前身。然而近年来以尹盛平、彭裕商为代表的一批学者已经对这一观点进行了深入的探讨，认为猃狁的族源与匈奴并无关系。猃狁是当时西北地区的民族。至于其族源，尹盛平先生持羌族说，认为猃狁是羌族的一支，就是灭亡西周的犬戎。而彭裕商等学者则认为猃狁是来自更西部的白色人种塞种人。这两种观点都一致认为猃狁不论是何种族源，应当与匈奴人无关。这一点在多友鼎的铭文中也有体现，多友在对猃狁的作战中缴获了猃狁的战车百余辆，说明猃狁拥有相当数量的战车，这与匈奴人完全依靠骑兵有明显的不同。

多友鼎的铭文对研究西周时期军事及对外关系具有重要的价值。这件多友鼎也是陕西历史博物馆馆藏十八件（组）国宝级文物之一。

48. 铜戈　铜戟

【基础信息】

戈和戟都是商周时期常见的青铜兵器。戟是一种将戈和矛结合在一起的进攻性长兵器，呈“十”字形或“卜”字形，具有钩、啄、刺、割等多种用途，杀伤力极强。

【完整信息】

戈由铜制的戈头、木或竹制的柲、柲上端的柲冒、下端的铜鐏四部分组成。戈头上下都有刃，用以横击、勾杀、钩割和啄刺，因此戈也被称作勾兵或啄兵。

戟在商代就已出现，春秋时期已成为常用兵器之一。汉代戟除实战外，还被置于门前和居室，以显示主人的身份。到了唐代，列戟成为身份和等级的重要标志。

经济文化

【基础信息】

西周时期的经济和文化都有了较大的发展。农业方面已出现完整的灌溉系统；农具有较大的改进，出现了青铜制的耜、镰、锄、锹等新型农具；农作物的种类较多，产量可观。手工业分工已很细致，青铜冶铸、制陶、制瓷、制革、纺织、玉石和骨角制作等行业均有较大进步。

百工技艺

【基础信息】

西周时期手工业种类繁多，号称“百工”。百工在中国古代指主管营建制造的工官名称，以后沿用为各种手工业者和手工业行业的总称。“百工”也被西周朝廷列为“六职”之一。《周礼》记载：“国有六职，百工与居一焉。”西周时期各种具有专业技艺的工匠，几乎全被网罗到官府之中，成为“在官之工”。“在官之工”一般都有专门的技能，有的工匠甚至能掌握世代相传的秘方绝技。

49. 原始瓷罐

【基础信息】

商周时期，制陶技术进一步发展，一种陶与瓷之间的过渡产物——原始瓷器出现。这件原始瓷罐的釉层薄厚不均，易剥落。在当时，人们普遍使用的还是陶器，原始瓷器属于奢侈品，所以能出土原始瓷器的墓葬一般规格都比较高。

【完整信息】

与陶器相比，原始瓷器的烧制温度一般在1000℃～1200℃，质地普遍比陶器坚硬，烧结程度高，吸水率更低。原始瓷器在烧制之前会在表面施一层釉料，在高温作用下釉料会形成玻璃状的结晶。之所以称其为原始瓷器，是因为它还没有达到成熟瓷器的烧制水平。原始瓷器是陶器向瓷器发展的重要过渡阶段。

50. 丝绸印痕

【基础信息】

丝绸印痕是丝绸腐烂于泥中留下的痕迹。考古工作者在清理宝鸡茹家庄西周墓葬时，发现了墓主人衣物的部分丝绸织物都附着在黄土泥层上，这一发现为我们研究西周时期的纺织技术提供了重要的实物资料。

51. 玉蚕

【基础信息】

西周时期玉器主要用作礼器、装饰品和随葬品。其造型和纹饰承袭了商代的风格，但整体更加简单生动。玉器雕刻技术明显进步，综合运用线刻、浮雕和圆雕手法，逐渐形成了独特的艺术风格。

陕西历史博物馆收藏的玉蚕采用圆雕技法雕刻而成，生动逼真。玉蚕的头部琢有圆孔，可能是墓主人生前穿绳佩戴的饰品。玉蚕的出土从侧面反映出西周时期养蚕和丝织业的兴盛。

【完整信息】

中国是世界上最早饲养家蚕和织造丝绸的国家。中国养蚕缫丝的历史可以上溯到新石器时代末期。到了西周时期，纺织业规模进一步扩大。官方设有专门机构和专职人员负责纺织业的管理。

《周礼》中记载的典丝、染人等官职均与纺织业有关。西周时期丝织品种类丰富，除了平纹的纨、皱纹的縠（hú）、绞经的罗以外，还出现了暗花绸、多彩织锦和刺绣。

52. 白玉琮 玉璧 玉组佩

【基础信息】

西周时期，礼玉制度更加完善。周人以玉的颜色和形制，配合阴阳五行之说，将琮、璧、圭、璋、琥、璜这六种玉器分别对应天地和四方，用于祭祀等礼仪活动。

琮是一种内圆外方的筒状玉器。璧是一种扁圆状的玉器，中央有圆孔。在当时，玉琮、玉璧等不仅能用于祭祀，还能当作随葬品。

玉璧

玉佩是古代君子必不可少的一种装饰品，所谓“古之君子必佩玉”“君子无故，玉不去身”。玉佩种类繁多，有的单独使用，有的成组出现。玉组佩就是将几种形状不同的单件玉佩，以彩线串组，合成一串。玉组佩既有礼玉的性质，又有引人注目的装饰功能，是权贵身份的象征。

货殖交通

【基础信息】

西周时期相对稳定的政治环境以及农业和手工业的发展，进一步促进了这个时期经济的繁荣。西周时期的商业已形成一定的规模，国家设立专门的职官和机构对市场和商业秩序进行管理；商贾和农民、手工业者一样，成为专门的职业。

经济的繁荣促使人们更加重视交通。西周的国道称为“周道”，车、马、舟、船是当时主要的交通工具。周人善于造车，车不仅在日常生活中起着重要作用，还是国家军事实力和运输能力的体现。

53. 茹家庄西周墓葬车马坑出土车器

【基础信息】

车辖（guǎn）和车軝（qí）是套在车轮中心的环形木（即车毂）上的青铜部件，它们使车毂更加牢固；车衡是架在马颈上的横木；车轭（è）是衡上用来卡住马颈的木质结构，而衡内饰、衡末饰、轭饰都是用来装饰衡和轭的青铜饰件。在等级森严的西周时期，车不仅有实用意义，还是身份和地位的象征。西周贵族以真车、真马随葬，其数量的多少与其地位等级相匹配。

【完整信息】

车广泛用于交通、运输、战争、田猎等各个方面，在周人的生活中扮演着非常重要的角色。这一时期，造车技术有了长足发展。种类繁多的青铜饰件的应用，不仅起到美化车辆的装饰作用，还大大提升了车的坚固性、稳定性和速度。

54. 函皇父鼎

【基础信息】

函皇父鼎于1933年在陕西省宝鸡市扶风县上康村铜器窖藏出土。形制为立耳蹄足，腹壁稍向外鼓，是一件西周晚期的青铜器。与其他青铜器不同的是，函皇父鼎的表面呈现出金黄色。其实这正是青铜器本来的颜色。汉代以前的文献称青铜为“金”，所以精纯而美好的青铜被称为“吉金”，铸在青铜器上的文字被称为“金文”，研究青铜器和石刻的学问被称为“金石学”。

我们看到的大多数青铜器的青色，实际上是在长期的埋藏过程中，铜与水、空气、微生物等发生复杂化学反应而形成的锈蚀。函皇父鼎由于埋藏环境较为特殊，因此历经千年仍保持着当初的灿烂色泽。

55. 贝币

【基础信息】

原始社会物品的交换主要采取“以物易物”的形式进行。随着交易行为的频繁发生，人们需要一种便于携带、易储存、不易变质的物品充当一般等价物，于是贝币应运而生。我们现在看到的这些贝币由深海贝加工而成。由于贝币原料难得，所以特别珍贵，当时的人们也使用玉贝和铜贝作为货币。

贝币

【完整信息】

贝是我国历史上最早的普遍使用的货币，因此现在的汉字中很多和经济有关的字多以“贝”作为部首，如“财”“贷”“资”等。“朋”是贝币的基本计量单位。五枚贝币串成一串，两串称为一朋。我们看看甲骨文和金文中的“朋”字，像不像两串贝币系在一根绳子上的样子呢？

甲骨文“朋”字

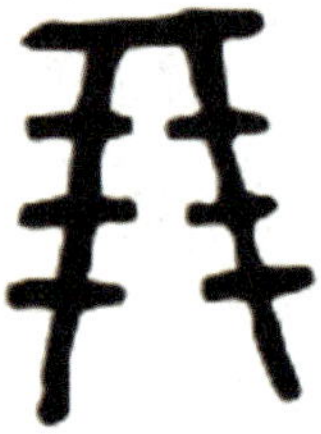

金文“朋”字

青铜艺术

【基础信息】

西周时期是我国青铜器铸造的鼎盛时期。周代的青铜器以其雄浑的造型、古朴的纹饰、丰富的铭文、高超的工艺和精湛的书法而大放异彩，是中国文化艺术宝库中的瑰宝。陕西自西汉以来就是出土青铜器最主要的地区。中华人民共和国成立后，由于有计划的考古发掘，西周青铜器得以大量出土，近年来，有人将历代史籍文献中有关青铜器出土的记载累计在一起，全国共出土青铜器 20000 多件，保存至今的有 10000 多件，而其中属于陕西省出土的就有近 5000 件，其数量之大、种类之全、精品之多，均居全国首位，被誉为“青铜器之乡”。

青铜是红铜、锡、铅的合金，与纯红铜相比，具有熔点低、硬度高、韧性强、易塑形的优点。在当时，由于铜矿资源稀少，开采难度大，且冶炼、铸造工艺复杂，青铜器成为财富和权力的象征，只有贵族才能拥有和使用，并且对青铜器使用的场合、种类、数量、大小都有着严格的规定。

青铜器铸造工艺

【基础信息】

西周时期青铜器铸造技术已相当成熟，主要采用的方法为合范铸造法。合范铸造法指先将特制的泥制作成实心的泥模，然后在泥模上分块翻制泥质外范，并在范内侧刻画图案和铭文，接着将泥模刮去一层，使模和范之间形成空隙，然后将模和范烧制成形并拼合成整体，将铜液浇灌入范腔内塑造成器，最后再对青铜器进行进一步的清理、打磨和装饰。

【完整信息】

考古发现表明，商周时期青铜器主要采用合范（陶范或石范）铸造法。主要工艺过程是：

①制模。按拟造的器类，用泥土塑模。

②制底范座。用泥块制作底范座。待干后将泥模倒置。

③翻范。在陶模（或石模）表面涂以油脂或草木灰，随即将泥片敷在模上，用力按压，使陶模（或石模）上的纹饰、铭文反印在泥片上。待泥片晾

干后，将其割成若干部分从模上取下，经过修饰焙烧，即成为所要铸造器物的外范。

④制内合范。先将制外范用的泥模，趁湿刮去一薄层（刮去的厚度以拟铸器类的厚度为准）。

⑤合范。即将内范倒置于范座上，再将预制的外范块围以内范合拢在一起构成器物范，外范块与外范块间榫、卯要密切吻合，空隙即待注入铜液处。为使器壁厚薄均匀，往往在内外范之间设置土支钉，为防在灌注铜液时将拼好的范冲开，在外面会用草拌泥加固。

合好的范上留有注孔和排气孔，将熔化的铜液由注孔注入，待注入的铜液凝固后，把外范打掉，掏出内范，将所铸的铜器取出，再用砺石修整打磨。至此，一件器物的铸造遂成。

青铜器主要器形

【基础信息】

青铜器的种类非常丰富，根据用途不同大致可以分为食器、乐器、酒器、水器、兵器、车马器、生产工具和杂器等类型，涉及生产生活的方方面面。

56. 丰姬卣（yǒu）　祖辛爵　双耳铜杯

【基础信息】

丰姬卣、祖辛爵、双耳铜杯都属于酒器，罍、卣用来盛酒和温酒，爵、杯用来饮酒。在祭祀仪式中，酒被视为可以沟通天地人神的神秘液体，因此酒器也是礼器的重要组成部分。

57. 蝉纹鼎

【基础信息】

蝉纹鼎造型浑圆，直口上对称地铸出两个直立的厚耳，丰满的腹部下有三条均匀分布的立柱形足，反映了商代铜器厚实稳重的风格。鼎腹的上方，引人注目地铸出一周带状纹饰，主题是非常生活化的蝉。蝉纹横向连续排列，线条粗细有致、繁简得当，蝉纹的下方是一周由雷纹组成的倒三角纹带，两者之间，由一周二方连续（亦称带状图案）的卷云纹连接。

蝉纹鼎

整个图案疏密得当，层次分明。图案中以若干首尾相接的蝉为装饰，即后世所谓的“蝉联”之意；也可解读为“蝉嫣”一词，同样是寓意一脉相承而连续不断。在作为宝器的铜鼎上醒目位置铸出“蝉联”纹，大约反映了鼎的主人希望安定富贵的生活能代代相传的心愿。

58. 外叔鼎

【基础信息】

外叔鼎于1952年在陕西省宝鸡市岐山县出土，为西周早期青铜器。鼎腹内有铭文“外叔作宝尊彝”6个字，外叔是做器者的名字。这件鼎器型之大仅次于著名的大盂鼎和大克鼎，整体形制巨大、气势宏伟，是1949年后出土的第一件西周重器。

59. 四足调色器

【基础信息】

这件器物造型独特，器身由四个桶状结构组成，中间连接处有圆孔，前有昂首的兽头，下有四足，左、右各有一个兽耳。

四足调色器出土时器筒内残留有矿物质粉末，专家推测这件器物是用来调制颜料的用具。从一同出土的其他青铜器上的铭文可知，这些器物属于贵族史官毕公高的下属，一位叫“迹”的人。这件器物为我们了解西周时期史官的书写工具提供了很大帮助。

60. 牛尊

【基础信息】

“尊”字最初见于甲骨文，本义为一种用以盛酒的礼器，同“樽”。尊有两类形态：一类是体呈筒状，或圆或方，这是尊的主要形态；另一类是体内中空的动物造型，被称为鸟兽尊。牛尊属于后一类。该尊为牛形，1967 年出土于陕西省宝鸡市岐山县贺家村，为西周中期的文物。

牛尊

牛尊躯体浑圆，四肢粗壮有力，以牛嘴为流，牛腹盛酒，牛尾作把。上面盖纽为立虎形象，盖与器以子母口相连。既美观又实用，是一件不可多得的青铜艺术珍品。

61. 盠（lí）方尊

【基础信息】

20 世纪 50 年代，陕西省宝鸡市眉县李村出土了一批带有器主人名字的青铜器，通过铭文，我们知道器主人为“盠”，盠方尊便是其中的一件。盠方尊内底铸有铭文 108 个字，大意是说西周中期某年八月初吉这一天，穆公引导盠在周的宗庙接受周王的册命，周王命盠掌管三有司，兼管周王朝军队。这段铭文为研究西周时期的政治、军事制度提供了重要资料。

62. 日己觥 日己方彝 日己方尊

【基础信息】

觥是商周时期众多酒器中造型特殊的一种盛酒兼饮酒器。日己觥器、盖上铭文内容一致，各有 18 个字，大意是作器者为亡父日己铸造祭器，庇护子孙万代。

日己觥与日己方彝、日己方尊、它盉、它盘一起出土于陕西省宝鸡市扶风县齐家村青铜器窖藏。日己方彝、日己方尊、日己觥这三件青铜器铭文相同，均有“日己”字样，纹饰相似，造型各异。通过器物埋藏情况和年代特征来看，这批青铜器可能是西周末年战乱迁徙时埋入地下的。日己觥由盖和长方形器身组成，造型非常奇特。盖子的前端是双柱角夔龙头，后端像虎头，两侧各饰一只长尾凤鸟。器身的四角起扉棱，四面饰饕餮纹。器身后的把手为一条宽大的兽尾。日己觥的纹饰采用高浮雕的手法，突出于器表，体现出豪放粗犷的装饰风格，是西周青铜艺术中不可多得的艺术珍品。

日己觥

【完整信息】

现代汉语中“觥筹交错”中的“觥”指的是日己觥这种酒具，而“筹”指的是古代的算数工具，“觥筹交错”指的是宴会中一片欢乐的场景。

63. 它盉

【基础信息】

它盉顶上铸有一只双目炯炯、双翅微张的卧鸟，盉前有一长颈兽头为流，盉后有回首顾盼的龙为扳手。

它盉

盉是一种水器，类似今天的水壶，常与盘配套使用。商周时期筷子的应用还没有普及，此时用餐多用手直接抓取食物。贵族们在宴飨前要用流动的水洗手，一名奴隶持盉从上向下浇水，另一名奴隶持盘承接洗过手的废水，称作“沃盥之礼”。

64. 宰兽簋

【基础信息】

宰兽簋

宰兽簋形制为西周中晚期方座簋样式，器身装饰以云雷纹、变形兽面纹等，是西周时期重要的青铜器。宰兽簋共出土 2 件，应为一组器物。簋盖内有铭文 12 行，共 129 个字。主要记载周王在周原的师录宫册命宰兽的事情，参加册命仪式的有荣伯和内史尹仲，宰兽因此铸簋铭记此事。宰兽簋铭文对于西周时期周王册命臣下的仪式、详细的命辞、完整的程序都做了详尽的记载。当时的册命流程为：王先到某宫、庙、大室即位，由某位大臣引进觐见的人，再由内史或作册尹、作册内史宣读，宣告封官赏物，被赐者受册成礼。这一制度在周共王时期已经定型，仪式一直沿用到春秋时期。宰兽簋铭文是记录西周册命制度最完整的铭文之一，为研究西周册命制度增添了重要的实物资料。

东方帝国

秦国（公元前 770 年—公元前 221 年）

秦代（公元前 221 年—公元前 206 年）

秦国崛起

【基础信息】

秦是一个古老的氏族。夏朝末年秦人助商灭夏，受商王之命迁徙到今甘肃省北部。西周初年归附周王，被赐封在犬丘（今甘肃省陇南市礼县）。周孝王时期，秦人的首领非子率部从甘肃省东部迁至汧水、渭水一带（今陕西省宝鸡市陇县以东）为周王室养马。周孝王赏识非子的才能，将秦地赐为他的封地，成为周王朝的附庸。西周末年，诸侯联合犬戎叛乱，将周幽王杀死在骊山脚下。秦襄公率兵救援周王室，护送周平王东迁洛邑，立下大功。周平王封秦襄公为诸侯，并赐给他岐山以西之地（今陕西省宝鸡市凤翔区）。秦人在此建国并逐渐发展强大起来，从此“开地千里，独霸西戎”。公元前677年，秦德公迁都雍城（今陕西省宝鸡市凤翔区），并在关中这片富饶的土地上不断发展、壮大。最终在公元前221年，秦王嬴政统一天下，建立起中国历史上第一个统一的多民族的中央集权制国家，其政治、经济、军事等制度，垂范后世。以兵马俑为代表的秦代文物，因磅礴的气势和鲜明的军事特征，体现出了秦人积极进取、一统河山的时代精神。

【完整信息】

秦人原是居住于东方的一支部族，辖治地域在今天山东省一带，属于东夷的一支。嬴姓的始祖是少昊。少昊是远古时华夏部落联盟的首领，同时也是东夷族的首领，贵为“三皇五帝”中“五帝”之一（即白帝少昊）。少昊在嬴水之滨出生而得嬴姓。有学者考证，嬴水就是流经今山东省莱芜市的嬴汶河，也就是奄国一带。

秦人和建立商朝的殷商人是同祖同源，都出自东夷族。在商代，秦人一直效忠于商天子，并时刻服从商天子的号召四处征战。

在周灭商后，秦人成了周王朝的奴隶，后来商纣王的儿子武庚有复国野心，便利用周武王弟弟管叔、蔡叔、霍叔对周公执政的不满和猜忌，不仅联合他们，还与殷商旧地东夷族的徐、奄、薄姑等方国和部落串通，发动了大规模的叛周复殷战争。后来事败，周朝将周公长子伯禽封到原来秦人的地方，建立鲁国，统治“商奄之民”。同时，周王朝下令所有秦人全部西迁，其实是为了惩罚秦人的叛乱。

西岐建国

【基础信息】

周孝王时期，秦人首领非子因养马有功被周孝王封为附庸（有块封地，但地位极低，甚至依附于诸侯国）。秦人此后世代为周王室养马，并在戍边的同时对抗西戎。公元前 821 年，秦庄公击败西戎，被周宣王封为西陲大夫，赐以犬丘之地居住。公元前 770 年，秦襄公率兵护送周平王东迁，被封为诸侯，又被赐封周人发源之地岐山以西之地。从此，秦人正式建国，跻身于诸侯国之列，以崭新的政治面貌登上了历史舞台。

【完整信息】

周平王为躲避犬戎的骚扰，把都城向东迁到成周，将都城名称改为洛邑。秦襄公率兵护送周平王至新都。周平王封秦襄公为诸侯，赐给他岐山以西的土地，秦人正式建国。秦国成为诸侯国后，跟其他诸侯国互通使节，互致聘问献纳之礼。公元前 766 年，秦襄公讨伐西戎，到达岐山时去世，他的儿子秦文公承袭了他的王位。

秦文公之后，又经数代国君的努力，部族不断壮大，在讨伐西戎之战中节节胜利，岐、丰之地皆归为秦国，又先后灭掉社戎，击败邽、冀两戎部，征彭戏戎，兵临华山，收复杜、郑之地，灭小虢，版图一直推进至关中地区东端。

建都雍城

【基础信息】

雍城是秦国历史上极为重要的一座都城。从秦德公元年（公元前 677 年）到秦献公二年（公元前 383 年）的 294 年间，19 位国君在此治国理政。雍城是秦国都城中延续时间最长、执政国君最多的一座都城，也是秦国发展史上一座重要的里程碑。秦献公东迁后，雍城虽然失去了政治中心地位，但作为故都，秦人列祖列宗的陵寝及宗庙仍在此地，许多重要祭典还在雍城举行。

65. 石鼓（复制品）

【基础信息】

石鼓因形似鼓而得名，共有 10 件，现藏于故宫博物院石鼓馆。石鼓是唐代初年在今陕西省宝鸡市凤翔区以南，也就是秦国雍城所在地发现的。杜甫、韩愈等人都作《石鼓歌》吟诵过它，康有为还曾将石鼓誉为“中国第一古物”。

石鼓为花岗岩质地，都是圆顶平底。每件石鼓上均刻有一篇四言诗，共 700 字左右，现仅存 272 字，文体与《诗经》中的《大雅》和《小雅》相似，主要记述了秦王室的田猎活动。

【完整信息】

石鼓文也称“籀（zhòu）文”，传说是周宣王时期太史籀所造。其书法结构介于大篆与小篆之间，形体齐整，字形优美、古朴雄浑。石鼓文是我国现存最早的一组石刻文字，它不仅是研究汉字演变的珍贵资料，也是我国古诗罕见的原始真迹。

【拓展信息】

公元 7 世纪，在今陕西省宝鸡市凤翔区陈仓山，一位牧羊老人发现了 10 面怪异的花岗岩大石。这些硕大的石体形似鼓，圆而见方，上窄下大，高约

1米，中间微凸，模样奇特。

100多年后，“安史之乱”爆发。正在雍城躲避战祸的唐肃宗责令州府官员将10面怪石运下陈仓山，迁往雍城城南。

石鼓被迁至雍城短短几个月后，便随着战乱的来临而蒙难。当叛军逼近雍城时，为躲避战祸，石鼓被仓促移至荒野掩埋起来，并对外宣称“毁失”。

公元806年，地方官吏查访到了石鼓的埋藏之处，请朝内的名家主持挖掘。

公元814年，郑余庆就任凤翔府尹，曝于荒野的石鼓才被移送到凤翔孔庙。由于石鼓一直被弃于荒野，其中一面石鼓居然莫名遗失。遗失的这面石鼓就是后来轰动天下、引发历代学术争端的作原石鼓。

90多年后，曾经鼎盛的李唐王朝在接连爆发的战乱中坍塌。令人痛惜的是，凤翔孔庙在战火中被焚毁，庙内所藏的9面石鼓也被人盗运一空。

宋仁宗时期，时任凤翔知府的司马光之父司马池闻得石鼓的消息后，便竭尽心力去寻找传说中的10块大石，试图投君王所好。几番周折，寻到的石鼓只有9面，早在唐末便已遗失的作原石鼓仍没有踪迹。

直到1052年，金石收藏家出身的向传师到了凤翔后发现一屠夫所用的磨刀石有几分石鼓的风貌，走近细看，磨刀石上隐约浮现的一些熟悉的字迹依稀可辨。原来，这就是那面失踪了200多年、引得几朝几代人魂牵梦萦的作原石鼓。

此时的作原石鼓已面目全非，石鼓上部被乡民削去，中间被掏成凹状用来捣米，而上面断裂开的两道边被屠夫用来磨刀。石鼓上面的文字更是被磨去了大半，损毁严重，仅余下半部的4行字。

至此，10面石鼓终得团圆，但它们颠沛流离的命运却仍在继续。公元1110年，作原石鼓被运抵京城汴梁（今河南省开封市）后，10面石鼓便被正式移送至太学之内保存。随后，又被搬进了保和殿。

靖康之变（公元1127年）时，金兵攻入京城汴梁，掳走了宋徽宗和宋钦宗，将二人押解到北部荒漠之中囚禁。而10面石鼓，则因鼓身被填注的黄金，而被金兵视为珍宝，随着被掠的宋徽宗和宋钦宗北迁。

石鼓被运到燕京（今北京市）后，不甚了解中原文化的金人并未发现其价值，剔去了石鼓上填注的黄金后，便将它们丢弃荒野。至此，石鼓第三次因战祸而遗失。

公元 1234 年，南宋和蒙古的联军攻破燕京，随军而至的御史大夫王楫于机缘巧合之下发现了掩藏在废墟之中的 10 面石鼓。王楫是虢县（今陕西省宝鸡市陈仓区）人，非常了解石鼓的价值，他将其保存于孔庙之中，并请专人看护。而后的元、明、清三代，石鼓一直没离开过北京。

然而，10 面石鼓在北京的安稳日子只持续到 20 世纪 30 年代。抗日战争全面爆发后，10 面石鼓随着故宫的国宝不断迁徙，在南京短暂停留后又被艰难地运送至重庆。

抗日战争胜利后，这批石鼓又从重庆运回南京。解放战争全面爆发后，国宝文物被大量地转运至台湾。此时，已被送回北京故宫保管的石鼓，被仓促运抵机场。但临近起飞时，因飞机严重超载，无法保证飞行安全。经过一行人的再三商讨，这 10 面石鼓只好留下，终得保全。

石鼓颠沛流离的命运和它所背负的那些残断的历史，以及笼罩在其身上的未解谜团，让它在跌宕的历史潮汐中更显独特与珍贵。

66. 蟠虺（huǐ）纹铜构件　金釭安装示意图

【基础信息】

这件铜构件叫作金釭，是宫殿壁间横木上的青铜建筑构件。金釭表面装饰有蟠虺纹，中间是空的，用来插木头。金釭按其形制可分为内转角型、外转角型、尽端型和中段型四种。它主要用于连接房屋的木制构架，既可以垂直连接，也可以水平对接，起到加固和装饰作用。金釭的使用对后来极富中国特色的雕梁画栋的建筑风格产生了很大的影响。

金釭

【拓展信息】

蟠虺纹，青铜器纹饰之一，寓意皆祥。以盘曲的小蛇（虺）的形象，构成几何图形。小蛇画有三角形或圆三角形的头部，一对突出的大圆眼，体有鳞节。有的纹饰作二方连续排列，有的纹饰构成四方连续纹样。一般都作主纹应用。盛行于春秋战国时期。

67. 绳纹陶水道

【基础信息】

绳纹陶水道出土于雍城姚家岗遗址。考古发掘表明，在殿台建筑以西的空地上，铺设有一列陶水道，全长约6.9米，由一节竖向管道和九节横向管道组成。每节陶水道一端口径较大，另一端口径较小，使用时两两套接。在回廊外侧还有用鹅卵石铺设的散水。

68. 夔龙纹半瓦当　凤鸟纹瓦当　奔鹿纹瓦当　饕餮纹半瓦当　豹纹瓦当一组

【基础信息】

瓦当，俗称筒瓦头，是典型的中国古代建筑材料。我国古代的房屋多为木结构，为了使椽头免受风雨侵蚀，人们就用筒瓦前端下垂的部分保护屋檐，从而延长建筑物的使用寿命。瓦当一般为圆形，也有半圆形。半圆形瓦当称为半瓦当。

【完整信息】

早在西周时期，人们就已经开始使用瓦当。到了春秋战国时期，瓦当的使用更加普遍。这时的瓦当除了实用以外，还具有装饰美化的作用。当时各国瓦当的纹饰风格也不尽相同。这一组秦瓦当颜色青灰，质地坚硬细密，装饰有奔鹿、凤鸟、豹纹、夔龙、饕餮等动物纹饰，构图简洁夸张，可见秦国瓦当的图案多以动物纹为主。

【拓展信息】

秦瓦当从形制上大致分为三类，分别为半圆形、圆形和大半圆形，其中半圆形瓦当贯穿春秋战国及秦代。

素面圆瓦当在战国早期使用较多，战国中晚期已鲜少出现。单体动物纹圆瓦当多出土于秦国雍城遗址，年代约在战国前期和中期。当面为无界格的复合动物纹瓦当，出现时代略晚于单体动物纹圆瓦当，应在战国中期，主要出土于秦国雍城遗址，咸阳、西安一带的秦遗址中亦有少量发现。辐射纹、葵纹可归属于涡旋纹，流行于战国初期，在战国中期定型，战国晚期和秦代是其兴盛期。至于多变的云纹瓦当，流行于战国中晚期，是秦汉时期瓦当的主流纹饰。

秦瓦当陶质坚硬，火候高，颜色呈深灰色或青灰色。大半圆形瓦当掺少许细沙，故其虽体形硕大，但仍不变形、不开裂。秦瓦当无论半圆形、圆形或大半圆形施以何种纹饰，个个均制作精细，质量上乘，坚实耐用，手感沉重，漂亮美观。其蕴含丰富的历史、科学与文化、艺术价值，是反映秦人审美情趣和艺术修养的宝贵遗存。

变法图强

【基础信息】

秦国非常重视农业的发展。秦孝公即位以后，决心图强改革，命商鞅于公元前 356 年和公元前 350 年先后两次进行变法。商鞅认识到农业发展对国家富强的重要性，因此在变法中施行了一系列奖励农耕的政策，并且通过“废井田、重农桑、奖军功”一系列的改革措施，使秦国的经济得以迅速发展，国力不断增强，成为战国后期最富强的诸侯国之一。

【完整信息】

春秋战国时期是分封制崩溃、中央集权制确立的过渡时期，在这一时期，铁制农具的使用和牛耕的逐步推广，导致原有的土地国有制，逐步被土地私有制所代替，地主和农民两大对立阶级的产生。

新兴地主阶级随着经济实力的增长，要求获得相应的政治权力，从而引起了社会秩序的变动。因此，各国纷纷要求在政治上进行改革，发展封建经济，建立地主阶级统治，由此掀起了变法运动，如魏国的李悝变法、楚国的吴起变法等。商鞅变法是中国古代一次成功的变革，它不但让秦国成为一个强大的国家，还确定了法治的思想，为以后秦国统一六国奠定了基础。

69. 铁铲　铜镐　铜辟土

【基础信息】

战国中期以后，人们在使用铁制农具的同时，引入了畜力——牛，进行耕作，大大提高了农业生产力。铁铲、铜镐用于开垦刨土；铁铺用来起土，铜辟土装于铺的两侧，是耕地时帮助翻土、碎土的装置。

铁制农具和牛耕的使用，使得大规模开垦山泽荒地成为可能。再加上商鞅“废井田，开阡陌”“招徕三晋之民”来秦开荒等一系列扶持农业的政策，极大地推动了秦国的农业发展，为秦国荡平群雄、一统天下奠定了充分的物质基础。

70. 陶囷

【基础信息】

囷是圆形的粮仓。陶囷出土于陕西省咸阳市泾阳县，为明器模型，陪葬使用。囷身较矮，腹部有一长方形门。器物形制简朴，塑造手法写实。春秋战国时期的秦墓中常常用陶制的囷、仓等模型为明器陪葬。囷的出现也从一个侧面反映了当时农业生产力水平的进步。

71. 蟠螭纹铜镜　夔龙纹镜

【基础信息】

铜镜是古人用来照容的一种生活用品。其正面平滑光亮，可以照容，背面有丰富的纹饰，所以它不仅是实用品，同时也是艺术品。

目前我国发现最早的铜镜距今 4000 多年，但当时它不一定有照容的作用。商代才出现了具有照容功能的铜镜，但出土实物数量很少。随着经济和文化的发展，战国时期成为我国铜镜发展史上的第一个繁荣期。这一时期的铜镜形制轻巧、线条流畅，大多为圆形；镜身比较薄，厚度一般不超过 0.3 厘米。

【完整信息】

蟠螭纹铜镜、四虺连弧纹镜、夔龙纹镜充分表现出当时铜镜的特征。蟠螭纹铜镜镜体薄而轻巧，背面装饰有两两相对、互相缠绕在一起的三对蟠螭纹。四虺连弧纹镜的弧线繁密，布局合理。夔龙纹镜的纹饰粗犷，四条夔龙龙体弓曲，怒目圆睁，充分展现了这个时期铜镜的制作工艺。

72. 郑国渠灌区示意图

【基础信息】

郑国渠是由一名叫郑国的水工主持设计修建的，故称“郑国渠”。它是最早在关中地区建设的大型水利灌溉工程，它西起咸阳泾阳，引泾水东流，经过三原、富平、蒲城等地，最后流入洛河，全长 124 千米，能灌溉关中地区农田 26 万余公顷（约为 2600 平方千米）。

【完整信息】

郑国渠始建于秦王政元年（公元前 246 年），由韩国水工郑国主持建造。当时韩国在各国的纷争中处于不利境地，随时都有被秦国灭亡的可能。为了自救，韩国使出了“疲秦”这一计谋，即向秦国献计并派郑国到秦国当“间谍”，修筑大型水利工程，希望秦国把人力、物力都放在修筑水利设施上，无暇东伐，保存自身。因为关中地区雨量较少，经常发生旱灾，又存在大量的盐碱地，所以粮食产量很低。为把关中地区建成稳固的经济基地，支持统一大业的完成，秦国采纳了韩国的建议，决定修建引泾灌溉渠道工程。韩国的计谋在渠开凿到一半时被发觉，秦始皇欲杀郑国，但郑国辩解“始臣为间，然渠成亦秦之利也”“臣为韩延数岁之命，而为秦建万世之功”，才让渠得以继续开凿。

郑国渠修成后，大大改变了关中地区的农业生产面貌，使用含泥沙量较大的泾水进行灌溉，增加土质肥力，农业迅速发达起来，使雨量稀少、土地贫瘠的关中地区，变得富庶甲天下，增强了秦国的经济实力，使关中地区在秦、汉、隋、唐时期成为全国少有的富庶地区之一，为秦、汉、隋、唐定都关中奠定了经济基础。2016 年 11 月 8 日，郑国渠申遗成功，成为陕西省第一处世界灌溉工程遗产。

73. 羊头车軎（wèi）

【基础信息】

春秋战国时期征战频繁，对战车的稳定性和灵活性有了更高的要求。车軎是套在车轮外侧车轴两端的筒形器，起到固定车轮和保护车轴头的作用。车軎通体饰卷云纹，軎头作羊首形，两只羊角向前翻卷，颌下垂长须。

【完整信息】

车軎和车辖配套使用。在实际战争的行进过程中，由于惯性的作用，车轮容易歪斜导致方向不稳。为了使车轮稳定，便在车軎上穿孔，竖直插入车辖以固定、制约车轮。现代汉语中所说的“管辖”“辖制”便是由此引申而来。

74. 鸟盖瓠（hù）壶

【基础信息】

这件战国时期的青铜酒壶，是国家一级文物。壶盖为一只鸟的形状，壶腹呈瓠瓜形，所以称为鸟盖瓠壶。壶盖鸟嘴处可以自由开合，鸟尾与壶把手以环链相连接。壶颈部至腹部装饰有精美蟠虺纹饰带。整件壶造型生动优美，纹饰细腻奔放，一改西周时期青铜器古朴厚重的风格。这件鸟盖瓠壶是 1967 年文物工作者在陕西省榆林市绥德县废品收购站中偶然发现的，当时它已“身首异处”“面目不清”。经过鉴定得知这是一件战国青铜器，这才使我们今天得以欣赏到这件宝贝。

鸟盖瓠壶

【完整信息】

这件鸟盖瓠壶可能是战国时期一件与祀天有关的酒器。《礼记》中记载瓠壶为“尚礼”之用，装的酒称之为“玄酒”，因此有学者认为壶身形状和壶盖鸟的形状，与天文典籍中所记录的“瓠瓜星”和“天鸡星”可能有一定的联系。

75. 青铜龙

【基础信息】

这件体量巨大、造型生动的青铜龙是1994年西安市公安局移交陕西历史博物馆收藏的，当时碎为八段，共重92.5千克。经过文物修复人员仔细拼对、黏接后，复原为两条盘曲缠绕的青铜龙。龙体中空，头略呈方形，鼓目，翻鼻，张口，身饰鱼鳞纹。龙体为合铸焊接而成，形体巨大，极具视觉冲击力和震撼力。

【完整信息】

经鉴定，这件青铜龙是秦代的青铜重器。有学者认为，这可能是史书上所记载的秦始皇统一六国后，收天下兵器“聚之咸阳，铸以为钟鐻”的秦代大型乐器架的底座。秦文化中有追求浩大气势的传统，在秦统一六国后，这种传统被发挥到了极致。这件来自2000多年前的巨型青铜艺术品，体现了这一时期的审美情趣。

青铜龙

葬仪恢宏

【基础信息】

从秦襄公建立秦国到秦二世亡国，共传32代，历经563年。在此期间，秦人营建了西垂、雍城、毕陌、芷阳和骊山五大陵园。秦国国君在称王前使用“中”字形诸侯级墓葬形制，称王后使用“亚”字形王级墓葬形制。已经发掘的国君陵园墓葬规模宏大，殉葬品丰富，并广泛使用活人殉葬。这些国君陵园是当时政治、经济和文化的有机组成部分，是中央集权制和当时人们生死观念相结合的产物，丰富的随葬品也充分反映了当时科学技术和文化艺术的成就。

76. 秦公一号大墓（模型）椁木

【基础信息】

秦公一号大墓位于陕西省宝鸡市凤翔县南指挥村，总面积约为5334平方米，是目前我国科学发掘的规模最大的一座先秦墓葬。根据出土的石磬中的铭文，推断墓主人是秦景公。大墓平面呈“中”字形，有东、西两条墓道，全长约300米。墓室平面为长方形，环绕三层台阶，第三层平台中部为曲尺形的椁室。主、副椁室内各有椁具一套，以柏木叠构而成，上下及四周填充有用来防潮、防腐的木炭和青膏泥，这种葬制被称作“黄肠题凑”。“黄肠”指去掉树皮的黄心柏木，“题凑”是端头向内的意思。秦公一号大墓的黄肠木与椁是一个整体，且端头朝外，是“黄肠题凑”的早期形式。《周礼》中记载，“天子之椁柏，黄肠为里”，可见当时“黄肠题凑”是天子才能使用的高等级葬制。秦景公以诸侯王的身份使用这样的葬制，是明显的僭越行为，这足以体现当时周王室的衰微与秦国的野心。在秦公一号大墓中还发现了166具人殉和20具人牲，这也是中国考古史上发现人殉和人牲数量最多的墓葬。

【完整信息】

秦公一号大墓惨遭历代盗墓者的盗掘，在发掘过程中共发现盗洞多达 247 个，但在这种情况下仍出土各类文物 3500 余件。更让人惊喜的是，考古工作者清理出 34 件石磬，其中 17 件上刻有铭文，共计 188 个字。铭文中有“天子匽喜，龚桓是嗣”的记载，意思是“天子举行宴飨，作磬者是龚公、桓公的子嗣”，由此推断墓主人应是秦龚公、秦桓公的继承人，也就是秦国第十四代国君秦景公。秦景公姓嬴名石，是一位极有作为的国君，也是在雍城执政时间最长的一位国君。他坚持东进方略，多次与晋国及其盟国交战，并屡屡获胜，将秦国的势力范围不断向中原地区推进。

77. 石磬

【基础信息】

石磬是古人用石料制成的打击乐器。早期的石磬为打制而成，表面粗糙，厚薄不均，形制不稳定，音高也不规则。到了商代，古人的制磬技术已经成熟，周代的磬被赋予了一层等级色彩，玉磬成为王权的象征，只有王宫中才能悬挂，诸侯大臣家中若悬挂玉磬，则意味着僭越。春秋战国时期，磬的使用已有改变，此前的磬多是单独出现，称为“特磬”，这时出现了编磬，大大小小的石磬编成一组，每只磬有不同的音色，能敲击出一曲完整的乐曲，与编钟相似。

78. 金啄木鸟　金怪兽　金串珠　金带钩

【基础信息】

20 世纪 70 年代至 80 年代，秦雍城遗址、马家庄宗庙遗址以及秦公一号大墓陆续出土了百余件金饰品，它们种类丰富，形象生动，制作工艺精湛。金啄木鸟、金怪兽、金串珠、金带钩等金制饰件就是其中的一部分。

金啄木鸟

金啄木鸟圆眼凸睛，旗状的羽冠高高扬起，双翅平展，动态十足，腹下双足做成一个中空圆柱，可以插入别的器物，专家推测它可能是冠上的装饰物。金怪兽整体造型古朴粗放，也应是其他物品上的装饰品，专家推测为帽饰。金串珠小巧玲珑、精致典雅。金带钩是腰带上的挂钩，类似于今天皮带上的卡扣，既有悬挂小件物品的实际用途，又能起到装饰作用。

【完整信息】

金器铸造的温度相当高，工艺技术复杂，所以制作金器比铜器或其他金属器物的难度更大。这批金器从规范程度和造型风格来看，应是由秦国官府作坊统一制成的，充分展示了秦国金银制造业的发展水平。

79. 玉玦　玉觿（xī）　玉璋　白玉戈　玉璧　玉石鞋底

【基础信息】

秦人进入关中地区之后，在继承周人制造玉器的传统技术的基础上，又有所创新，逐步发展形成了一种独具特色的玉器——秦式玉器。玉玦、玉觿、玉璋、白玉戈、玉璧、玉石鞋底等玉器均出土于秦公一号大墓，玉质细密坚实，造型独特，纹饰繁缛细密，雕琢精湛。

【完整信息】

玉玦、玉璋、白玉戈、玉璧都属礼器，以此随葬表明了墓主人不同寻常的身份地位。玉觿的一端宽扁，一端尖锐，是古代用来解绳结的器具。古人为了防止衣衫散乱，往往会将衣带打成死结，所以就会随身佩戴解绳结的工具——觿。玉石鞋底的玉色以蓝赭为主，并杂以绿、黄之色，造型为鞋底形状。出土时是被放在棺盖之上，显然不是实用之物，有可能是符节之器，象征着周天子授予诸侯征伐的权力。而将它放在棺盖之上，意义非同寻常，意味着要将王权带入“地下世界”。这批玉器的造型与纹饰美观，线条潇洒流畅，充分反映出当时秦国玉器工艺的辉煌成就。

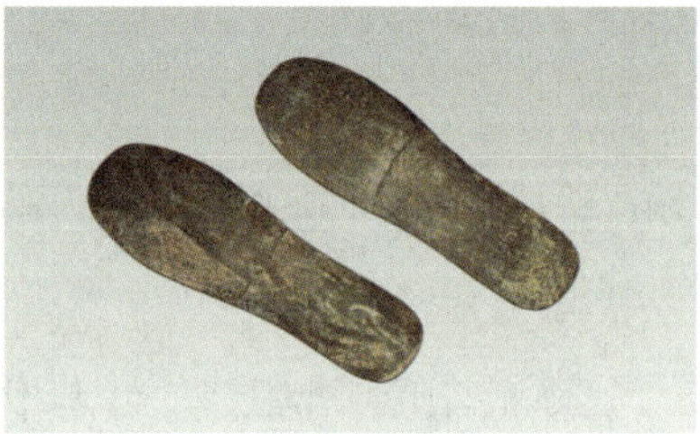

玉石鞋底

80. 神禾塬大墓（图版）

【基础信息】

据传说，大约 3000 年前，在神和塬这个地方曾经出产一种长有双穗的麦禾，西周时期周成王的弟弟双虞发现后，认为是天降祥瑞的征兆，把它们献给周成王。周成王又转送给周公，周公兴之所至，赋诗一首，名为《嘉禾》，神和塬因此而改名为神禾塬。神禾塬大墓陵园位于陕西省西安市长安区，陵园布局规整，外沟内垣，分为南、北两区，设有五门，南北长 550 米，东西宽 310 米。附有十三座从葬坑的四墓道"亚"字形大墓位于北区，大型建筑基址处于南区。在大墓南、北两侧各有一条排水沟。神禾塬大墓布局完整、规格极高，显然属于秦王、公、帝、后级别的高级陵墓。整个陵园是迄今为止发掘过的规模最大的战国时期秦国陵园遗址。

天下一统

【基础信息】

战国后期，随着社会经济文化的逐步发展，人们渴望大一统的社会趋势已成为历史发展的必然。经历了多年的战乱、纷争，公元前 221 年，秦国终于结束了长期以来诸侯割据的纷乱局面，建立起我国历史上第一个统一的多民族的中央集权制国家，这对我国以后整个封建社会的历史产生了极其深远的影响。

皇皇帝都

【基础信息】

从秦孝公十二年（公元前 350 年）将都城从栎阳（今陕西省西安市阎良区）迁至咸阳直到秦朝灭亡，咸阳一直是秦的都城，历经 8 代君主，前后共

144 年。特别是秦始皇统治时期修建了大量华丽的宫室，并仿建六国宫殿，营造规模宏大的朝宫，使咸阳成为气势恢宏的帝都。

81. 龙纹空心砖

【基础信息】

龙纹空心砖出土于秦咸阳一号宫殿遗址。它的色泽青灰，质地坚实。砖表面装饰的龙纹相互缠绕，简洁明快。空心砖始见于西周时期，主要用于宫殿、官署和墓葬等建筑之中。

82. 葵纹瓦当　云纹瓦当　四兽纹瓦当

【基础信息】

秦始皇在灭六国统一全国的过程中，每灭掉一国，就在咸阳原上仿建该国的宫殿。六国工匠云集秦都，使各国建筑艺术得到融汇。这时的瓦当纹饰不论从题材、内容、形式，还是雕刻手法上都博采众长，汇聚六国特色，形成秦代清新、写实的艺术风格。

83. 秦咸阳一号宫殿复原图

【基础信息】

秦咸阳一号宫殿遗址位于今陕西省咸阳市。通过考古发掘可知，这是一座以长方曲尺形多层夯土高台为基础而建起的楼阙建筑。台顶中部是由两层楼堂构成的主体宫室，四周布置有上下不同层次的较小宫室。低层建筑和周围有回廊环绕，结构紧凑、错落有致。该遗址是我国目前已知时间最早、内容最全面、保存最完好的帝王宫殿遗址之一。

【完整信息】

秦咸阳一号宫殿遗址，位于秦代都城咸阳城的北部阶地上。公元前 350 年秦孝公迁都咸阳，开始营建宫室；秦昭王时，咸阳宫已建成。在秦始皇统一六国的过程中，该宫又不断扩建，成为“超级”宫殿。秦末项羽攻入咸阳，屠城纵火，咸阳宫被烧为废墟。

横扫六合

【基础信息】

商鞅在秦国变法中推行了一系列军事改革措施，在军队中施行奖励军功和十二等爵制等政策，使普通人也能通过军功提升身份和地位。一系列推崇战功的改革措施，使得秦军的作战能力愈来愈强，武器装备不断改进，军队人数最多时达到百万，并出现了尉缭、白起、王翦、王贲等著名的军事家和将领。“秦王扫六合，虎视何雄哉！挥剑决浮云，诸侯尽西来。……”唐代诗人李白的这首诗，描绘了一个新的时代在大动荡、大整合中应运而生。

在一统天下的10年征战中，秦军取得最终胜利，这要归功于秦人所拥有的优秀军事将领以及卓越的军事和外交策略，当然也离不开精良的武器装备。

84. 杜虎符

【基础信息】

2017年12月，中央电视台推出大型文博综艺节目《国家宝藏》，杜虎符是当时陕西历史博物馆选送的三件国宝之一。

杜虎符于1975年出土于陕西省西安市南郊，“杜”是指秦国的杜县，在今天的陕西省西安市长安区。符是古代朝廷用于传达命令、调动军队的凭证，通常作虎形，它从背部剖开，分为左右两半，分别由君王和地方军事长官持有，只有两符相合时才能调遣军队。现代汉语中的“符合”一词即来源于此。这件虎符仅发现左半符。虎作行走状，昂首蜷尾，颈上有小孔，可穿绳悬挂。虎符身上铸有错金铭文9行，共40个字，字体为秀丽的悬针小篆。铭文大意是说虎符分为左右两半，右半符掌握在国君手里，左半符由杜地军事长官掌管，凡调配50人以上的带甲兵士，必须将虎符对合后，才能够调兵遣将。但如果遇到烽火报警的紧急情况，可以不用合符，直接用兵。虎符的使用充分说明了秦代兵权的高度集中。

【完整信息】

符是古代军事调遣、传达命令的重要信物。早在周代就开始使用。最初的符用竹子制作而成，后来用金属制成，形状也由竹节逐渐多变为虎形，称为“虎节”，也称“虎符”。

杜虎符

虎符最早出现于春秋战国时期，盛行于战国和秦汉两代。从出土文物看，东周时期有鎏金虎符，战国以后虎符一般由青铜制成。作为国君调兵遣将的凭证，虎符的背部刻有铭文，分为两半，两半的形状、铭文都是相同的，右半符存于君王手中，左半符发给统兵将帅或地方长官，合在一起就成为调兵遣将的信物。两半符的背面各有榫卯，一一对应，只有同为一组的虎符才能合在一起，调兵遣将时需要将两半虎符合在一起验真，才能生效。

85. “五十年”铜戈

【基础信息】

戈，冷兵器时代中最常见的一种，古称勾兵。戈由戈头、柲、柲帽和柲末的鐏构成，“柲”即戈的手柄，“柲帽”是覆在戈顶上的装饰物，形制一般是鸟或兽。

“五十年”铜戈为征集文物，保存完好，内部有铭文，铭文大意为：“五十年上郡守□戈”，其中的“上郡”为古代郡名（今陕西省榆林市绥德县一带）。传说该地最早是战国时期魏国魏文侯所置的行政机构，秦惠王时期，魏国向秦国贡献上郡 15 县后，上郡便由秦国治理。铭文中的“郡守”即为上郡的行政长官。从铭文判断，此戈应是秦昭王五十年（公元前 257 年）铸造，为战国晚期器物，所以，该文物又被称为“五十年”铜戈。

【完整信息】

从秦代开始，戈逐渐被戟和矛所取代，消失于历史的长河中，但因其在早期战争中所发挥的巨大作用，“戈”这个词在汉语中逐渐成了兵器和战争的代名词，并沿用至今，还衍生出了“兵戈相见”“化干戈为玉帛”“金戈铁马”等耳熟能详的词语。陕西省发现的大量战国铜戈，反映了当时秦国强大的军事实力。

86. 弩机

【基础信息】

弩是在弓的基础上发展而来的，战国时弩已成为一种重要的远射兵器，是冷兵器时代最具杀伤力的兵器。弩由弩臂、弩弓和弩机三部分组成。弩臂由坚木制成，木臂正面有一条放置箭镞的沟槽，能够保证发射出的箭沿直线前进；弩弓一般用竹木制成，形似扁担；弩机安装在弩臂的后面，由青铜制成，具有延时、蓄力、瞄准、激发四合一的功能。弩机上的“牙”用于钩弦，“望山”用于瞄准，下面的扳机叫“悬刀”。发射时，射手将悬刀一扳，牙会缩下，箭就被发射出去了。也就是说，将箭镞装好后，射手就可以毫不费力地从容击发，不必再边拉弓边瞄准射箭，这也是弩与弓最大的不同之处。

【完整信息】

弩机

弩的张力以“石”来计算。张力小的弩射程近，用手臂即可拉开，称为“臂张弩”，一般供骑兵使用；张力大的弩射程远，使用时要放在特制的支架上，借助身体的力量拉开，这种弩称为“蹶张弩”或“腰引弩”。这种大型弩一般供步兵和守城士兵使用。对于当时以步兵和车兵为主构成的难以横向移动的大型方阵来说，弩具有很强的杀伤力和威慑力，是古代兵车战法中的重要组成部分。

87. 青铜箭镞

【基础信息】

镞，即箭头，安上箭杆之后配合弓弩使用。下图中的青铜箭镞全部出土于秦始皇帝陵园随葬坑，按规格不同可以分为四组。最小的一组为双翼镞，翼的边缘是锋利的刃，翼间有血槽，翼尾部后延成平铲状的倒刺，使得中箭后既扩大创伤面积，又不易拔出。剩下三组为三棱镞，这种镞的镞首重，铤部加长，使得箭的重心大体位于箭杆的中部，有利于箭在飞行中保持平衡，增强穿透力。经检测，同一型号青铜箭镞的棱脊长度与每条棱之间的夹角几乎完全相同，且表面均经过铬盐氧化处理，表明秦代的武器生产已经达到了规范化、标准化的批量生产。

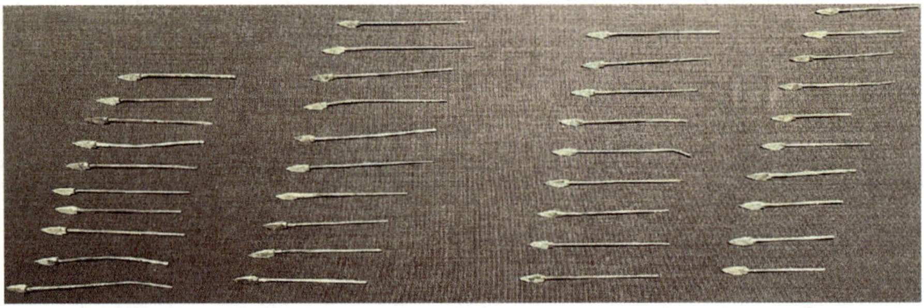

青铜箭镞

88. 青铜剑（秦剑）

【基础信息】

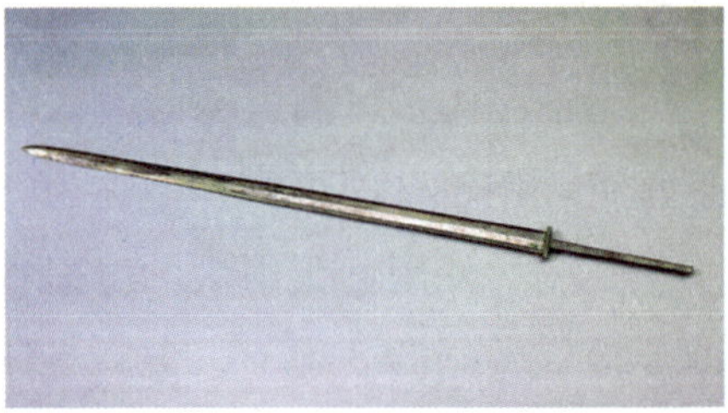

秦剑

右图这把青铜剑出土于秦始皇帝陵园随葬坑，一般称作秦剑。剑身呈柳叶状，细长且尖。由于青铜硬而脆的性质，过长的剑极易折断，因此剑的长度历来受到材料的限制，其他诸侯国宝剑长度一般在 50～65 厘米，秦剑的平均长度能达到 90 厘米，最长的可超过 120 厘米，远远超出战国时期其他诸侯国宝剑的长度。秦剑含锡量高，韧性比普通青铜剑强很多，剑身狭窄而长，两面四纵四锷，近锋部束腰，不仅韧性优良，而且穿刺能力也很强。秦剑的表面还镀有铬盐氧化物，可以起到防酸防腐的作用，因而能深埋在泥土中 2000 多年仍不生锈。秦剑不仅是秦代实战兵器之一，也是秦代科技与制造工艺的集中体现。

89. “寺工”铜矛　“十七年寺工”铜铍　“十九年寺工”铜铍

【基础信息】

这几件器物均出土自秦始皇帝陵园随葬坑。铜矛是用来直刺和扎挑的长柄武器，由于矛头锋利，所以刺杀效果优于戈和戟。在冷兵器时代，矛一直是军队装备的主要兵器之一。铜铍形似短剑，长 30～35 厘米，铍头后端有茎，用以装柄，铍头部为平脊两刃，穿透力很强，多用于近距离的对敌刺杀。

【完整信息】

这几件器物器身上均有铭文，并根据铭文为其命名。“寺工”为秦始皇时期设立的服务于宫廷的官署机构，主要职责是制造兵器、车马器及宫廷生活用铜器；“十七年”“十九年”是秦始皇纪年。器身上还刻有生产该器物的工匠的名字。《礼记》中记载：“物勒工名，以考其诚，工有不当，必行其罪，以究其情。”这种制度就是责任到人，目的是考查产品质量，如质量不好就要追究工匠责任。

90. 铜钲

【基础信息】

铜钲出土于陕西省安康市旬阳县，形似铃，柄为八棱形，柄端装饰一圆雕伏虎。钲与鼓都是战争中使用的乐器，鸣鼓代表出击，鸣钲代表退兵。成语“鸣金收兵”中的“金”指的就是钲。钲在使用时既可以安装在鼓座上敲击，也可以握在手里敲打。

秦统一六国

【基础信息】

战国后期，秦王嬴政采取远交近攻的策略，发动了对六国的逐一歼灭战争。公元前230年，秦国首先灭掉了邻近的韩国。公元前228年，秦军攻克赵国都城邯郸，赵国灭亡。公元前225年，秦国灭掉魏国。公元前223年，秦国灭掉楚国，次年灭掉燕国。公元前221年，齐国不战而降。从此，诸侯割据称雄的时代结束了，秦国成为中国历史上第一个统一的多民族的中央集权制国家。

91. 秦兵马俑（军吏俑　步兵俑　陶马　车士俑　立射俑）

【基础信息】

秦兵马俑是1974年发现于秦始皇陵东侧的大规模陶俑殉葬品，共有三个俑坑，坑里有8000余兵马俑。兵马俑主要有士兵俑与军吏俑两大类，军吏俑又有低级、中级、高级之别。一般士兵俑不戴冠，而军吏俑戴冠，普通军吏俑的冠与将军俑的冠又不相同，甚至铠甲也有区别。士兵俑包括步兵俑、骑兵俑、车兵俑三类。根据实战需要，不同兵种的武士装备各异。俑坑中最多的是武士俑，大部分手执弓、弩、戈、剑等青铜兵器。

兵马俑的塑造，基本上以现实生活为基础，手法细腻、明快。每个陶俑的装束、神态都不一样。人物的发式多种多样，手势也各不相同，面部的表情更是各有差异。从他们的装束和手势就可以基本判断出其兵种和身份。下页图中所展示的就是其中的一些代表形象。

中间头上戴冠饰的是一名军吏俑。旁边是四个步兵俑，有些身上还穿着盔甲。最左边的一位为立射俑，他身着齐膝长襦，右腿微弓，左腿后绷，左臂半举，右臂横屈胸前，身体微向左转，做拉弓射击的准备姿势。另外一侧，是当时军队中用于拉战车的战马，这些马并不高大，只有1.5米左右的高度，属于甘肃河曲马种。这种马腰背宽广，四肢粗壮，是力量与速度兼备的良马。

马匹后方中间这位陶俑身穿盔甲，足蹬轻便皮靴，手臂的动作告诉我们，这是一位负责驾驭车马的御手俑。身边两位陶俑的姿态和动作刚好相对，是手持兵器在战车上作战的车士俑。

秦兵马俑

【完整信息】

兵马俑虽然年代久远，但在刚刚发掘出来的时候还依稀可见人物面部和衣服上的色彩。从已整理出土的陶俑、陶马来看，几乎无一雷同。兵马俑丰富而生动地塑造了多种具有一定性格的人物形象，其风格浑厚、洗练，既有真实性也富有装饰性，是中国古代塑造艺术臻于成熟的标志。它既继承了战国以来中国的陶塑传统，又为后世陶塑艺术的发展与繁荣奠定了基础，起着承上启下的作用，在中国的雕塑史上占有重要的地位。秦兵马俑被誉为“世界第八大奇迹”“人类古代精神文明的瑰宝”。

92. 石铠甲

【基础信息】

下图的这件石铠甲由数百片甲片制成，其形状与兵马俑二号坑御手俑所穿甲衣极为相似，属于级别稍高的铠甲。甲片上钻有一些圆形或方形的小孔，用扁铜条连缀在一起。

【完整信息】

这件石铠甲制作工艺高超，但并不是实战装备，而是依照“事死如事生”的观念，为秦始皇陪葬的明器。春秋战国时期的甲胄主要以皮革为原材料，而石铠甲的规格、形制和编缀方法与实用铠甲一样，它的出现为我们认识秦甲的形制和编缀方法提供了翔实的实物依据。

石铠甲

93. 彩绘跪射俑

【基础信息】

右图中的彩绘跪射俑身穿战袍，外披铠甲，双手置于身体右侧作握弓弩待发状。在战争中，它与我们之前介绍过的立射士兵相互配合，共同组成秦军远距离攻击的力量。陶俑身上还保存着最初的色彩，面部为接近人皮肤颜色的粉色，身上用来连接盔甲的带子是红色的，腿部的战袍还留有绿色的痕迹。其实，兵马俑在刚出土时都是有彩绘的，只不过因为埋藏中受到的损坏和出土后的氧化，导致大部分彩绘消失，所以，我们现在只能看到很少一部分兵马俑还保留着当初的色彩。

彩绘跪射俑

94. 秦行政疆域图

【基础信息】

秦朝的疆域不仅包括了七国旧地，而且在统一全国之后也没有停止对外开拓，北伐匈奴，南征南越，最终建立起一个东至大海，西至青藏高原边缘，南至岭南，北至河套、阴山、辽东的庞大帝国，可谓是“囊括四海，并吞八荒”。

【完整信息】

公元前221年，秦国灭掉齐国，建立秦王朝之后，秦始皇采纳丞相李斯的建议，废诸侯，取消分封制，国家管理上推行单一的郡县制，分天下为36郡。秦朝的郡设郡守（主持民政）、郡尉（主持军事）、郡监（主持监察事务），郡守下设郡丞，作为郡守的副职。

皇权一统

【基础信息】

秦统一全国后建立起一套完整的中央集权制度。秦王嬴政自称“始皇帝”，总揽国家一切军政大权，皇帝之下设“三公九卿”组成中央政府。上至中央、下到郡县的主要官吏，都由皇帝亲自任免，这些官吏领取朝廷俸禄，官位不得世袭。此外，秦始皇还在全国范围内统一文字、钱币、度量衡、车轨，这一系列经济文化措施使得中央集权体制日趋完备，并被历代封建王朝所沿袭和发展。

95. 秦驰道（图版）

【基础信息】

秦始皇为了加强中央政府对全国各地的控制，在统一全国后的第二年，利用原六国的道路，修建了以国都咸阳为中心的驰道网络。秦驰道有两条主干线：一条出函谷关，通往今山东省、河北省方向的东方道；一条经陕南通往长江中下游地区的武关道。它们与西方道（出陇县通往甘肃）、上郡道（高陵至陕北）、临晋道（渡黄河通往山西）、栈道（出秦岭通往四川）等众多道路一起，构成了辐射全国的发达交通网络。

秦驰道宽达60米以上，道路中央的3丈（约合10米）是皇帝独享的专用道路，经过特许的官僚贵族可以经行中央两旁的旁道。

【完整信息】

秦驰道在修建时会先使用金属工具夯实路面，使路基干燥稳固。类似的筑路技术到19世纪才在西方推广起来，可见秦代筑路技术之先进。秦驰道的修建在当时来说具有重要意义，陆路交通的便利加速了各地区经济、文化等方面的交流。

96. 秦直道（图版）

【基础信息】

秦直道是与长城、秦驰道齐名的重大工程，它是秦始皇为抗击匈奴南侵而下令修建的一条“国防公路”。秦直道于公元前212年开始修建，历时两年半。秦直道南起云阳（今陕西省咸阳市淳化县），沿子午岭北上，渡过黄河一直通往九原郡（今内蒙古自治区包头市），全长700多千米。

【完整信息】

秦直道的修建使得秦军只需三天三夜便可从咸阳奔袭至河套地区的前线，大大提高了秦军的作战效率。秦直道与长城配合使用，有效抵御了匈奴铁骑的南下。秦直道自修筑后的1000多年的时间里一直发挥着重要的作用。在唐代仍是一条重要的军事要道。

97. 两诏铜椭量

【基础信息】

两诏铜椭量为战国时期至秦朝的文物，1982年出土于陕西省咸阳市礼泉县药王洞乡南晏村，该文物呈椭圆形。器外壁的左右两侧，分别刻有两组相同的秦始皇诏文，器底刻有秦二世诏文。此器不仅是秦王朝统一度量衡的实物见证，也是研究我国古代度量衡制度的珍贵资料，具有十分重要的历史研究价值。

98. “重卅（sà）斤”铜权

【基础信息】

权是测量重量的标准器，即今天所称的砝码。“重卅斤”表明这枚铜权重30斤。铜权是利用杠杆原理进行测重的。根据秦权上自铭所示量值实测折算，秦代的1斤约合现代的258克。秦的量器经实测一升约为200毫升。秦朝对度量器的管理十分重视，由于度量衡在使用中受到磨损，产生偏差，因此秦朝明令规定，每年都要对度量衡进行检验、校正。

99. 统一文字（图版）

【基础信息】

战国时期长期分裂的状态使得各个国家所使用的文字不尽相同。我们可以在下图中看到，同样是“马”字，在不同国家有不同的写法，甚至在同一国家内部也不统一。这种状态非常不利于中央政令的推行和文化的交流。因此秦始皇统一六国的当年，便命丞相李斯在秦国原本使用的大篆的基础上进行改造，形成更加简化、规范的小篆，作为官方使用的标准文字在全国推行。

【完整信息】

秦始皇统一六国之后，实行了一连串的改革。其中，统一文字就是一项十分重要的政策。统一后的文字称为小篆，此种文字书体上承东周时期秦国器铭与刻石文字，融汇各地书风而成，成为全国统一的字体，这也是我国最早统一的文字。

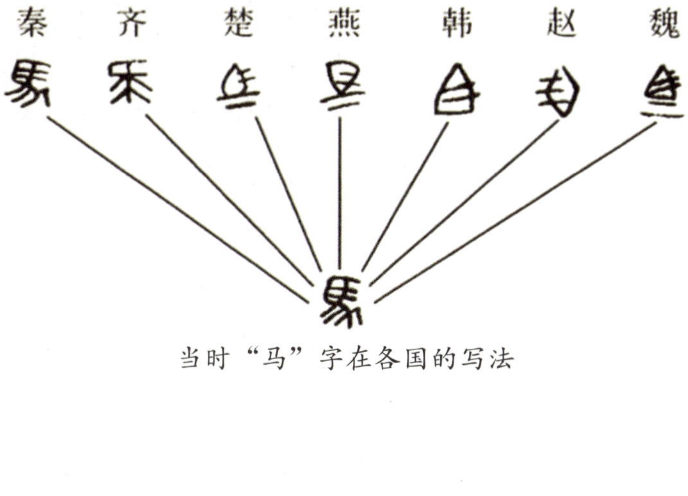

当时“马”字在各国的写法

100. 统一货币

【基础信息】

战国时期各国使用的货币形状、大小、轻重、材质各不相同，计算单位也各不一样，换算起来非常困难。秦统一六国之后，废除六国货币，以秦国的“半两”钱作为统一使用的官方货币。“半两”钱因每枚钱币重半两而得名，上铸钱文“半两”二字。“半两”钱形制为圆形方孔，方便穿绳大量携带。

【完整信息】

“半两”钱这种外圆内方的造型也暗合了中国传统文化中“天圆地方”的观念。这种样式的钱币是之后历代钱币的主流，2000 多年不曾改变。秦统一货币的政策有利于各地商品交换和经济交往，有力地促进了社会的进步和发展。

骊山夕照

【基础信息】

作为中国历史上第一位大一统帝国的君主，秦始皇不仅在生前做出一系列开历史之先河的创举，使政治、经济、军事等方面对后世产生了深远而巨大的影响，还在死后留下了一座埋藏丰富、神秘莫测的地下宝库——秦始皇陵。秦始皇陵位于今陕西省西安市临潼区，南屏骊山，北临渭水，有高大的封土堆。秦王嬴政即位后不久（公元前 247 年）便开始营建自己的陵墓，历时 39 年先后动用数十万人进行大规模的修筑。秦始皇帝陵是中国历史上第一座规模庞大、设计完善的帝王陵寝。秦始皇帝陵开创的独立陵园制度成为此后历代帝王陵墓建造的典范。

101. 秦始皇陵重要遗迹分布图

【基础信息】

秦始皇陵平面呈“回”字形，陵墓周围有两重城垣。目前探明的陵区面积约为 56.5 平方千米，规模非常宏大。秦始皇陵封土堆和地宫位于陵区的南部。封土呈覆斗状，据《汉书》记载，秦始皇陵封土高度为五十丈（约合 115 米），现存高度为 76 米，远远望去像一座巍峨的山丘。秦始皇陵地宫位于封土堆正下方，是陵墓建筑的核心，用于放置帝王遗体、棺椁和重要随葬器物。

【完整信息】

在《史记·秦始皇本纪》中对秦始皇陵地宫有着非常详细的描述：“穿三泉，下铜而致椁，宫观百官奇器珍怪徙臧满之。令匠作机弩矢，有所穿近者辄射之。以水银为百川江河大海，机相灌输，上具天文，下具地理，以人鱼膏为烛，度不灭者久之，”引发人无尽的遐想。对于司马迁描述的真实性，长期以来人们一直将信将疑。而多年来在秦始皇陵进行的科学考古勘探发掘则表明，这样的记载基本上是真实可信的。

在陵区内还分布有兵马俑坑、铜车马坑、珍禽异兽坑、马厩坑、百戏俑坑、石铠甲坑等内涵各异的陪葬坑，其中最著名的当属兵马俑坑。目前已发掘三座兵马俑坑，占地面积达 20000 多平方米，内有和真人、真马大小相似的陶俑、陶马近 8000 件。陶俑的形象各不相同，神态生动，是中国古代雕塑艺术史上的一颗明珠，被誉为“世界第八大奇迹”和“20 世纪考古史上的伟大发现之一”。

102. 文官俑

【基础信息】

这件文官俑上身穿宽袖齐膝长襦，腰束革带，下着长裤，足蹬齐头方口浅履。仔细观察可以发现，陶俑腰间佩戴有削刀和砥石，即小刀和磨刀石。在还没有纸的秦代，人们在竹简上书写，如有错讹，需要用小刀削除，因此文官常随身携带削刀和砥石。由此推测这个人俑应该是一位文官。

103. 跽坐陶俑

【基础信息】

右图这件跽坐陶俑出土于秦始皇陵园随葬坑中的马厩坑，与一匹真马同坑而葬。同时出土的还有刻着“大厩”“官厩”字样的陶盆和陶罐。由此推断，此陪葬坑是秦官厩苑的象征，这件跽坐陶俑代表着为皇室养马的“圉（yǔ）人”，即马夫。

跽坐陶俑

这件跽坐陶俑头略前倾，眼睛垂视，嘴唇紧闭，面目清秀，神态温顺恭敬。身体为跽坐状，双臂自然下垂，放于腿前。我国古代的坐姿和现代不同，两膝着地，臀部压在脚后跟上，腰以上挺直的坐姿称为“跽坐”，是一种非常恭敬的坐式。

104. 青铜鸿雁　青铜鹅

【基础信息】

青铜鸿雁、青铜鹅出土于秦始皇陵园的七号陪葬坑。该坑一共出土了 15 件姿态奇异的陶俑和 46 件青铜水禽。青铜水禽除了鸿雁和鹅外还有仙鹤，所有的青铜水禽都按照实物 1∶1 制成。青铜鸿雁曲颈颔首，仿佛正在水面上游憩；青铜鹅站立在长方形的青铜踏板上，伸颈欲鸣。青铜水禽身上还保存有白色彩绘的痕迹，可见在当时青铜水禽表面是施有彩绘的。这些青铜水禽塑造得惟妙惟肖，生动逼真，展示出水禽在动态中的瞬间姿态，营造出一幅生动的群禽嬉戏图。

青铜鸿雁

105. 铜车马（复制品）

【基础信息】

下图所示的铜车马是秦始皇陵园中出土的 2 号青铜马车的复制品。1980 年，考古工作者在秦始皇陵园西侧发现铜车马坑。两乘铜车马一为“立车”，一为“安车”，均为古代单辕双轮车，并按秦代真人车马的一半制作。铜车马整体用青铜铸造，使用金银饰件重量超过 14 千克，由 3500 余个零部件用铸造、镶嵌、焊接、子母扣连接、活铰连接等多种工艺组装而成。

铜车马

铜车马结构复杂，细节表现清晰、逼真，冶金铸造技术高超，采用多样的工艺手法。车中的零部件制作难度极大，工艺精湛，造型准确、写实，人、马生动传神。驾具、马饰完整，系驾关系清楚，彩绘纹饰精美，与浮雕结合，表现出了马车不同部位原本的材质、构造和面貌。在青铜器上彩绘这一艺术表现手法是秦代的创举，它突破了商周时期在青铜器上铸纹和春秋战国时期金银错纹饰的局限，使青铜器上的纹样更加绚丽多彩。

铜车马是中国考古史上发现最早、体形最大、保存最完整的青铜车马，也是考古所见的最大的组合型青铜器，它们对研究中国秦代冶炼与青铜制造技术、车辆结构等具有极其重要的价值，被誉为“青铜之冠”。

秦始皇统治时期，大规模地兴建宫殿和陵墓，同时筑长城、修驰道、修直道，对匈奴和南越出兵，耗费了大量的人力和财力，极大地加重了人民的徭役和赋税负担。公元前 209 年，陈胜、吴广发动农民起义，此次起义沉重打击了秦朝的统治，揭开了秦末农民起义的序幕，是中国历史上第一次大规模的平民起义。在起义过程中各地群雄纷纷响应，其中属刘邦和项羽领导的两支军队实力最强，此后，刘邦、项羽各自壮大，分别成为汉王和西楚霸王，经过四年的“楚汉之争”，刘邦最终在公元前 202 年建立汉朝并定都长安，开始了西汉王朝 200 多年的统治。

大汉雄风

汉（公元前 202 年—公元 220 年）

【基础信息】

刘邦于公元前 202 年建立汉朝，史称西汉。西汉在中国古代历史上占有非常重要的地位，是我国封建社会的第一个高峰时期。

【完整信息】

西汉重新确立并巩固发展了秦朝建立的中央集权制度，同时建立了系统、严密、完整的经济和文化制度。在这一时期，经济文化飞跃发展，逐渐形成了以汉文化为标志的文化共同体。构成中华民族主体的汉族在这一时期正式形成，方块字也从这时起，被称为汉字。西汉时期，各民族之间政治、经济、文化交往更为密切，汉族的经济文化以不同的方式影响着周边各民族，从而奠定了中国统一的多民族国家的发展基础，并且与西方进行了经济和文化的交流，也深刻影响了世界的发展。

汉都长安

【基础信息】

公元前 202 年，刘邦在山东定陶登基称帝后，听取谋臣张良等人的建议，将都城迁往长安，自此以后，长安成为西汉的政治、经济和文化中心。此后的新莽、东汉（献帝）、西晋［愍（mǐn）帝］、前赵、前秦、后秦、西魏、北周、隋、唐朝代相继以长安城为都，历时近 800 年。

【完整信息】

秦朝时，长安是都城咸阳的一个乡邑，因这里是秦始皇的兄弟成峤长安君的封地，故称“长安”。汉长安城是当时世界上最宏大、最繁华的国际性大都市之一。它的面积是当时罗马城的 3 倍，鼎盛时期人口超过 50 万。

106. 龙墀凤阁——汉长安城遗址平面图（图版）

【基础信息】

西汉初年在原秦行乐宫的基础上，修建长乐宫，后又相继修建了未央宫、武库、太仓等建筑。汉惠帝时修筑长安城城垣。汉武帝时期兴建了城内的北宫、桂宫、明光宫、建章宫等建筑，并在城西修建上林苑，开凿昆明池。整个汉长安城先后历时 90 多年建成。新莽时期又在城南修建了明堂、辟雍等礼制建筑。

【完整信息】

汉长安城除东墙南北垂直以外，其余三面都有曲折。这是因为汉长安城不是一次设计施工完成的，受原有建筑布局和渭水河道走向的影响，使它成了不规则的形状。但也有专家提出，汉人崇尚按星象布局建筑，南墙、北墙的曲折分别象征天上南斗和北斗，因此汉长安城也被人们称为“斗城”。汉长安城是古丝绸之路起点，有“东长安，西罗马”的美誉，是与古罗马城并称的世界上最早的国际化大都市，也是中国古代使用时间最长、定都朝代最多、遗迹最丰富的都城。

【拓展信息】

汉长安城遗址位于今陕西省西安市的西北郊，从 1956 年汉长安城遗址发现以后，近几十年来人们对它的考古发掘与保护从未间断过，在这期间不仅探明了汉长安城的布局和结构，还发现了大量的珍贵文物，这些都为中国古代建筑提供了重要的实物资料。在占地约 75 平方千米的遗址区内，仅皇城遗址就占地 36 平方千米左右。经考古发现皇城遗址内，除了已经探明的汉代道路、东西市遗址外，还发现汉代建筑和宫殿遗址 380 多处，古渭河桥遗址 5 处。汉长安城遗址是当今世界范围内规模最大、格局最为完整、保护状况最好的超大型都城遗址。汉长安城遗址于 1961 年被国务院列为全国第一批重点文物保护单位；2011 年 9 月，国家文物局和陕西省政府共同设立汉长安城国家大遗址保护特区；2014 年 6 月，汉长安城未央宫遗址成功申遗，列入联合国教科文组织世界文化遗产名录。

107. 未央宫前殿遗址

【基础信息】

未央宫建于汉高祖七年（公元前200年），由重臣萧何监督修建。未央宫在汉长安城的西南部，又称西宫，为皇帝朝会之处。据勘探，未央宫平面呈方形，四面筑有围墙。全宫面积约50000平方千米，约占汉长安城城内总面积的七分之一。未央宫是中国历史上有名的宫殿，西汉和以后建立的新莽、西晋（愍帝）、前赵、前秦、后秦、西魏、北周七个朝代的政治中心都在这里。

【完整信息】

未央宫在隋唐时期被划为禁苑的一部分，存世1041年，是中国历史上使用朝代最多、存在时间最长的皇宫。

2014年，汉长安城未央宫遗址作为中国、哈萨克斯坦、吉尔吉斯斯坦三国联合申报的古丝绸之路的东段“丝绸之路：长安—天山廊道的路网”被联合国教科文组织列入世界文化遗产名录。这是首例跨国合作并成功申遗的项目，也是世界上第一段列入世界文化遗产名录的丝绸之路遗产。

108. 青龙纹瓦当　朱雀纹瓦当　白虎纹瓦当　玄武纹瓦当

【基础信息】

瓦当又称“筒瓦头”。主要功能是防水、排水，保护木构的屋架部分。瓦当始于西周时期，最初为半圆形，后变为圆形，从西周到明清各朝代，瓦当在样式、花纹上都各有不同。

汉代瓦当制作工艺精湛，纹饰内容丰富，代表了瓦当艺术发展的最高水准。根据其纹饰题材可以分为图像瓦当、图案瓦当和文字瓦当三大类。其中以四神瓦当最具代表性。四神也称四灵，即青龙、白虎、朱雀、玄武，分别代表着东、西、南、北四个方位和春、夏、秋、冬四个季节。

【完整信息】

四神又称四象，即青龙、白虎、朱雀和玄武。四神的起源与原始星辰崇拜有直接关系。上古时期人们仰望天空，将群星划分为若干组团，并赋以人、物或神话的形象，这是中外天文史上普遍存在的现象。中国古人很早就把南方的星象想象成一只鸟的形态，谓之朱雀；把东方的星象想象为一条龙的形态，谓之青龙；把西方的星象想象为一只虎的形态，谓之白虎；把北方的星象想象为龟或蛇的形象，谓之玄武。古人认为每到冬春之交的傍晚，青龙显现；春夏之交时，朱雀显现；夏秋之交时，白虎显现；秋冬之交，玄武显现。

两汉时期，四象演化成为道教所信奉的神灵，故而四象也随即被称为四灵。在中国民俗文化中，四神有祛邪、避灾、祈福的作用。

四神瓦当

109. 铁铠甲残片　铁戟　铁短剑

【基础信息】

铁铠甲残片、铁戟和铁短剑均出土于汉长安城武库遗址。汉长安城武库遗址位于汉长安城内南部，长乐宫、未央宫两宫之间，始建于汉高祖七年（公元前 200 年），吕雉为其改名为灵金藏，汉惠帝即位后以此库用于存放兵器，名曰灵金内府。王莽末年此库被战火焚毁。该遗址自 1975 年以来进行了多次科学发掘，遗址平面呈长方形，武库内设一道隔墙，将其划分为两个院落，东院有四个武器库，西院有三个武器库。武库遗址出土的武器种类有刀、剑、戟、矛、铠甲等，其中大部分为铁质，这一发现说明当时铁质兵器已经逐步取代了青铜兵器。

皇家陵阙

【基础信息】

汉人崇尚厚葬，加上受“事死如事生”观念的影响，认为人死后不过是换个地方居住，这种思想反映在陵墓建制的宏伟和随葬品数量的丰富上。西汉帝陵一共有 11 座，除了汉文帝霸陵和汉宣帝杜陵建于长安城东南郊外，其余 9 座陵墓都位于汉长安城西北方向、渭河北岸的咸阳原上，所以关中地区民间有“金疙瘩，银疙瘩，比不上咸阳原上的冢疙瘩”之说。

【完整信息】

西汉帝陵中，除了汉文帝霸陵是不封不树的形制外，其余都是“封土为陵”。陵园以高大的覆斗形坟丘为中心，四面筑城垣和门阙，旁边建有寝殿、便殿和庙，进行日常祭祀活动。汉高祖长陵、汉惠帝安陵、汉景帝阳陵、汉武帝茂陵以及汉昭帝平陵还设有陵邑。陵邑是汉朝为守护帝王陵园所置的邑地，是西汉前期帝王陵的一大特色。汉代为了加强中央集权，管理各地贵族富豪，在汉长安城附近皇帝陵墓处设置陵邑。所谓“陵邑”，其实是消费性城市。其住户主要是从全国各地迁来的商贾富户，故而后世诗文中常用“五陵少年”来指代纨绔子弟。李白的《少年行》中就有“五陵年少金市东，银鞍白马度春风”的诗句。西汉时期实行帝后合葬的制度，皇帝和皇后的陵墓在同一陵区内，但分葬于不同的墓穴中，称为“同茔异穴”。一般后陵位于帝陵之东，规模较帝陵略小。

110. 扁身男立俑　彩绘女立俑　彩绘步兵俑

【基础信息】

汉代是我国陶俑制作的鼎盛时期。和之前看到的秦俑相比，汉俑的体量明显小了很多。其题材除了士兵战马以外，还有仕女俑、侍从俑、官吏俑、动物俑等，种类更加丰富，形象也更加生活化。与秦俑的仿真、写实不同，汉俑不注重对细节的精细刻画，而是大胆地以夸张、变形的手法进行塑造，着重描绘内在气韵，形成了简约传神的艺术风格。扁身男立俑、彩绘女立俑、彩绘步兵俑，均面目清雅秀丽，神情平和自然，没有了秦俑的肃穆冷峻，多了一分温和含蓄，体现出汉代较为宽松安定的社会环境。

【完整信息】

我们之前了解到，秦俑的表面原本是有彩绘的，只是由于年代久远已经基本脱落了。而这些汉俑的彩绘却保存得很好，这是因为秦俑和汉俑的制作工艺不同。秦俑是在烧制成型之后，在表面上涂生漆，再施彩绘，时间久了生漆层易脱落，从而导致彩绘脱落；汉俑是烧成之后先施彩绘，然后再进行二次低温烘烤，因此颜色比较牢固。

汉代人物俑可以分为塑衣式陶俑和着衣式陶俑两大类。塑衣式陶俑是指人物形象与服饰同时塑成，烧制成型后施以彩绘后再进行二次低温烧制；着衣式陶俑只塑造出人物的头、躯干和腿，胳臂为木质，安插于躯体中，可灵活转动。着衣式陶俑在埋葬时身穿丝、麻或皮革制成的衣服或铠甲，但因长期埋于地下，导致其衣物腐朽、木臂成灰，出土时呈现出裸体缺臂的状态。

从出土文物情况来看，塑衣式陶俑使用较为普遍，而着衣式陶俑由于制作复杂，成本较高，因而出土文物较少，只大量出现于帝后陵墓中，说明汉代在随葬时对陶俑的随葬有了等级上的差异。

111. 鎏金银竹节铜熏炉

【基础信息】

鎏金银竹节铜熏炉是一件国宝级文物。中国在室内熏香的习俗最迟在战国时期就已经出现，到了汉代，熏炉已成为贵族生活中重要的室内陈设品，在贵族的起居生活中发挥了更加重要的作用。鎏金银竹节铜熏炉为青铜质地，通体鎏金，局部鎏银。通高 58 厘米，由底座、炉柄、炉身、炉盖四部分组成。底座呈圈足状，上面镂雕两条昂首张口的蟠龙咬住炉柄。炉柄呈竹节形，共分五节，上面刻画出竹叶枝杈。炉柄上端围铸出三条蟠龙，龙身呈“S”形，龙头向上承托起炉身。炉身和炉盖是分别铸成的，以子母扣扣合。炉身下腹部刻画出十个三角形连成一圈，每个三角形内部雕刻兽纹。上腹部装饰一圈纹饰带，浮雕四条龙，底色鎏金，龙身鎏银。炉身上浮雕四条龙，龙呈张口嘶鸣状，龙首回望，身子在汹涌的波涛中若隐若现，连身上的鳞片都清晰可见，整体造型充满张力，栩栩如生。整件熏炉被九条龙装饰，彰显了皇权的威严。

这件熏炉为汉代极负盛名的博山炉，炉盖为博山形，透雕出多层山峦，并用金银加以勾勒，宛如一幅秀丽的山景。山峰上有若干个小孔，供香气溢出。博山炉的出烟孔利用山峦重叠之势，多开在隐蔽处，平视时看不见孔隙，熏香时烟雾会袅袅升起。这件文物充分反映了汉代能工巧匠的高超智慧和杰出的艺术创造才能。

鎏金银竹节铜熏炉

这件熏炉出土于汉武帝茂陵以东 2000 米处的一座无名冢的一号丛葬坑内。同时出土的其他器物的铭文中可见“阳信家”字样。结合炉盖口沿处和底座圈足外侧的铭文，可以得知这件器物原来为未央宫之物，后归属阳信家。因此有专家推测鎏金银竹节铜熏炉原本为未央宫之物，后被赠予汉武帝的姐姐阳信长公主。这件皇室贵胄享用的奢侈品，器型罕见，华美异常，是一件极为珍贵的文物。

112. “皇后之玺”玉印

【基础信息】

“皇后之玺”是一件国宝级文物，1968 年发现于陕西省咸阳市韩家湾。这枚玺印采用新疆和田羊脂玉制成，玉质坚硬细腻，温润洁白。印章的背面圆雕成螭虎的形状。螭是传说中的一种动物，《说文解字》中解释为“螭，若龙而黄”。螭虎纹也称蟠螭纹，是从战国时期开始流行的装饰纹样，象征着权力和王者高贵的身份。这只螭虎盘卧在玺印背面，两爪前伸，仿佛正要腾跃而起，头部微微上扬，双目圆睁，双耳后抿，贴在脑后，整个造型威严庄重，彰显出皇权的神圣不可侵犯。印章的四个侧面阴刻方框，里面各刻着四条双头勾连云纹。玺印的正面阴刻四个篆体字“皇后之玺”，字体规整，刀法流畅，笔画粗细均匀，深度一致，体现出当时高超的篆刻水平。

说起这枚皇后之玺的发现经过，还有一个有趣的故事。1968 年夏天一个雨后的傍晚，陕西省咸阳市韩家湾狼家沟的一位小学生在放学回家途中，无意中捡到一块形状特别的“小石头”。他的父亲觉得此物非同寻常，便带着这枚“小石头”来到西安，拿给当时的陕西省博物馆的专家看个究竟。专家发现这是一枚用上等玉料雕成的印章，当看到印章上的字时，立刻惊呼起来，当即上报了文物主管部门，他们立刻组织相关专家前往文物的发现地点进行勘查。专家们注意到，发现这枚印章的狼家沟位于渭河北面的咸阳原上，距离长陵仅有 1000 米。据《汉官六种·汉官旧仪》记载，“皇帝六玺，皆白玉螭虎纽……皇后玉玺，文与帝同。皇后之玺，金螭虎纽”。这枚玺印，无论从质地、式样还是印文内容上看，都与《汉官六种·汉官旧仪》的记载相符。综合以上所有线索，这枚玺印的主人很可能就是汉高祖的皇后吕雉。

【完整信息】

玺印在战国时期已普遍使用。秦始皇统一六国之后规定，只有天子的印才能称为“玺”，臣民的印只能称“印”。到了西汉时期玺印制度更加完善，皇帝用印称“玺”，即所谓的“御玺”，白玉螭虎纽。皇后、太后及诸侯王用印称“玺”或“印”，质地为黄金或玉，纽式有螭虎纽、龙纽、龟纽等。“皇后之玺”是目前发现的年代最早的帝后级别玺印实物，也是唯一一枚汉代皇后玺印，因而极其珍贵，它为研究玺印的起源与发展以及秦汉时期玺印制度提供了宝贵的资料。

“皇后之玺”玉印

离宫别苑

【基础信息】

秦代关中地区“离宫三百”，到西汉时期，大多宫殿经修缮后继续使用。上林苑始建于秦始皇时期，汉武帝在其基础上进行扩建。西汉时期上林苑规模宏大，占地340平方千米，其范围西至周至县终南镇，东至蓝田县焦岱镇，北至渭河南岸，南至终南山北麓。上林苑内有宫室、楼观、园林、池沼、作坊、猎苑设施，栽种有各种珍奇花木，放养无数珍禽异兽，并有泾、渭、灞、浐、沣、滈、潏、涝八水出入其中，是皇家休憩、娱乐、狩猎、养马及训练军队的重要场所。

113. “上林荣宫”铜方炉

【基础信息】

“上林荣宫”铜方炉外形看上去颇似今天的烤炉，是一件取暖用具。铜方炉分上、下两层：上层有炉箅，用来放炭；下层为盘，用来盛灰。

【完整信息】

铜方炉炉身的平沿上刻有42字铭文，其中“弘农宫铜方卢（炉），广尺，长二尺，下有承灰，重卅六斤。甘露二年，正常絠造，守属顺临，第二”为汉宣帝甘露二年（公元前52年）铸炉时所刻；“上林荣宫，初元三年受”为汉元帝初元三年（公元前46年）所刻。说明此炉原为弘农宫所有，初元三年调至上林荣宫使用，这与史书上记载的初元三年汉元帝向东郡征调一大批铜器放在上林苑中使用的记载相吻合。这种关于器物调用的记载，在铜器铭文中为首次发现。

114. “上林”铜鉴

【基础信息】

“上林”铜鉴出土于上林苑遗址中。在其外壁口沿下刻有铭文4行，共29个字：“上林铜鉴容五石重四十四斤，阳朔四年五月李骏造二百四十枚，第廿四”。可知其为西汉时期批量制作的宫廷容器，主要功能是用来盛水，也可用来照容、盥洗、沐浴、消防等。

在没有普遍使用铜镜以前，人们常在容器内盛水照面，因而铜镜也被称为“鉴”，又称“照子”。铜鉴还可盛冰，夏天放入宫室内可以起到降温的作用。

115. 文字瓦当一组

【基础信息】

文字瓦当是汉代瓦当中最具代表性的一种，瓦当上文字内容多种多样，有记载宫殿、官署、陵园、祠堂等建筑物名称的，如“上林”瓦当；有纪念性文字的，比如“汉并天下”瓦当，是为了纪念刘邦战胜项羽统一天下而作；有吉祥用语的，如“长生无极”“长乐未央”“千秋万岁”等。“上林农官”瓦当便出自汉代最著名的皇家苑囿——上林苑。

【完整信息】

文字瓦当的价值还体现在其书法造诣上。文字瓦当上的书体以篆书为主，并根据字数多少、繁简因势曲折，灵活布局，极具装饰效果。汉代瓦当已经不仅仅是一种实用的建筑材料，同时也是精美的艺术品。

116. “延年益寿与天相侍日月同光”文字方砖

【基础信息】

这件砖上刻有“延年益寿与天相侍日月同光”12字铭文，书体为悬针小篆，内容是吉祥用语。它体现了当时人们祈求永寿安康的美好愿望，同时也反映出汉代建筑材料在实用与装饰的基础上，融入了更多的文化信息和精神内涵。

经济繁荣

【基础信息】

汉代，精耕细作的农业生产传统已经形成，生产工具的改进、水利灌溉设施的普及、牛耕的推广以及与农业密切相关的畜牧业、林业和渔猎业的发展，使中国古代农业生产在这一时期达到了很高水平。

农桑牧渔

【基础信息】

汉代农业生产发展迅速。铁器、牛耕的推广应用，使农耕面积扩大，粮食产量提升；耧车等新农具的发明，使播种的效率大幅增长；“代田法”等先进农业技术广泛应用；粮食加工、储藏达到了空前水平。因为军事上的需要，政府高度重视养马业。汉武帝时期西北设太仆、牧师诸苑36所，养马约30万匹。因此，西汉时期畜牧业也十分发达。

117. 铁犁铧　铁辟土

【基础信息】

农具的先进与否，直接关系到农业生产的发展水平。汉代的冶铁业和冶铁技术在之前的基础上得到了很大程度的提高，使铁制农具得到改进，种类和数量逐渐增多，使用地区更为广泛。汉代的铁制农具分类更加精细，翻土、起土、碎土、除草、收割等农事环节都有专门的农具。

铁犁铧和铁辟土就是与牛耕有关的生产工具，铁犁铧是耕犁破土的锋刃，铁辟土是耕犁的翻土器。它们组合使用，构成复合装置，能将耕起的土块破碎和翻转，更适于耕翻土地和开沟作垄。

118. “代田法”示意图

【基础信息】

“代田法”亦称“代田”，是汉武帝时期搜粟都尉赵过总结西北地区的抗旱经验所推广的一种耕作方法。

赵过把关中地区农民创造的“代田法”加以总结推广，将一亩地分成三圳和三垄，圳为低洼的土沟，垄为高起的田埂，圳垄相间。播种时将种子洒在圳里，可使种子不受风吹，有助保墒。幼苗长出后，把垄上的土连同杂草一起推到圳里，能培固秧苗，使作物抗风耐旱。第二年耕作时圳垄互换位置，以恢复地力。

【完整信息】

“代田法”的推行取得了显著的成效，它使粮食产量提高，田垦增多，对汉武帝晚年以后社会经济的恢复起了重要作用，尤其是与“代田法”相辅而行的耦犁、耧车等新农具由此得到了推广，使中国封建社会农业生产力的发展上了一个新的台阶。我国牛耕在黄河流域真正的普及，正是从赵过推行“代田法”开始的。

119. 关中水利分布图

【基础信息】

水利对农业生产的发展是至关重要的。汉代非常注重水利建设。除了沿用战国时期的郑国渠、都江堰以外，汉武帝时期还兴修了白渠、成国渠、六辅渠、龙首渠、漕渠等大型水利设施。

这些水利设施为关中平原带来了稳定的灌溉水源和肥沃的土壤，解决了关中地区农业发展中的干旱、土壤盐碱化等问题，极大地促进了农业的发展。

120. 陶井　陶磨　绿釉带厕陶猪圈　红陶陂池

【基础信息】

中国古人受“事死如事生”观念的影响，所以陵墓的地上、地下建筑和随葬品均仿照在世的时候配置。古人将现实生活中的一切，大到房屋建筑，小到各种日常用具都制作成微缩版的陶制模型，随葬在墓中。

这些陶井、陶磨、绿釉带厕陶猪圈制作精巧，细节生动，真实还原了历史生活中的场景。陶井的井圈、井栏、井架、井亭一应俱全，井架上还有轱辘，绑着汲水瓶；将猪圈和厕所连为一体便于积肥。

红陶陂池出土于陕西省汉中市，陂池内有田螺、青蛙和水草的造型，非常生动形象。除了修筑水渠引水灌溉以外，汉代还利用陂池进行蓄水灌溉。陂池主要用于丘陵地区，陕西、四川、云南、贵州、广东等省都曾多次出土过汉代陶陂池模型。据史料记载“十顷之陂可以灌四十顷”，可见陂池在水稻生产中发挥着重要作用。

这些模型明器生动地再现了汉代生产、生活和劳动的场景，是我们研究汉代社会生活的宝贵资料。

121. 汉·华仓遗址仓复原图　“华仓”瓦当　“京师庾当”瓦当　“京师仓当”瓦当

【基础信息】

华仓又名京师仓，是建于汉武帝时期的一处大型皇家粮仓。它邻近潼关古渡，主要用来储存经由水路转运来长安的粮食。主建筑一号仓是一座高大的木结构建筑，东西长约 62.5 米，南北宽约 26.6 米，总面积约为 1662.5 平方米，是目前发现的规模最大的西汉时期粮仓建筑遗址。在这些遗址中还出土了“华仓”瓦当、“京师庾当”瓦当、“京师仓当”瓦当等。

【完整信息】

随着农业生产力的发展，粮食产量日益提高。为了储存粮食，西汉时期在各地修建了许多大型粮仓。仅京师长安附近就有太仓、嘉仓、细柳仓等。这些瓦当的出土证实了当时关中地区粮仓林立的状况。

122. 绿釉陶狗　陶牛　陶鸡　釉陶鸡　绿釉陶鸭　绿釉陶猪

【基础信息】

为了改善汉代初期畜牧业凋敝的状况，汉代中央政府在西北地区建立了很多“牧师苑”，大力蓄养马、牛、羊，并颁布了“官假马母”“修马复令”等一系列鼓励民间私营畜牧业发展的政策，到汉武帝时期，已经形成了街巷、阡陌之间牛马成群的景象。

同时，民间主要饲养鸡、猪、狗等小型家禽家畜，除了供自身食用以外，还是除农业之外的有力经济补充。绿釉陶狗、陶牛、陶鸡、釉陶鸡、绿釉陶鸭、绿釉陶猪也是随葬用的模型明器，是当时官私畜牧养殖业繁荣发展的生动体现。

【完整信息】

陶俑作为一种随葬品，是古人丧葬观念的产物，它不仅直接反映了当时的丧葬习俗和丧葬礼仪制度，同时也是历史文化和社会生活的一种真实载体，对研究中国古代的政治、经济、文化、军事，以及古代人的生产生活、对外交流等方面的内容都有着十分重要的意义。

冶炼织造

【基础信息】

汉代手工业的生产规模和技术水平较之前有了很大的发展，主要生产部门有制盐、冶铁、制铜、纺织、建筑、制陶、漆器等。特别是雕琢细腻的玉器、绚丽多彩的丝绸、光洁精美的铜镜，堪称其高超工艺水平的代表。

123. 四神规矩镜

【基础信息】

四神规矩镜

铜镜是汉代室内一种很重要的陈列品。汉代的铜镜中常用四神作为纹饰，四神即是传说中守卫四方的神灵。汉代以四神为主题的铜镜中，最具代表性的就是四神规矩镜。这是西汉晚期至东汉中期最精美、流行时间最长的一种铜镜，这种铜镜一般为圆纽，纽座外为一方格，方格四边各向外伸出一个双线“T”形图案，与双线“L”形图案相对，方格四角又与双线“V”形图案相对，将铜镜内区分为四方八等份，铜镜上的“T、L、V”形图案统称规矩，所以称它为“规矩镜”。规矩镜的主纹饰以四神为主，有的铜镜还有动物、禽鸟及羽人之类的纹饰。受道家思想影响，古人认为将这些纹饰装饰于铜镜上有镇宅辟邪的作用，所以这些瑞兽图案兴盛一时。

【完整信息】

汉代是我国铜镜发展的又一高峰。汉代铜镜式样丰富，制作精巧，具有体薄、平边、圆钮等特点。汉代还设立了专门的机构和官职来管理铜镜制作，《汉书》中记载，“少府之下有尚方令一人，御用及官制铜镜均由尚方制作”。

124. 汉代瓷器

【基础信息】

汉代不仅是我国陶器技术发展的重要阶段，还是原始青瓷向成熟青瓷过渡的重要时期。

【完整信息】

陶器和瓷器主要有以下几方面的区别：

1. 烧成温度不同

陶器烧成温度一般都低于瓷器，最低甚至在800℃以下，最高可达1100℃左右。瓷器的烧成温度则比较高，大都在1200℃以上，有的甚至达到1400℃左右。

2. 使用原料不同

陶器一般使用黏土作坯。瓷器需要选择高岭土作坯。高岭土制成的坯在到达烧成陶器所需要的温度范围内出炉，则可成为陶器，例如：古代的白陶就是如此烧成的。高岭土制成的坯在到达烧成瓷器所需要的温度时出炉，则可成为瓷器，但一般用黏土烧制的器具即使达到1200℃，也不能成为瓷器。

3. 坚硬程度不同

陶器烧成温度低，坯体并未完全烧结，敲击时声音沉闷，胎体硬度较差。瓷器的烧成温度高，胎体基本烧结，敲击时声音清脆。

4. 釉料不同

陶器一般不施釉（釉陶、唐三彩除外）。瓷器表面都施有釉质。

125. 瓷锺

【基础信息】

瓷锺为一组，由大到小依次排列。锺最初是盛酒器，自西汉时期开始，锺主要用作盛放粮食的容器，进而发展为一种量器，一锺合五斗。这组瓷锺是随葬用的明器，尽管这一组中的锺大小不一，但它们每一个仍都代表着五斗粮食。象征着主人生前的财富。

126. 汉代玉器

【基础信息】

在我国玉器史上，汉代是一个承前启后的时期。根据器形和用途的不同，汉代玉器可分为四大类：仪礼用玉、葬玉、装饰品和工艺品。其中葬玉数量最多。

汉代玉器表面花纹从前朝的抽象变为写实，大量采用了圆雕、高浮雕、透雕及线刻等雕琢技法。汉代玉器中以羊脂玉为原材料的玉器大量增加，说明随着统治范围的扩大和东西方文化的交流，玉的来源增多，各方美玉都汇集长安。

127. 玉璧

【基础信息】

汉代的玉礼器主要有玉璧、玉瑗、玉璜等，具有礼天地、等贵贱、避邪敛尸的作用。

与玉璧形制相似的还有玉环和玉瑗。《尔雅·释器》中对三者的解释是“肉倍好谓之璧，好倍肉谓之瑗，肉好若一谓之环”，即玉边宽度大于孔径的称为璧，孔径大于玉边的称为瑗，二者相等的则为环。

128. 玉蝉

【基础信息】

口琀是古人放在死者口中的玉器，汉代时多为玉蝉。古人认为用玉器陪葬可以防止体内精气外溢，让死者不朽。玉蝉玉色青白，光洁明亮。其线条简练，粗犷有力，寥寥数刀就将蝉的形象刻画得栩栩如生。

汉代流行使用玉质葬具，认为以玉殓葬可保尸身不腐。汉代常用的玉质葬具有玉琀、玉握、九窍塞、玉枕、玉覆面、玉衣等。蝉形的口琀在汉代比较普遍，那时的人皆以蝉的羽化比喻人能重生。将玉蝉放于死者口中称作含蝉，寓指精神不死，再生复活。

129. 玉握猪

【基础信息】

下图这个娇憨可爱的猪形玉握采用立体圆雕的手法，造型灵动，被死者握于手中，代表掌握财富，是希望他在古人认为的另一个世界也过得富足。

玉握猪

商贾市肆

【基础信息】

经济的发展以及丝绸之路的畅通，促进了商业贸易的兴旺。汉代商业呈现出繁荣的局面，城市设有专供贸易的“市”，如长安有东、西九市。市内商肆按行业排列，整齐有序。都城长安、洛阳、邯郸、临淄、成都等大城市，都发展成了汉代著名的商业中心。

【完整信息】

汉代同匈奴、鲜卑、南越以及西南诸多少数民族之间的贸易相当频繁。《后汉书》中记载匈奴“远驱牛马与汉合市”，就算遇到战乱也不会中止。提到商业一定离不开货币，下面我们就来了解与汉代有关的货币。

130. 金饼

【基础信息】

金饼，也称饼金，是汉代常见的黄金货币中的一种。其形状呈圆形，实心，形似柿饼，因此也称其为柿子金。这些金饼 1991 年出土于陕西省西安市北郊的一处砖厂内。当时，工人们正在施工。突然，推土机的履带被异物卡住，仔细一看，竟然是一窝金饼！这窝金饼当时被哄抢，后被警方找回，共计112枚。此后，在金饼出土处几米外又发现一窝金饼，共107枚，无一散失。两次共发现金饼219枚，重108千克。经专家鉴定，它们分属国家一级文物和国家二级文物。这批金饼形制基本一致，外表呈圆形，一面凸起，另一面凹陷。金饼直径为5.6～6.5厘米，单枚重量为227～254克，约合汉代的一斤，其价值相当于万枚五铢钱。经检测，这批金饼的含金量达95%。金饼表面有“V”形符号以及“黄、长、马、租、千、金”等文字，内容包括制作金饼的工匠名、金饼的计数、检验情况以及吉祥语、地名等。

【完整信息】

金饼的出土地点为汉长安城宣平门东5000米处。根据文献记载推测，这批金饼可能是西汉末年起义军为推翻王莽政权，攻入长安，掠夺国库后在逃逸时仓促埋藏的。

金饼

2011—2016年江西省南昌市海昏侯墓的发现再次震惊了世人。海昏侯墓中共出土金饼285枚，马蹄金48枚，麟趾金25枚，金板20枚，共计115千克，含金量均在99%以上。通过这两次发现，使我们了解到了汉代黄金储量大、使用繁多的特点。

131. 马蹄金　麟趾金

【基础信息】

汉代黄金货币的形式除金饼外，还有马蹄金、麟趾金、金五铢等。马蹄金呈椭圆或圆形，底凹、中空，形似马蹄。麟趾金呈圆形，背面中空，口小底大，形如圆形兽蹄。陕西历史博物馆馆藏的马蹄金和麟趾金重约250克，相当于汉代的一斤，其价值相当于万枚五铢钱。

汉代有“黄金世界”的美誉，中央政府的黄金储量达到封建社会的顶峰。

黄金除了用于货币，还普遍用于帝王赏赐、馈赠、聘礼以及大额交易和域外交往中。

132. 五铢钱

【基础信息】

西汉初年仍沿用秦代的半两钱，但由于当时民间私铸严重，偷工减料以牟取利益的情况时有发生，严重影响了社会经济的发展。汉武帝继位后，先后进行了数次币制改革，将铸币权和货币发行权收归中央，并于汉武帝元狩五年（公元前118年）开始铸造五铢钱。五铢钱沿用秦半两钱圆形方孔的式样，钱面上铸有篆体“五铢”二字，每枚重五铢（约合现在的3.33克），因此得名五铢钱。

五铢钱由于轻重适宜、合乎物价水平对货币单位的要求，因此一直沿用到唐朝初年，共流行700余年，是中国古代使用时间最长的货币之一。

133. 玉五铢　金五铢

【基础信息】

玉五铢、金五铢与铜制五铢钱大小类似，钱文相同。目前发现的玉五铢、金五铢数量较少，专家推测这些钱币在当时可能不用于日常流通，仅作赏赐、馈赠和域外交往之用。

金五铢

134. 小五铢钱

【基础信息】

小五铢钱是西汉中晚期的一种货币。它的形制比一般的五铢钱要小，直径为1～1.2厘米，重约0.5～0.8克。小五铢钱在汉代的文献记载中并没有出现过。

对于小五铢钱的性质，学术界有多种观点，有人认为它是为了方便小额交易而制的辅币，也有人认为它是专门用于随葬的冥币。

135. 剪边五铢钱

【基础信息】

“剪边五铢”铜钱为东汉时期所铸造。剪边实际上大多是用凿将完整的钱凿去一部分，但有的钱边缘整齐，说明它们的外部并非被凿掉的，而是本来就铸成这种样子。这种钱被大量私铸，西汉时期就已出现，在东汉中期增多，东汉末期大量出现。

136. 新莽货币　布泉铜范　货泉铜范　货布钱铜范

【基础信息】

西汉末年，王莽篡汉自立。为了削弱汉朝旧族势力，他以“托古改制”为名，规定土地归国家所有，并且加强国家对工商业等活动的管制。在七年间进行了四次币制改革，刀币、布币等先秦时期的货币形式都在改革中恢复，同时还流通金、银、龟、贝等形式的货币。

刀币上部为方孔圆钱，下部为刀形。“一刀平五千”是王莽在居摄二年（公元 7 年）第一次币制改革时发行的大额货币，其价值相当于五千枚五铢钱。钱文中“一刀”二字错金，因此也被称为“金错刀”。

泉币均为圆形方孔。王莽时期发行的泉币按价值不同分为小、幺、幼、中、壮、大六类。其中价值最高的“大泉五十”，一枚重量只有西汉时期五铢钱的两个半重，但价值却相当于五十枚五铢钱。

布币呈铲形，分为小布、幺布、序布、第布、大布、货布等十多种，形式繁杂。从货布钱铜范可看出，货布钱钱体规整，首部有一圆孔。“货布”二字十分纤秀，具有较高的艺术性。

【完整信息】

王莽当政时期币制复杂混乱，给商品交易带来了很大麻烦，严重影响了经济发展。货币更迭频繁，很多新币甚至还没来得及发挥其作用就被废止，且新老货币之间不能有效兑换，货币的重量与价值不匹配，“契刀五百”“一刀平五千”“国宝金匮直万”等各种虚值大钱的发行，实际是对民众财富的剥削。导致百姓对王莽政权丧失信任。

事实证明，王莽的币制改革是失败的，也是加速新莽政权覆灭的原因之一。但王莽时期发行的一系列货币铜质较好，铸造精良，文字书法工整，风格劲秀，有的还使用了错金工艺，是我国古代钱币史上的精品。

137. 五铢钱铜范

【基础信息】

五铢钱采用范铸法铸造而成。陕西历史博物馆展示的就是当时铸造五铢钱所使用的铜范。铜范分为面范和背范，铸造时两范相合，从浇口处注入铜液，待铜液冷却后，取出钱币。铸造好的钱币还要进行打磨，使外廓齐整。

采用范铸法可以实现钱币的批量生产，铸出的钱币大小一致，重量相当，形制规整，合乎标准。

138. 铜权环

【基础信息】

王莽篡汉执政时期，为了满足其“托古改制”的政治需要，召集了诸多通晓天文乐律的学者改进度量衡制度，此次改制完成了中国历史上规模较大的一次度量衡制度改革。这一改革主要取得了两个方面的成果：一是建立了我国古代系统、权威的度量衡学说（记载于《汉书·律历志》），成为历代考订度量衡制度的理论依据；二是监制了一批度量衡标准器——王莽权衡，铜权环便是其中的一件。

【完整信息】

新莽时期“权”“衡”“钩”均为衡器。“权”形似圆环，相当于后世磅秤的砝码；“衡”形如横梁，类似撑杆，中部有纽，一端悬“权”，一端挂“钩”，三者合一即可用于称物，与现代的天平相似。

139. 半两权钱

【基础信息】

半两权钱直径约为 5 厘米，厚约 0.5 厘米，穿孔直径约 1 厘米，比一般的半两钱要大很多。这种钱称为权钱，也叫法钱。权钱是为了整顿币制混乱、规范货币流通的专用钱币。

【完整信息】

半两权钱重约 80 克，恰好是汉武帝时期四铢半两钱的 25 倍。为保证四铢半两钱的重量，在货币流通过程中，不仅要清点枚数，还需要用权钱去衡定重量，校验货币是否“重如其文”。

半两权钱出土文物数量较少，这枚半两权钱的出土为人们认识权钱的年代、作用提供了宝贵的资料，被定为国家一级文物。

货币不仅是一个时代商业发展的体现，而且在考古学、历史学、社会学、美术史以及文化方面都有着特殊的魅力和十分重要的作用。它像一面镜子，映照着当时社会的真实场景。

汉人生活——礼仪风俗

【基础信息】

汉代经济飞速发展、政治环境稳定、百姓生活相对安定，极大地推动了社会民俗的丰富兴盛。现存的汉代生活用具主要有酒器、盛水器等容器，此外还有灯、熏炉、案、镜、带钩等日常用品。

【完整信息】

这些种类丰富、造型别致、新颖独特的器物，不但直观地再现了汉代人衣食住行的主要方式和多姿多彩的社会生活，也折射出当时人们的思想观念和审美追求。

140. 铁灯　铁锤

【基础信息】

汉代冶铁业发展迅速。铸铁、炼钢技术的发明领先世界千年之久。铁灯等铁器的使用，说明除农具和兵器外，手工工具和日常生活用品也用铁来制作，铁器已经逐渐取代青铜器，渗透到社会生活的各个方面。

141. 铜镜一组

【基础信息】

汉代铜镜纹饰多样，常见的有连弧纹、星云纹、草叶纹等。汉宣帝之后，铭文镜逐渐流行，文字内容有吉语祝词、轶事掌故、纪年铭文等，例如“宜子孙”铜镜上的铭文“宜子孙”，就体现出了汉代人对生活的美好愿景。

【完整信息】

汉代是我国历史进入大一统以后出现的第一个盛世。随着社会生产力的发展，汉代铜镜制作继战国之后又得到了一次大发展，成为汉代金属工艺中一个主要的品种，其式样丰富，制作精巧，具有很高的艺术性和装饰性。汉代政府设置了专门的官职，管理铜镜的制作，所产铜镜在当时铜器工艺生产中占比重最大，出现了以齐国故都临淄、浙江绍兴、湖北安陆、四川广汉和成都等地为代表的铸镜中心，铸镜技术得到进一步发展。

【拓展信息】

随着铜镜铸造业的发展，两汉时期铜镜迅速走向平民化，成为当时普通民众的日常生活用品。铜镜的发展与普及也蕴涵着丰富的历史文化内涵。

首先，到了汉代，铭文已逐渐成为铜镜纹饰的重要组成部分，以吉祥语为主的铭文开始在西汉早期的铜镜上流行，如“常相思”“毋相忘”“常富贵”

“乐未央”等三字文；也有较长的铭文，如“内清质以昭明，光辉象夫兮日月；心忽扬而愿忠，然雍塞而不泄”等；还有西汉后期盛行的纪年、纪姓氏、纪地名的铭文，如“君宜高官”“宜子孙”“位至三公”等。

其次，两汉时期是我国道教形成和发展的重要时期。道教是中国传统的宗教，是由先秦时期的道家学说发展而来的，祈求“长生不老，成为神仙”。铜镜作为一种大众化的生活日用品，自然也就对道家学说有所呼应。道教对镜文化的影响，最为突出的表现就是“神仙思想”全面向铜镜的纹饰、铭文中渗透。汉代的四神镜、画像镜、规矩镜、神兽镜上多有羽人的形象。羽人就是汉人心目中的仙人，是道教形成期关于神仙世界的主观臆想，是道家所追求和宣传的超越时空、宇宙的能够长生不老的人。

总之，汉代铜镜不仅式样丰富，工艺精巧，而且其纹饰也具有很高的艺术性和装饰性。装饰花纹的绘制具有程式化的特征，纽座从放射式到轴对称式，由平面到浮雕，边缘装饰则更为复杂，而且铭文也已成为整个纹饰的重要组成部分。汉代铜镜做工精良，纹饰优美，为中国古代工艺美术的珍品，正如《古镜图录》中说：“刻画之精巧、文字之瑰奇、辞旨之温雅，一器而三善备焉者莫镜若也”。形成了这个时期的特点，也使后人体会到铜镜纹饰、铭文背后所蕴含的中华民族对新思想、新追求的热情。汉代铜镜在我国铜镜发展史上占有极其重要的地位。

142. 染器

【基础信息】

染器是一种食器，以青铜铸成，这种器具在历史上流行的时间虽不算太长，但地域分布却很广，使用比较广泛，在陕西、河南、山西、湖南、四川等省都有出土。这种器具分为三部分，主体为炭炉，下面有承接炭灰的盘，上面放置耳杯。有学者认为它是用于温热肉羹的，也有学者认为它是温酒器。中国古文字学家容庚先生根据两件传世器具上的铭文把这种器物定名为染炉，认为这是当时人们专做温食豉酱用的一种食器。有学者推测它的用法是：在耳杯中盛放豉酱等调味品，炉下生火，为调味品加热，食用时把肉食放到里面涮食。饮宴时，一人一套，随吃随染，有点类似现代的小型火锅。

143. 瓷罍（léi）

【基础信息】

瓷罍出土于陕西省西安市凤栖原西汉大司马张安世的家族墓地。罍，是古代大型盛酒器和礼器，流行于商代晚期至春秋中期，汉代还在沿用。这件瓷罍高度约 30 厘米，瓷器胎质细密坚硬，外表施有一层酱色釉。在瓷器的肩部以抽象的技法绘有一圈九个鸟头的“九神鸟”，“九神鸟”造型优美简洁、线条流畅生动。

【完整信息】

西安凤栖原西汉家族墓地是西汉大司马张安世的家族墓地。2008 年 8 月，陕西省考古研究院在配合西安航天管委会基本建设中，发现该家族墓地，并对其进行了勘探发掘，该墓地规模大，规格高，主从分明，序列整齐，时代自西汉中晚期延续至王莽时期，建筑面积约 40000 平方米。墓地核心区域是一平面略呈方形的墓园，墓园中包括“甲”字形大型墓及其从葬坑、中型墓葬、高规格祠堂建筑（基址）以及 4 条兆沟、道路和排水等完备的辅助系统。墓园周围附葬十数座中、小型墓葬，与墓园一起构成凤栖原西汉家族墓地。整个墓地出土重要文物达 1800 余件，其中 700 多件彩绘陶甲士俑和不少令人耳目一新的鎏金银青铜器、错金银青铜器、铁器、原始瓷器、陶器等，具有很高的科学、艺术及历史价值。

从出土文物的铭文得知，该墓地为西汉大司马张安世家族墓地。张安世家族延续历史悠久，曾“相国两百年”，辅佐汉武帝、汉昭帝、汉宣帝三位君主。张安世的影响力仅次于霍光，霍光死后，张安世以大司马卫将军并领尚书事而位极人臣。其家族墓葬是目前中国唯一经过完整发掘的汉代列侯级别的家族墓葬，该墓地于 2010 年被评为“全国十大考古新发现之一”。

144. 彩绘雁鱼铜灯

【基础信息】

彩绘雁鱼铜灯出土于陕西省神木市店塔村西汉墓，是国家一级文物。灯的造型十分别致，整个灯为一只鸿雁回首衔鱼的形状，灯由雁头、雁体、灯盘和灯罩四部分组成，灯盘和灯罩能够转动开合，不仅可以挡风，还可以调节光线的明暗度和照射角度。汉代灯具多以动物油脂为燃料，点灯时会产生烟雾，造成室内环境污染，而彩绘雁鱼铜灯很好地解决了烟雾的问题。鱼腹、雁颈、雁体内部中空，彼此相连。照明时燃烧引起的油烟，先由鱼形灯罩将烟导入雁颈造型的烟管，再经烟管进入盛水的雁腹，利用水来净化油烟。如此精巧的设计避免了油烟对室内空气的污染，美观又环保。

彩绘雁鱼铜灯

【完整信息】

这种设计的灯具在汉代得到了广泛的使用，在山西省朔州市朔县照十八庄西汉墓、山西省临汾市襄汾县吴兴庄汉墓、江西省南昌市西汉海昏侯墓均有出土，现收藏于河北省博物馆的长信宫灯运用的也是相同的原理。由此可见，早在2000多年前的西汉，环保理念已经深入到人们的日常生活之中。这盏油灯体现了我国古代灯具设计的科学性和先进性，也反映出古人的睿智巧思和审美情趣。

145. 鎏金铜沐缶（fǒu）

【基础信息】

下图中的这件缶通体鎏金，纹饰细密，盖上刻有“太后家重六斤十三量第巳”“元成家沐缶盖重七斤”“太后”等铭文，器腹上刻有“元成家沐缶容六斗六斤重卅二斤”“容六斗六斤”“第二”“尚浴”等铭文。通过“尚浴”“沐缶”铭文可知此物为盛水器，盖上及腹上的“太后家”“元成家”的铭文，表明了此器物原为太后所有，后来可能将其赏赐给她的女儿元成家，在古代盥洗用品一般由母亲赏赐给女儿。

鎏金铜沐缶

【完整信息】

先秦时期缶本指盛装液体的鼓腹器物，多为陶制，故《说文解字》解释缶为：“瓦器，所以盛酒浆。”铜缶盛酒称为尊缶，盛水称为浴缶，也有自名“盥缶”“沐缶”的。这件缶铭文中刻有“尚浴”二字，而古代掌管皇家之物的官职称为“尚”，这个职位多由宦官担任，据记载皇后等也配有多位尚官。

146. 绿釉陶楼

【基础信息】

这件陶楼出土于汉代弘农杨氏家族墓地，绿釉陶楼高119厘米，宽39厘米，红胎绿釉，为三层楼阁式建筑，庑殿式顶，正中央立有对鸟。陶楼就是岗哨，第二层为望楼，上面的陶俑代表瞭望哨的人。杨氏为汉代弘农郡望族，该陶楼反映出豪强地主奢华的生活及当时豪族势力日益壮大、地主庄园经济迅速发展的社会现实。

绿釉陶楼

这类陶楼是仿当时楼阁所造，当时的楼阁为木砖结构，每层都有勾檐。墙壁镶嵌镂空花窗，起遮阳避雨和登高望远的作用。我国古代木质阁楼长期采用这种建筑形式。

【完整信息】

汉代庄园经济发展，豪强地主开始占有大量土地，采取田庄式的模式经营。贵族庄园内有农业、林业、牧业、渔业等，还从事各类手工业的生产，或进行商业活动，具有极强的自给自足性质。据记载，刘秀的舅舅樊宏经营的田庄，仅土地就达上百顷。可谓“竹木成林，六畜放牧”“檀棘桑麻，闭门成市”。

147. 春神“句（gōu）芒”图画像石　秋神“蓐（rù）收”图画像石

【基础信息】

汉代画像石是汉代人雕刻在墓室、祠堂四壁的装饰石刻壁画。它在内容上涉及神话传说、典章制度、风土人情等各个方面。在艺术形式上它上承战国绘画古朴之风，下开魏晋风度艺术的先河，奠定了中国画的基本技法和规范。汉代画像石同商周时期的青铜器、南北朝时期的石窟艺术、唐诗、宋词一样，成为我国文化艺术中的杰出代表和瑰宝。

春神“句芒”图画像石上刻画的句芒和秋神“蓐收”图画像石上刻画的蓐收，是表现神话传说的题材。句芒（或名句龙），是中国古代民间神话中的春神，主管树木的发芽生长，辅佐青帝太皞。传说中句芒的形象为鸟身人面，乘两条龙，但后来我们在祭祀仪式和年画中见到的春神，已变成了春天骑牛的牧童，头有双髻，手执柳鞭，亦称芒童。

蓐收，是中国古代民间神话传说中西方的秋神（金神），左耳有蛇，乘两条龙。传说蓐收是白帝少昊的辅佐神。有人说蓐收为白帝之子，还有人说他是古代传说中的西方神明，总是出现在秋天庆丰收的仪式中。

148. 车马出行狩猎画像石

【基础信息】

车马出行狩猎画像石出土于陕西省榆林市绥德县汉墓，描绘的是墓主人生前骑马出行狩猎的场景。这些记录在石头上的生动形象，再现了汉代丰富多彩、开放包容、兼收并蓄的文化，为我们认识汉代历史、重塑汉代社会打开了一扇窗户。

【完整信息】

画像砖、画像石始于秦代，东汉时达到鼎盛，制作水平较高，并在全国范围内广泛使用。画像砖、画像石上的图像内容非常丰富，涉及社会生产生活、历史典故、宗教神话以及当时人们精神信仰的方方面面，堪称一部反映汉代社会图景的百科全书。

历史学家翦伯赞曾说，“在中国历史上，再也没有一个时代比汉代更好地在石板上刻出当时现实生活的形式和流行的故事来”。

科技文化

【基础信息】

两汉时期是各项科学技术突飞猛进、文学著作灿若群星的辉煌时代。造纸术、地动仪、麻醉术等发明都在科技史上产生了深远的影响。《史记》《汉书》分别开创了纪传体通史和纪传体断代史的先河。汉赋和乐府诗在文学史上也占有特殊的地位。

149. 灞桥纸

【基础信息】

过去我们认为，纸是由东汉时期的宦官蔡伦发明的，而 1957 年在陕西省西安市灞桥区出土的“灞桥纸”则更新了我们的认识。根据与灞桥纸同时出土的文物判断，它出现的年代不晚于公元前 118 年。

【完整信息】

纸是中国古代四大发明之一，是中国对人类文明做出的卓越贡献。在纸没有出现以前，商周时期我们的祖先主要在龟甲、兽骨以及青铜器上记录事情，到了春秋战国时期就在竹简、木牍和绢帛上书写。随着经济文化的发展，笨重的简牍以及昂贵的绢帛已不能满足人们的需求，寻求一种更廉价、更轻便、更易得的书写材料便成为大势所趋。于是，纸这种书写材料便登上了历史舞台。

灞桥纸由大麻纤维制作而成，掺杂有少量苎麻，虽然质地比较粗糙，只是用来包裹铜镜的包装纸，却为可书写纸张的产生奠定了基础。200 多年后，蔡伦总结以往人们的造纸经验，革新造纸工艺，制造出更细腻的植物纤维纸张，极大地推动了文化的保存与传承。

【拓展信息】

汉代造纸工艺主要分为九个步骤：

1. 浸沤　　使麻皮变软并初步脱胶。
2. 切碎　　使麻纤维变短，便于成浆。
3. 浸灰水　　将麻料浸泡在灰水中，起到脱胶、分散纤维和漂白的作用。
4. 舂捣　　增强纸的牢固度。
5. 洗涤　　洗掉灰浆和杂质，增加纸的洁白度。
6. 打浆　　用木棒将纸槽内的纸浆打匀，使纸浆纤维均匀的漂在纸槽中。
7. 抄纸　　用抄纸模框将纸槽内的纸浆抄起并均匀地留在抄纸模框上。
8. 晒纸　　将留有湿纸模的模框放在通风的地方晾晒。
9. 揭纸　　将晒干的纸从抄纸模框上撕下，一张麻纸就制作完成了。

灞桥纸

150. 象牙算筹

【基础信息】

1983年在陕西省安康市旬阳县佑圣宫一号汉墓中出土了28枚通体磨光、长短相等、粗细均匀的象牙制小棍，它们就是算筹。以“算筹”进行的计算称作“筹算”，算式有横式和纵式两种。横式中，横着的一根代表一，竖起的一根代表五；竖式中则是竖着的一根代表一，横着的一根代表五，计数时严格遵从十进位制，与现在的计数法实质是一样的。算筹是十分先进的计算工具，它可以表示任何正负数，能够进行加、减、乘、除、乘方、开方、解方程等复杂的运算。

【完整信息】

在古代，世界上许多民族曾使用过各种不同的计算工具。古巴比伦人用泥板、古埃及人用水草叶子、古印度人和古阿拉伯人用沙盘或在地上用小木棍进行“笔算”。而中国，在2000多年前的春秋战国时期，人们就已经发明了中国数学史上重要的计算工具——算筹。

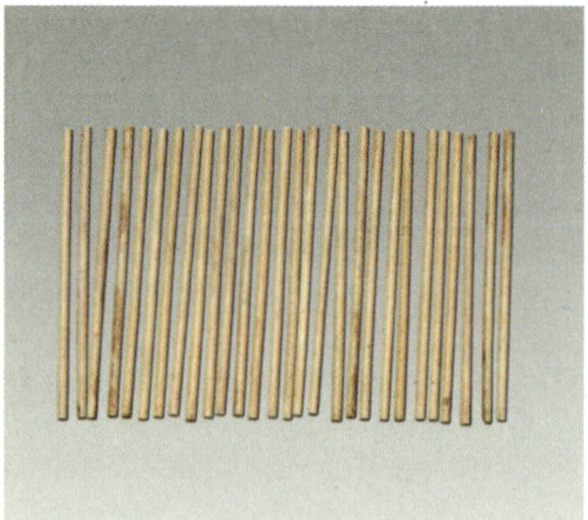

象牙算筹

算筹在世界数学史上是一个伟大的发明，在春秋时期就已出现，汉代已经非常流行。算筹在中国使用了 2000 多年，直到 15 世纪算盘推广之后才逐渐被取代。2000 多年来，中国古代的数学运算和代数学、几何学方面取得的辉煌成就，都与算筹有着密不可分的关系。

151. 透光镜（复制品）

【基础信息】

在汉代的铜镜中，有极少数的铜镜具备一个很神奇的特性，那就是当日光照射镜面时，能将镜背的花纹和文字一一映现在墙上，就好像光线穿透了铜铸的镜身而直接投影在墙上似的，故称这种镜子为“透光镜”。此类铜镜流行于西汉后期，其镜面微凸，使人面得以全部照出，非常科学。西汉以后，虽然青铜镜的铸造长盛不衰，但透光镜却就此绝迹了。因此，具有透光效应的西汉铜镜备受珍视。

【完整信息】

透光镜这一神奇的特性引发了古今中外许多人的猜想和探究。唐传奇《古镜记》中把这种透光镜说成是可使妖怪现形的神奇之物。日本人和欧洲人则惊奇地称它为“魔镜”。北宋科学家沈括在《梦溪笔谈》中曾记述自己收藏的透光镜，并推测这一现象是由金属厚薄不均、收缩率不同所导致的，但他仍不能解释为什么只有极少数的铜镜才有此特性。

一直到 20 世纪 70 年代，经过文物工作者与科技工作者的合作研究，终于揭开了透光镜的神秘面纱。铸造透光镜有两个关键，一是铸造过程中的冷却凝固工艺，即铜镜在迅速冷却、镜背的花纹在凝固收缩时，纹饰的凹凸会使镜面产生与镜背相应的轻微起伏；二是研磨抛光的工艺，镜面在研磨抛光中又产生新的弹性形变，进一步增添了镜面起伏。只有当两个条件都具备时，才会产生“透光”效应。

152. 铁棘轮

【基础信息】

提起齿轮，我们首先联想到的是工业化以来的精密机械。其实，早在2000多年前的汉代，就已经出现了精密齿轮以及利用齿轮的机械装置。铁棘轮叫作棘轮，是用于起重机械上的制动轮。棘轮在现代机床、机械中有广泛的应用，但在2000多年前的汉代就能制作出如此精密的机械零件，着实让人惊叹。

【完整信息】

铁棘轮在举重物时如果轮轴逆时针转动，棘爪便会插入棘轮齿间，推动棘轮转动；如果轮轴顺时针转动，棘爪便和棘齿相抵，使齿轮停止转动，阻止起吊的物品滑落，起到制动作用。

汉与匈奴

【基础信息】

匈奴是中国古代北方草原上古老的游牧民族。秦汉之际匈奴逐渐强大起来。在中国北方游牧民族的历史发展中，匈奴占有极为重要的地位。

【完整信息】

西汉初期，匈奴经常袭扰汉朝北部边境，但当时汉朝国力不支，无法对抗，多采取防御战略，并用和亲的方式来稳固边防。汉武帝时期国力逐渐强盛，军事力量加强，尤其是骑兵作战能力得到了大幅提高，西汉发起了大规模的反击战争，并取得了骄人的成绩。汉元帝时，南匈奴呼韩邪单于归附于汉朝并与汉朝和亲，匈奴不断内迁，与汉族融合。通过匈奴人遗存的文物可以看出，他们所创造的草原文化具有鲜明的民族特色。

153. 铜鍑（fù）

【基础信息】

匈奴的铸铜业在汉代已有较大的生产规模和较高的制作技术。铜主要用来制造日常生活用具和装饰用具。铜鍑是草原游牧民族常用的炊具，作用相当于锅。鍑身有方形和圆形之分，敞口、鼓腹、高圈足，口沿部有两个拱形立耳。

匈奴的经济生活以畜牧业为主，过着逐水草而居的生活。铜鍑上有耳，既可在立耳处穿绳悬挂起来烹煮，也可在圈足下方直接生火烹煮，可以适应草原上户外烹饪的需求。此外，这种设计可以系挂在马身上，方便迁徙或行军打仗时携带。

154. 皮囊形铜壶

【基础信息】

皮囊形铜壶是草原民族日常生活中常用的容器，这件皮囊形铜壶造型简洁流畅，直口、鼓腹、圈足，肩部有两个环形耳，可穿绳系于马背上，方便携带。

铜壶的造型来源于北方游牧民族常用的皮囊壶。最早的皮囊壶是用牲畜皮革作为原料缝制而成的，用来盛装水、酒和奶。

155. 银虎　铜鹿　铜狗　铜刺猬　银卧鹿

【基础信息】

这些动物形状的小饰件均出土于陕西省神木市纳林高兔汉墓，是匈奴日常生活中常见的装饰物。它们的造型栩栩如生，惟妙惟肖。

银虎大而圆的虎头低垂侧转，四肢健硕，作前后交叉行走状。银虎采用圆雕的方式雕刻而成，造型生动立体，虎身上通体以凹凸的条纹模拟老虎身上的斑驳条纹。仔细观察，虎尾巴略残，上有小孔。通过这些小孔推断这件银虎可能是钉缀于皮革上的饰物。

铜刺猬上部为刺猬形，下部是中空的圆柱，应该是安装在木柄端头的饰物。这只刺猬尖嘴短耳，低头缩颈，四肢瘦小，身体弓起呈球形趴卧，好像受到攻击一样，全身的刺都竖立起来，生动地刻画出一只受到惊吓而摆出防御姿态的刺猬形象。

银卧鹿体态轻盈匀称，鹿体中空，四肢蜷曲作卧姿状，昂首前视，椭圆眼睛，大耳竖立。

156. 马形透雕铜带饰　鹰虎相斗纹铜带饰　虎驼相斗纹透雕铜带饰　鎏金怪兽纹铜带饰　鎏金马形浮雕铜带饰

【基础信息】

在出土的匈奴文物中，各种动物纹样的装饰物富有浓厚的草原气息，其中以带饰最为典型。带饰是装饰于腰带上的扣饰，质地有青铜、黄金、白银等。带饰多采用透雕工艺加工而成，突出图案的立体效果。这组带饰上的马、鹰、老虎、骆驼等各种动物形象灵动，栩栩如生。匈奴人将日常生活中最常见的动物形象融入装饰艺术中，创造出各式动物纹样的装饰，展现出广袤草原上具有生命力和活力的自然场景。

157. 彩绘陶兵马俑

【基础信息】

下图中这两件彩绘陶兵马俑出土于陕西省咸阳市杨家湾长陵陪葬墓。该墓出土的彩陶兵马俑共 3000 余件，其中步兵俑 1965 件，骑兵俑 583 件，盾牌模型 410 件，指挥车 1 辆，它们共组成 11 个方阵，其中步兵方阵 4 个，骑兵方阵 6 个。杨家湾兵马俑与秦兵马俑相比，战车数量减少而骑兵数量增多，且骑兵与步兵方阵被分置在不同的俑坑里，这表明汉代骑兵已作为一个独立兵种而存在，逐渐成为重要的作战力量。这批彩绘陶兵马俑反映出当时的战争形式正处于由车骑并用向以骑兵为主力的转化中。

【完整信息】

中原地区最早组建骑兵是在公元前 307 年，赵武灵王率先以“胡服骑射”的政策对抗北方的游牧民族。汉武帝时期，正是依靠汉朝强大的骑兵才战胜了匈奴，这也是在世界历史舞台上农业民族第一次大规模战胜游牧民族。

彩绘陶兵马俑

158. 马踏匈奴石刻（复制品）

【基础信息】

马踏匈奴石刻是汉代骠骑大将军霍去病墓前的石刻。霍去病是西汉名将，他几次北击匈奴，扭转了汉代与匈奴之间的强弱局面，立下赫赫战功，去世时年仅 23 岁。汉武帝为了表彰他的军功，命能工巧匠制作大型雕像置于霍去病墓前，其中最著名的就是马踏匈奴石刻。

这件石刻高约 1.68 米，长约 1.90 米，是一件具有代表性的纪念碑式的杰作。雕刻家把马的形象塑造得坚实有力、姿态威武、气宇轩昂，象征着当时汉军实力的强大。马腹下的匈奴人则是仰卧地上，双腿蜷曲，作狼狈挣扎状，昭示着来犯者的下场。一人一马在大小、态势上形成鲜明对比，构成一个高下悬殊的抗衡场面，展现出汉王朝必胜的实力和决心。

【完整信息】

霍去病墓前石刻是我国年代最早、保存最完整的大型石刻群。雕塑综合运用圆雕、浮雕以及线刻等雕刻方式，使作品显得既朴实浑厚，又生动形象。题材处理得大胆而巧妙，具有丰富的表现力和高度的概括性，极富艺术价值。

159. 金怪兽

【基础信息】

金怪兽

金怪兽高约 11.5 厘米，长约 11 厘米，重约 160 克。为鹰嘴兽身，大耳环眼，眼珠凸出，头生双角如鹿，双角内弯向侧后展开。每角分四叉，叉端又各有一个怪兽头像，也为立耳环眼鸟喙，脖颈屈曲虬结，前后相连构成兽角的主干。怪兽前肢挺直前倾，后肢跨前，弯颈低头作角抵状，其尾上卷成环形。身躯及四肢上部满饰凸云纹，颈及胸部以细线条刻画成鬃毛，双角及钩喙饰凸棱纹。整个怪兽立于四瓣花形托座上，其角、尾与托座系分铸焊接而成。托座正中凸起呈覆斗形，周边花瓣上各有三个小圆孔。根据底盘上的这些小孔，学者们推测这件金怪兽是帽上的冠饰。这件黄金制成的怪兽集合了多种动物的特征，它身体似羊、嘴似鹰、角似鹿、尾似蝎，造型奇特，工艺考究，足见当时工匠们的睿智巧思和精湛做工。

开拓交流

【基础信息】

先秦时期，连接东西方交流的通道已经存在。西汉时期，汉朝与周边及域外各民族进行了广泛的交往。

【完整信息】

汉朝政府对西域的开发和苦心经营，对丝绸之路的开通和顺畅起到了至关重要的作用。各国使节频繁往来，商旅僧侣络绎不绝，最终实现了东西方连接互通的梦想。

凿空西域

【基础信息】

汉武帝为了对抗匈奴，想联合西域部族大月氏一起夹击匈奴，于是在建元二年（公元前 139 年）派张骞带领 100 多人从长安出发，西去联络大月氏。张骞一行在行经河西走廊时，不幸被匈奴骑兵俘获，被滞留在匈奴王庭长达十年之久。张骞在匈奴王庭的十年期间，匈奴单于对他威逼利诱，意图打消其出使大月氏的念头，但张骞始终不忘君命，持节不改。公元前 129 年，张骞终于趁匈奴不备逃脱，继续踏上西行的道路，经过大宛、康居、大夏等国，最终抵达大月氏。然而，此时大月氏已经被迫西迁，建立了新的家园，无意战事，张骞只得无功而返。张骞这次出使虽没有达到最初目的，但却对西域的地理、风俗、民情等有了充分的了解。

【完整信息】

元狩四年（公元前 119 年），汉武帝再次派遣张骞率领 300 多名随员，携金银、丝帛、牛羊等财物第二次出使西域。此行以结交友邦、宣扬国威为目的，并成功与乌孙、安息、身毒、于阗等西域诸国建立了直接联系。此后，从汉朝至中亚、西亚的陆路通道正式开通，史称丝绸之路。西域各国使者不断来长安访问和贸易，西域的植物、良马、乐舞传入中原，中原的丝绸、茶叶、瓷器等西传，东西方人员、贸易、文化交往日益密切。

【拓展信息】

丝绸之路以汉代都城长安为起点，经甘肃省、新疆维吾尔自治区，到达中亚、西亚等地，成为东起长安、西到地中海各国的陆上通道。它的最初作用是运输中国古代出产的丝绸。19 世纪 70 年代，德国地理学家费迪南·冯·李希霍芬在其著作《中国——亲身旅行的成果和以之为依据的研究》一书中，把从公元前 114 年至公元 127 年近两个半世纪中开辟的，经西域将中国与中亚的阿姆河、锡尔河地区以及古印度连接起来的道路命名为“丝绸之路”，这一名词很快被学术界和大众所接受，并正式运用。

2014 年，在卡塔尔多哈进行的第 38 届世界遗产大会上，中国、哈萨克斯坦、吉尔吉斯斯坦三国联合申报的古丝绸之路的东段“丝绸之路：长安—天山廊道的路网”被联合国列入世界文化遗产名录。古老的丝绸之路焕发出新的光辉，为世界民族文化的交流互鉴架起了桥梁。

160. 鎏金铜蚕

【基础信息】

鎏金铜蚕 1984 年出土于陕西省安康市石泉县，是石泉县的一位农民在河滩淘金时发现的，1985 年这位农民将鎏金铜蚕捐献给博物馆。经专家鉴定，鎏金铜蚕制作年代为汉代，为国家一级文物。蚕为铜质，通体鎏金。通长 5.6 厘米，胸围 1.9 厘米，胸高 1.8 厘米。全身首尾共计 9 个腹节，胸脚、腹脚、尾脚均完整。蚕呈昂首吐丝状，制作精细，造型逼真，栩栩如生。

【完整信息】

这件鎏金铜蚕很可能是一件随葬品。我国早在春秋时期就有以蚕入葬的习俗。东晋陆翙的《邺中记》中就曾提到，永嘉末年，在春秋霸主齐桓公墓中发现“金蚕数十箔，珠襦玉匣缯綵不可胜数”。北宋李昉编纂的《太平御览》中也提到秦始皇陵里“以明珠为日月，鱼膏为脂烛，金银为凫雁，金蚕三十箱”。这些史料中所提到的“金蚕”究竟长什么样子，这件汉代鎏金铜蚕成了实物佐证。

2017 年 5 月 14 日，习近平主席在“一带一路”国际合作高峰论坛开幕式上的主旨演讲中提到，“2000 多年前，我们的先辈筚路蓝缕，穿越草原沙漠，开辟出连通亚欧非的陆上丝绸之路；我们的先辈扬帆远航，穿越惊涛骇浪，闯荡出连接东西方的海上丝绸之路。古丝绸之路打开了各国友好交往的新窗口，书写了人类发展进步的新篇章。陕西历史博物馆珍藏的千年‘鎏金铜蚕’，在印度尼西亚发现的千年沉船‘黑石号’等，见证了这段历史。”这件小小的鎏金铜蚕，是千百年来中国人民桑蚕耕织生活的真实写照，是沟通东西方文明的古代丝绸之路的见证物，也是当今共建“一带一路”倡议下各国友好往来、交流互鉴的象征。

【拓展信息】

发现鎏金铜蚕的陕西省安康市石泉县位于秦岭南麓，那里气候温和湿润，非常适合蚕桑业的发展。据《石泉县志》记载，此地古代养蚕业十分兴盛。鎏金铜蚕的发现则将石泉养蚕的历史提前到了汉代。

鎏金铜蚕

我国养蚕缫丝业有着十分悠久的历史，是世界上最早发明养蚕、缫丝、印染和刺绣的国家，是世界公认的“丝国”。相传黄帝的元妃嫘祖首创养蚕缫丝之法，被后世尊为“先蚕圣母”。西周时期蚕桑业的规模和专业度进一步提升，当时已经开始大面积人工种植桑树，并且出现了专门的育蚕室和蚕架、蚕槌、蚕箔等专门的养蚕工具。在我国最早的诗歌总集《诗经》中，关于蚕桑的内容多达 30 多处，涉及养蚕、育蚕、作茧、丝织、缝衣等全过程。到了汉代，养蚕缫丝业的规模达到了高峰。据记载，在汉代都城长安的东织室、西织室等大型手工业作坊中，从事织造的工人可达数千人。汉代的丝绸颜色鲜艳，花纹多样，做工极为精致，不仅让当时的达官贵族趋之若鹜，畅销国内，还通过陆上丝绸之路行销西亚和欧洲。后来蚕种和养蚕的方法也经由陆上丝绸之路传播到世界各地。

由于对蚕桑业的重视，我国自古就有祭拜蚕神的传统。早在甲骨文中就有“蚕示三牛”“蚕示三宰”的占卜记录。商周遗址中发现的精工细琢的玉蚕，说明当时对蚕神的祭祀礼仪已相当隆重了。汉代开始出现的金蚕则是以贵重金属材料延续着古老的信仰。荀子专门著有《蚕赋》，盛赞其“屡化如神，功被天下，为万世文。礼乐以成，贵贱以分，养老长幼，待之而后存”。不难看出，蚕在中国的传统中被赋予了孕育、财富等美好意蕴。

161. 丝绸残片

【基础信息】

丝绸不仅是昂贵的衣料，还是珍贵的艺术品。随着陆上丝绸之路的开通，外销的各类丝织品受到欧亚各国的热烈赞美和钟爱。汉代丝绸贸易空前繁荣，从丝绸残片中，可看出当时丝织品的种类非常丰富，印花、染色等工艺均达到较高水平。

162. 西方植物传入品种（图版）

【基础信息】

陆上丝绸之路的畅通，正式拉开了东西方文化交流的大幕。大量原产于西方的物产及文化源源不断地传入我国，丰富了人们的日常生活。西域地区盛产高大雄壮、奔跑迅速的良马，因此在引进良马的同时，西域马的饲料——苜蓿也在中原地区广泛引进种植。以苜蓿为先导，西域瓜果、蔬菜等植物种类也大批传入中国。比如黄瓜、香菜、大蒜、石榴、葡萄、芝麻、核桃、蚕豆等，都是沿陆上丝绸之路传入我国的“进口产品”。这些新品种植物的输入，不但丰富了汉代的物质经济生活，也对中国古代的农牧业发展产生了非常大的影响。

冲突融合

魏晋南北朝（公元 220 年—公元 589 年）

【基础信息】

魏晋南北朝从公元 220 年曹丕代汉、曹魏建立开始，到公元 589 年隋朝灭陈，统一中国结束，历时 369 年。这段时期战争频繁，政权更迭，是我国历史上最为动荡的阶段，但同时也是历史上一次伟大的民族大融合时期。几百年中，各民族之间经济与文化的交融，诞生出具有崭新的精神思想、开放进取、朝气蓬勃的中华民族，这为日后我国封建社会的盛世——隋唐两代的高度繁荣、各民族的平等相处、对外交往的空前发展奠定了基础。

魏晋南北朝时期，北方各少数民族在陕西地区角逐、内徙、冲突、融合，农耕文明与游牧文明在交流和互补中进步。此外，佛教东渐，也促进了文化艺术的繁荣发展。

魏蜀相争

163. 三国鼎立形势

【基础信息】

三国时期，陕西地区由魏国与蜀国分别治理，曹魏占据陕西中部和北部，蜀汉占据陕西南部。陕西出土的这一时期的文物具有浓郁的地域特征和军事色彩。

【完整信息】

“天下大势，合久必分，分久必合”，描述的就是三国时期的局势。东汉末年，军阀割据，曹操凭借“挟天子以令诸侯”的政治优势，经过多年的南征北战，先后消灭吕布、袁术、袁绍等割据势力，最终统一了北方。公元 220 年，曹操的次子曹丕篡汉称帝，建都洛阳，国号“魏”，史称“曹魏”。刘备是汉室宗族，为了兴复汉室，他在诸葛亮、关羽、张飞等名将谋士的辅佐下，西据巴蜀，于公元 221 年在现今的成都称帝，国号“汉”，史称“蜀汉”。孙权在江南割据称雄，经营数十年。公元 229 年，孙权在武昌称帝，国号“吴”，史称“东吴”。自此，三国鼎立的局面正式形成。

164. 铜蒺藜

【基础信息】

铜蒺藜，又称铜马刺，是人们仿照自然界中一种浑身尖刺、叫作蒺藜的植物而制成的兵器。顾名思义，马刺是专门用来扎马蹄的武器。在战争中将马刺撒在敌军行进的道路上，可以有效阻止骑兵前进，起到防御的作用。马刺的设计非常科学，共有四个伸出的尖刺，无论怎么投掷，总是三尖撑地，一尖向上。有的马刺身上还有小孔，可以穿绳连缀，方便马刺的布撒和回收。马刺有铁、铜、竹等质地。

铜蒺藜

【完整信息】

建安二十年（公元 215 年）曹操平定汉中，派大将夏侯渊、张郃等留守，并在定军山和天荡山各隘口驻兵。刘备趁曹操立足未稳，同年率兵进军汉中，老将黄忠打败了驻守天荡山的张郃后，经法正指点，黄忠先夺得定军山以西的挡箭牌山的山头，居高临下，直取夏侯渊。夏侯渊措手不及，被黄忠腰斩，黄忠从而夺得了定军山。在定军山、天荡山之战以后，诸葛亮把定军山作为攻打曹操的基地。

165. “正始三年”铜弩机

【基础信息】

这件弩机与我们前面看到的秦弩机相比，制作更为精良。弩机的郭更加宽厚，这一改变提高了弩机的牢固度和矢射的强度与射程。这一时期，弩机的望山上还有细密的刻度线，表明弩已经可以做到精准射击。从弩机上的铭文“正始三年”可以知道，这件弩机属于三国时期的魏国，此弩也由铭文而得名。

【完整信息】

据《三国志·魏书·三少帝纪》记载，“景初三年……十二月，诏曰：‘烈祖明皇帝以正月弃背天下，臣子永惟忌日之哀，其复用夏正；虽违先帝通三统之义，斯亦礼制所由变改也。又夏正于数为得天正，其以建寅之月为正始元年正月，以建丑月为后十二月。’”正始是三国时期曹魏的君主魏齐王曹芳的第一个年号，这个年号使用了 10 年，这也是曹魏政权的第五个年号。

群雄逐鹿

【基础信息】

三国后期，吴国、蜀国逐渐衰落，曹魏势力渐强，但大权旁落至司马氏之手。公元 265 年，司马昭的儿子司马炎篡位自立，改国号为“晋”，定都洛阳，史称“西晋”。西晋成立后，又灭掉吴国，结束了三国鼎立的分裂局面，重新统一全国。

可是，西晋的统一十分短暂，仅仅持续了 52 年。公元 317 年西晋灭亡后，以匈奴、鲜卑、羯、氐、羌为代表的北方少数民族纷纷南下入主中原，争夺地盘，建立起众多割据政权，这一时期被称作“十六国”。同一时期，司马睿在建康（今江苏省南京市）建立政权，史称“东晋”，与十六国形成南北对峙的局面。

公元 439 年，鲜卑族拓跋氏的北魏政权消灭了黄河流域大大小小的割据政权，统一了北方。之后北魏分裂成东魏、西魏，又分别被北齐、北周所代替。因为它们都在北方，故称北朝；同时，南方经历了宋、齐、梁、陈的政权更替，与北朝对峙，这一时期统称为南北朝。十六国中的前赵、前秦、后秦、大夏，以及南北朝的西魏、北周政权先后在陕西建都。这是一个与前朝后代迥异的时期，文化风貌别具特色。

166. 彩绘持盾武士俑　彩绘骑马武士俑　彩绘骑马俑　彩绘甲马武士俑

【基础信息】

由于这一时期战乱频繁，手工业生产遭到破坏，陶俑制作也转入低潮。这组北朝武士俑高鼻深目，头戴风帽，是典型的胡人形象。他们面容冷峻粗犷，体格彪悍有力，带有明显的北朝人物特征。

彩绘甲马武士俑

167. “升平十三年”错金泥筩（tǒng）

【基础信息】

这件错金泥筩为铜铸，表面有错金龙虎纹，底部有三个马蹄形足，器身上有耳，既可放置在案台上，又可穿绳随身佩戴，这件器物是用来装封泥的。古代为了防止简牍或信件被私拆，便用印章封泥在外部封住，作用类似于西方的火漆。器底有错金铭文，共 17 个字。根据铭文可确定此泥筩是前凉升平十三年（公元 369 年）十月所造。前凉建国时间很短，又位于我国西北地区，出土文物极为罕见，因此这件“升平十三年”错金泥筩是一件不可多得的珍贵文物。

168. 独孤信多面体煤精组印

【基础信息】

独孤信多面体煤精组印

右图展示的是一枚煤精制成的印章。煤精也称煤玉，是碳的结晶体。因其质地细密坚韧、光泽度好，常用来制作印章和装饰品。通过印章上的文字可以知道，这枚印章的主人是鲜卑族人独孤信。独孤信原名独孤如愿，是西魏八位柱国大将军之一，因深受掌权者宇文泰的赏识和信赖，赐名为“信”。因为独孤信身兼数职，所以将印章制成多面体，方便使用。这枚印章共有 8 条棱 26 个面，其中 14 个正方形印面上以楷书阴刻印文。从印文的内容上看，这枚印章集公文用印（大司马印、大都督印）、上书用印（臣信上表）、书信用印（信白笺、耶敕）多种用途为一体，既有官印也有私印，方便实用。

【完整信息】

独孤信不仅自身战功赫赫，他还有 7 个女儿，其中大女儿嫁给了北周的明帝，成为北周明敬皇后；四女儿嫁给了唐代开国皇帝李渊的父亲李昞，被李渊追封为元贞皇后；七女儿嫁给了隋朝开国皇帝杨坚，是历史上著名的隋朝文献皇后。独孤信成为名副其实的“三朝国丈”，被人们戏称为“中国第一老丈人”。不过正因为有此渊源，隋唐两代最高统治者在接受异族文化方面就没有太多的心理障碍，这也为隋唐两代社会开放、民族平等奠定了基础。

169. 大夏统万城遗址

【基础信息】

您可能听说过西安是十三朝古都，其实，在中国历史上，一共有十四个朝代曾在陕西建都，那个不为人所熟知的朝代就是大夏。大夏是十六国时期南匈奴贵族赫连勃勃在我国北方建立的割据政权，其都城统万城就位于今陕西省榆林市靖边县。

【完整信息】

公元413年，赫连勃勃征发十万人修建统万城，取“统一天下，君临万邦”之意。统万城以其坚固无比而著称。通过现代仪器的检测分析，统万城的城垣是用水拌和砂粒、黏土、生石灰夯筑而成。这种材料即俗称的“三合土”，是在现代工程中仍广泛使用的优质建筑材料。生石灰遇水后发生化学反应，形成碳酸钙，这一过程中会释放大量热气，仿佛雾气蒸腾，所以史书中记载统万城是以“蒸土筑城”的。当时工程验收方法也十分苛刻，城墙筑好之后由验收的人用铁锥用力刺，刺进超过一寸（约为3.33厘米）就表示城墙不够坚固，就会杀了筑城的人。正因为如此，统万城至今仍保留有较为完好的城墙、墩台、马面等城防设施和宫殿建筑基址。这也是我国目前唯一一座保留下来的由匈奴人建造的城址。

融合互通

【基础信息】

南北朝时期，各少数民族纷纷涌入中原，而且大部分都迁徙到陕西地区。陕西地区不仅成为当时全国民族关系最复杂、冲突最激烈的地区，同时也成为北方民族大融合的中心。十六国时期至北朝时期，不同民族、不同国家、不同文化在这里碰撞融合，创造出具有浓厚民族特色的地域文化。

民族融合

【基础信息】

自东汉中期之后，朝廷常以招引或强制的方式，将边疆各民族内迁，以便管理。这些人的涌入增加了兵源和劳动力。到了西晋时期，中国北部、东部和西部，尤其是并州（今内蒙古自治区河套地区，山西太原、大同和河北保定一带）和陕西关中一带，大量少数民族与汉族杂居，形成民族大融合态势，这一变化在我国多民族国家的形成与发展的进程中具有重要的意义。

170. “晋归义羌王”金印　“晋率善氐邑长”印　“晋率善胡佰长”印　“晋屠各率善佰长”印

【基础信息】

西晋时期，一部分少数民族首领归顺了西晋王朝，西晋政府对这些人采取了“怀柔政策”，给他们赐印封官，以“率善”“归义”褒奖他们的行为，并将他们封为“仟长”“佰长”等。这些印章上的文字就反映了这个史实。

171. 人物俑一组（男弓囊俑　徒附俑　胡人俑　男立俑　仪仗俑　双环髻女俑　提物女俑　风帽俑　部曲俑　发辫俑　小冠俑）

【基础信息】

南北朝时期，人物俑的种类逐渐丰富。除了最常见的男女侍者和武士俑以外，又大量增添了部曲俑、胡人俑、仪仗俑之类的题材。总的来看，南北朝时期的人物俑呈现出了不同的特征，北朝俑大多面容粗犷、体格彪悍，多为高鼻深目、头戴风帽的武士俑，带有明显的北方草原民族特征；南朝俑则是典型汉族人的长相，清秀纤巧，南朝俑最具特色的是女俑服饰与发髻的变化，这一变化为唐代女俑的造型奠定了基础。

172. 陕西北朝少数民族姓氏表

【基础信息】

南北朝时期，中原地区的少数民族政权为了巩固统治，维护稳定，提高社会发展水平，纷纷学习汉族先进的制度和文化，推行汉化改革。北魏孝文帝就曾命令人们要穿汉服、学汉语、改汉姓。当时很多少数民族都将本民族的复姓改为汉人的单姓，比如匈奴族将赫连姓改为刘姓，鲜卑族将慕容姓改为慕姓，突厥人将阿史那姓改为史姓等。

丝路来客

【基础信息】

南北朝时期，丝绸之路依然畅通，各国商旅汇聚长安。近年在陕西省西安市北郊发现了北周时期粟特贵族安伽墓、史君墓、康业墓及罽（jì）宾人李诞墓。这些墓葬的发现表明，当时有不少外国人从中亚等地来长安长期居住，甚至担任官职，并最终长眠于此。

173. 安伽墓石门　围屏石榻

【基础信息】

下图中的石门和围屏石榻出土于粟特贵族安伽的墓葬中。粟特人是生活在中亚地区的民族，他们非常善于经商，常沿着丝绸之路来中原地区做生意，久而久之就在这里定居，安伽就是其中之一。安伽在北周政府担任“萨保”一职，专门管理入唐胡人的贸易和宗教事宜。这组石门和围屏石榻最大的特点是周身布满线刻和贴金彩绘，这些图案为我们生动展示出北周时期沿丝绸之路来华的粟特人的文化生活和宗教信仰。

门额上的彩绘展示的是粟特人祭祀的场景。画面正中央，三头骆驼踏在一个覆莲基座上，驼背上背负一个大圆盘。盘内燃火，火焰升腾幻化成莲花图案。火焰的两侧各有一名乐神，一位弹奏琵琶，一位舞弄箜篌。骆驼座两侧各有一个人形鹰足的祭司，祭司面前有供案，上面摆放着各种祭祀用品。整幅画面中，火坛占据中心位置，可见墓主人对火的崇拜。结合墓主人的民族特性我们可以知道，这里展示的是祆教的祭祀场景。祆教是粟特等中亚民族普遍信仰的宗教，因其对火的崇拜，又称拜火教。

安伽墓石门（前）和围屏石榻（后）

围屏石榻上的图案不同于门额上的宗教主题，主要是现实题材，内容有狩猎图、出行图、宴饮图、乐舞图等。这些画面以连环画的形式，展示出墓主人安伽从青年到老年不同阶段、不同场合的生活场景，生动形象地反映出在唐粟特贵族的生活起居状况。这些画面中，既有粟特人、突厥人等高鼻深目的胡人形象，又有汉人的形象；既有凉亭、回廊等传统中式建筑，又有毡帐这类具有草原民族风格的建筑。整个画面呈现出一幅胡汉同乐的景象，从侧面展示出南北朝时期多元文化交融的时代特征。

随着中亚的历史变迁和自然环境的变化，古代粟特人活动的遗迹早已荡然无存。安伽墓石门、围屏石榻的发现却为我们再现了粟特人的生活、信仰和葬俗，也为我们研究东西方文化交流与融合提供了极为珍贵的资料。

多彩生活

【基础信息】

南北朝时期的民族融合，使得经济文化有了新的发展。精美的手工艺品、气魄雄浑的魏碑、神采各异的乐舞俑等，都反映了这一时期科学技术、雕塑、书法、音乐、舞蹈等方面的成就，为隋唐文化的繁荣和发展奠定了基础。

174. 青瓷天鸡壶

【基础信息】

瓷器制造业是南北朝时期的新兴手工业，当时的制瓷业主要分布在南方，以青瓷为主。这件青瓷天鸡壶造型别致，壶的流是鸡头的形状，把手细长呈弧形，像鸡的尾巴，连接盘口和壶身，因此也被称为鸡首壶。在中国传统文化中，鸡是具有文、武、勇、仁、信五德的“德禽”，又因为“鸡”与“吉祥”的“吉”谐音，因此鸡的造型也是人们喜闻乐见的装饰元素。这种造型的鸡首壶是南北朝时期最具代表性的瓷器，它既是日常生活中常用的水器，也广泛用作墓葬明器。

175. 铜鐎斗

【基础信息】

鐎斗是一种炊具，器身形似小盆，一侧有长手柄，另一侧有流。器腹下有三足，可以点火加热，具有温酒、烹茶、煮食等多种用途，是两汉魏晋时期人们日常生活中常见的温器。

176. 永安五铢

【基础信息】

北魏末年，北魏孝庄帝元子攸在公元528年改年号为“永安”。第二年开始大量铸造“永安五铢”钱币。钱文上书“永安五铢”四字，并配以始铸年号是北朝钱币的一大特点。永安五铢大小、轻重不一，且滥铸较多，严重贬值，使得货币流通状况非常混乱。虽然“永安五铢”对于北魏的经济发展没有起到积极作用，但它作为一个时代的产物还是具有一定的历史价值的。

177. 十字形高髻女俑

【基础信息】

十字形高髻女俑身着窄袖长袍，通体以红、白两色彩绘装饰，高高耸起的十字发髻非常引人注目。当时的女性一反汉代挽髻于脑后的发式，转而崇尚复杂烦琐的高髻。为了使发髻高耸，有的还使用了假发和硬性支撑材料。这种风尚一直持续到了唐代，历经百年而不衰。

178. 獬豸

【基础信息】

獬豸是中国古代传说中的上古神兽，形似麒麟，全身长着浓密黝黑的毛，额上长有一角，俗称独角兽。传说獬豸有很高的智慧，能辨是非曲直，能识善恶忠奸，只要它发现奸邪的官员，就用角把他顶倒，然后吃下肚子。因此，獬豸也成为司法公正的象征。至今我们有些法院的门外还放置有獬豸的雕塑。

獬豸

179. 镇墓兽

【基础信息】

镇墓兽是我国墓葬中的随葬品，古人认为将它安放在墓室中能起到佑护死者安宁的作用。人面兽身的镇墓兽是南北朝时期墓葬中开始出现的一种陶俑，它外形看上去似人非人、似兽非兽，造型奇特，威严凶猛。

【完整信息】

就出土文物来看，镇墓兽最早出现在战国早期的楚墓中，南北朝时期至隋唐时期盛行，五代以后基本绝迹。其材质以木质、陶质最常见，也有瓷质、石质或金属质地的。由于流传时间久远，分布地域广阔，受不同地区不同时期的风俗、文化影响，镇墓兽的造型特征复杂多变。

佛教东渐

【基础信息】

佛教自两汉时期传入中原地区，到隋唐时期达到鼎盛。在南北朝时期，佛教走上了重要的中国化进程。这一时期，涌现出不少名僧，对佛教经典系统地进行翻译，推动了佛学理论的发展，为唐代佛教各宗派的创立奠定了思想基础。

【完整信息】

当时的统治者们出于政治教化的需要崇佛尚佛，自上而下地推动了佛教的发展和传播。南朝时佛教传播最盛，佛寺多达 200 多座，僧侣多至 8000 余人。“南朝四百八十寺，多少楼台烟雨中”就描述了这样的盛景。

南北朝时期战乱频繁，普通百姓渴望安定的生活却难以实现，便将佛教作为精神上的依托。佛教宣扬的“因果报应”理论成为人们心灵的安慰剂和避难所，因此，佛教在民间也获得了坚实的群众基础。正是由于统治者推崇和普通百姓信任的双重作用，使得佛教这一外来宗教在中国迅速发展，与之相关的佛教石窟、造像、绘画也有了长足进步，陕西省保留下来很多这一时期的佛教遗存。

180. 鎏金佛菩萨三尊铜像

【基础信息】

下图这尊鎏金佛菩萨三尊铜像为铜制，表面鎏金，整体造型为一尊佛和两尊菩萨，中间一尊为佛祖释迦牟尼，文殊菩萨和普贤菩萨胁侍在佛祖左右两侧。佛像背后有背光，底座两侧有镂空的翼形装饰件。各构件之间以榫卯组合。从造型上看，这一时期的佛造像有明显的印度犍陀罗风格。这尊鎏金佛菩萨三尊铜像构思奇特，铸造精湛，装饰华丽，堪称佛造像中的精品。

鎏金佛菩萨三尊铜像

181. 鎏金弥勒铜像

【基础信息】

弥勒是佛教中的菩萨名，与佛相差一级。佛典中记载，弥勒出生在古印度的一个大婆罗门家庭，属于十分高贵的一等贵族。后来他成为释迦牟尼的弟子，修炼成道后，先于释迦牟尼离开人世。由于释迦牟尼预言，弥勒将继承自己的佛位成为未来佛，也就是法定接班人，因此他也被称为弥勒佛。南北朝时期弥勒像身材修长，庄严肃穆。直到五代时期，弥勒佛的形象才演化为我们现在熟知的大肚和尚的形象。

182. 北周佛造像

【基础信息】

下图这尊佛造像出土于陕西省西安市北郊，当时共出土了 6 尊彩绘涂金佛造像和 4 尊菩萨像。这尊佛造像为整块青石雕刻而成，高约 1.8 米，大如真人体形。其形象为释迦牟尼，肉髻螺发，大耳垂肩，眉目广长，弯眉垂睑，嘴角含笑，仪态端庄高贵，“笑而含威，端而慈祥”。结合这尊佛的造型和艺术特点分析，佛造像表情悠闲，身腰向后倾靠，体态宽大，专家判定这尊立佛为北周时期作品。

北周佛造像

当初发现佛造像的地点有夯土地面，并且有灰坑和汉代瓦片，所以可以判定发现地点有建筑遗址，也许当初此地就是寺院。北周存世仅 25 年，目前发现的大型立佛数量很少，有明确纪年的更少。如此众多的北周大型立佛集中被发现是极为罕见的。这批珍贵的石雕彩绘立佛对研究北周造像艺术、探讨中国佛教传播发展、对比北周造像艺术与南朝造像艺术关系，以及探源佛教造像的长安模式的形成与发展，都有非同一般的意义。

隋唐气象

隋朝（公元 581 年—公元 618 年）

唐朝（公元 618 年—公元 907 年）

【基础信息】

隋唐时期是中国封建社会的鼎盛时期，也是陕西古代文明的黄金时代。这一时期的政治、经济和文化都呈现出空前的繁荣，各种制度的确立为中国封建社会的发展奠定了坚实的基础。农牧业、手工业以及金银器制造业都取得了卓越的成就。随着丝绸之路的开通和发展，东西方交流也空前繁荣，当时有 300 多个国家及地区与唐朝有着友好往来，对后世产生了深远的影响。唐朝谱写了中国封建社会最辉煌的篇章。

隋唐时期的文物也从不同侧面和角度诠释了这一时期辉煌灿烂、兼收并蓄、开放包容、创新发展的时代特征。

【完整信息】

隋朝在中国历史中，是上承南北朝、下启唐朝的一个重要朝代，史学家常把它和唐朝合称为隋唐。很多政治制度在隋朝被创立或沿用，并在使用过程中更加优化。例如，巩固中央集权的三省六部制，选拔优秀人才的科举制，强化军事力量的府兵制，减轻农民生产压力的均田制和租庸调制，这些制度都是在隋朝建立并发展起来的。除此之外，还有一些大型工程，如隋朝国都大兴城、东都洛阳城以及京杭大运河的修建都对后世的发展产生了巨大的影响。唐朝在全面继承隋朝各种制度及文化传统的基础上，以开阔的视野、宽广的胸怀、开放的心态，兼收并蓄、创新发展，从政治经济制度到文化艺术、社会风气，都将中国带入了一个崭新的时代，写下了中国古代历史上最辉煌灿烂的篇章。

【拓展信息】

公元 5～11 世纪，是西方中世纪的早期，大致相当于中国的南北朝至五代时期。这时，中亚、东亚、西欧直至北非地区都刚刚进入封建社会，比起中国落后了一个社会发展阶段。在东方，比如日本，是在中国封建文化的影响下，才于 7 世纪中叶开始进行大化革新，逐步确立了封建制度的。在世界各地步入封建社会时，隋唐时期的中国，封建制度已发展了 1000 多年，各种政治、经济、文化制度业已完备，大大影响了世界，特别是周边国家封建化的进程。

隋唐时期，采取开放的外交政策和文化政策，在大量吸收外域文化的同时还将中国繁荣发达的传统文化传播到世界各地。这时期的科学技术先进发展、文学艺术百花齐放，成就巨大。从印度传入的佛教，在隋唐时期达到发展顶峰，使中国取代了印度成为世界佛教的中心。唐文化巨大的影响力辐射着世界各国与后世。

文明先进、富庶强大的中国是当时世界的中心，特别是亚洲各国经济文化交流的中心。汉代东西方直接交往还只限于与中亚、印度地区，最远的是班超副使甘英到达了波斯湾。而隋唐时期，尤其是唐朝，中国与中东、印度、日本、南洋群岛的联系大大加强。中国的丝绸、瓷器、造纸术、印刷术西传，印度等中亚文化也给中国文化发展以深远的影响，其服饰、习俗、饮食、语言、艺术、科学、历法、数学、医药、宗教、物产纷纷传入中国，勇于并善于接受有益新鲜事物的中国人民，在吸收外域文化的同时又创造出了新文化，丰富和发展了传统文化。

隋唐时期，在中国封建社会历史上，乃至亚洲发展史上的特殊、辉煌的地位，是值得我们自豪并深入了解的。

183. 唐长安城地图

【基础信息】

唐长安城是在隋朝都城大兴城的基础上完善并扩建的。因隋文帝早年曾被封为大兴公，因此他登基后便以“大兴”命名此城，到唐朝时改称长安城。大兴城由鲜卑人宇文恺设计并主持修建，是中国历史上第一次按照完整的平面设计图所营建的都城。它的主体工程仅用了九个月就建造完成了，创造了中国古代都城建筑史上的奇迹。

【完整信息】

唐长安城是中国古代规模最宏伟、建筑最壮丽、布局最规整的一座都城，面积达 84.1 平方千米，是明代西安城的 7.5 倍左右，它比公元 446 年修建的东罗马首都君士坦丁堡大 7 倍，比公元 800 年所建的阿拉伯首都巴格达大 6.2 倍，恢宏的城郭充分反映了一个盛世王朝的宏大气魄。其总体布局分为三大部分，即宫城、皇城和外郭城。宫城是皇帝居住和处理朝政的场所，位于唐长安城的最北部，地势高敞，反映了封建皇帝居北而立、面南而治的儒家传统思想，也突出了皇权的至高无上。宫城以太极宫为主体，是唐初的政治中心。从唐高宗开始，皇帝便迁至北郊龙首原上的大明宫处理朝政。太极宫、大明宫和兴庆宫，合称为“三大内”，是唐长安城中最主要的建筑。

唐长安城地图

皇城位于宫城的南边，又叫子城，是中央政府各个机构所在地。皇城和宫城之间只隔一条东西走向的大街，称为横街。横街宽度约为 440 米，与其说横街是一条街，不如说是一个广场更为贴切。

外郭城是一般居民和官吏的居住区。城中有 14 条东西向大街和 11 条南北向大街，将外郭城整齐地划分为 108 个区域，即 108 坊。唐代诗人白居易在《登观音台望城》诗中写道：“百千家似围棋局，十二街如种菜畦”，形象地描绘了当时整齐划一的街道和布局。朱雀大街是唐长安城的中轴线，它将整个唐长安城分为东西两部分，朱雀大街宽约 155 米，相当于现在普通街道的 2～3 倍。外郭城的东西两侧分别设置有两个贸易集市，称为东市和西市，是当时唐长安城中最主要的两个商业市场，也是东西方经济文化交流的重要场所。

唐代鼎盛时期唐长安城的人口可达百万，其中至少有五万外国人，是一座名副其实的国际化大都市。它的建成，对后世的城市建设影响深远，甚至当时受唐文化影响的邻国，也效仿唐长安城的形制建造了都城。唐王朝以博大的胸襟，吸收融汇着来自世界各地的文化，兼容并蓄、海纳百川，成就了辉煌璀璨的唐代文明。

184. 明德门复原图

【基础信息】

明德门始建于隋朝开皇二年（公元 582 年），唐高宗永徽五年（公元 654 年）重建，是唐长安城外郭城的正南门，与皇城的朱雀门、宫城的承天门构成唐长安城南北中轴线。明德门宽阔雄伟，门洞各宽约 5 米，深约 18.5 米，唐末毁于战火。

隋代建设明德门时，建筑形制上采取了罕见的五门道设计，而其余八座外郭城门都是三个门道。明德门遗址对于研究唐代城门形制、唐代建筑制度、唐代礼仪制度、唐代交通制度等都有重要价值。

185. 唐长安城含光门遗址模型

【基础信息】

含光门是唐长安城皇城南墙偏西一处城门，最早建于隋文帝开皇二年（公元 582 年）。其夯土遗存达 8 米以上，三个门道的尺寸清晰，东、西两个门道的宽度均约为 5.3 米，中间门道宽度约为 5.5 米。含光门遗址是迄今为止所发现的保存的最为完好的隋唐长安城门遗址。

【拓展信息】

在唐代，含光门是一个无人不知的地方。含光门内连接着含光门大街，大街向北直通皇帝所在的宫城。含光门的东北角，也就是含光门内东侧，就是鸿胪寺和鸿胪客馆，鸿胪寺是当时专门负责管理外交、民族事务的机构，因此唐代所有的外事接待活动都要在这一带举办。开放包容的大唐王朝，常常会迎来来自世界各地、肤色、语言各不相同的使节，将他们进入皇城的必经之门命名为“含光”，寓意含弘光大，这体现了唐王朝海纳百川的胸襟。

186. 唐大明宫含元殿遗址模型

【基础信息】

含元殿是大明宫的正殿，建于龙首原南坡的高地上，地势高敞，视野开阔。既可远眺南山峰峦，又可近观长安街坊。含元殿于龙朔三年（公元 663 年）建成，毁于唐僖宗光启二年（公元 886 年）。含元殿是与丹凤门配合举行“外朝”的地方，也就是举行元旦、冬至的朝会及接见外邦首领的场所。唐代诗人王维“九天阊阖开宫殿，万国衣冠拜冕旒”的诗句，就生动地描绘了当时朝会的场景。

含元殿坐落在高约 15 米的三层台基上，现存含元殿遗址台基东西长约 75.9 米、南北宽约 41.3 米，殿面阔 11 间、进深 4 间，每间宽约 5.3 米。殿前东西两侧建有向外延伸的阁楼，东阁楼名为翔鸾阁，西阁楼名为栖凤阁。殿阁之间以回廊相互连接。在大殿东西两侧还建有东朝堂和西朝堂。为了百官朝见的方便，在殿前还修建了两条平行的斜坡砖石阶道，长 70 余米。每遇朝会，群臣即由此两道而上。这两条阶道由丹凤门北望，宛若游龙垂尾，极为壮观，故称其为“龙尾道”。这组庞大的宫殿建筑群，体现了唐代建筑的雄浑风格，也成为后世宫殿的典范。

187. 莲花纹方砖　兽面纹方砖

【基础信息】

莲花纹方砖出土于唐长安城大明宫翰林院遗址，是唐代宫殿建筑中的主要材料之一，同类的方砖在日本和朝鲜半岛也有发现。唐代砖的纹样题材一改以动物为主的传统特色，开始以富有浓厚生活情趣的植物为主，辅以鸟兽纹。由于唐朝佛教艺术发展到空前规模，莲花纹在唐代颇为流行。

隋唐时期，经济文化得到全面发展，制砖工艺也达到历史最高峰，我们看到的这些兽面纹方砖，纹饰凸出砖面，精致繁缛，颇具浮雕效果，展示了唐代装饰艺术的时代风格。

188. 唐三彩建筑模型

【基础信息】

唐三彩建筑模型共有 12 件，其中房子 9 座、亭子 2 座，大小各不相同。整个建筑以中轴线为对称布局，由南到北分别排列着大门、中堂、后院、正寝、东西两厢各 3 处廊屋，以及后院中的假山池，构成了一个完整而疏朗的封闭式建筑群。唐三彩建筑模型可以说是唐人理想宅第的典型缩影，它反映了唐人的园林建筑思想。

【完整信息】

家庭园林在唐代普及并流行至整个社会，成为长安里坊中主要的建筑模式。官僚贵族多在自家庭院或别墅内穿池堆山，树花置石，构山积水，将自然景观浓缩于自家宅院之中。从模型看，唐朝人的住宅已经与存留至今的明清四合院民居基本相似。

关中唐十八帝陵

【基础信息】

唐朝从公元 618 年建国，至公元 907 年亡国，共历经 21 位皇帝，建立 20 座陵墓（唐高宗李治和女皇武则天合葬乾陵）。在这 20 座帝陵中，除了唐昭宗李晔葬于河南省偃师和陵、唐哀帝李柷葬于山东省菏泽温陵外，其他唐代帝王都葬于陕西省关中地区，称为“关中唐十八帝陵”。

唐代帝王陵墓，以唐代都城长安城为中心，呈扇面状分布于关中渭河北岸的平原和山梁上，大多依山为陵。从今陕西省渭南市蒲城县向西，经富平、三原、泾阳、咸阳、礼泉直至乾县，共 6 县一市，直线距离 150 千米。其严格的制度、严谨的布局、完整的结构、宏大的规模，集中体现出了大唐王朝的恢宏气魄，成为世界陵墓史上的奇观，也对后世的帝陵制度产生了深远的影响。

189. 武惠妃石椁

【基础信息】

这座石椁从唐贞顺皇后敬陵出土，是迄今为止唐代已出土石质葬具中等级最高、体量最大最重、保存最完好、内容最丰富的一具石椁。以石椁随葬是古代丧葬制度中对皇族和位高权重者的最高礼遇，主要见于隋唐及五代时期高等级墓葬中。

石椁，即石制的外棺，古人将遗体放进木质棺材里，再将木质棺材放到石质棺椁中，主要是避免木材日久腐烂，同时也是一种身份的象征。这座石椁是庑殿式建筑，面阔三间，进深两间，为一横向长方形，高约 2.3 米，宽约 2.6 米，长约 4 米，重约 27 吨，由盖顶、椁室、基座（棺床）三部分共 31 块青石质石材组成。该石椁运用立体减底浮雕、线刻与彩绘等装饰技法，其内外均雕刻有侍女，共计 21 人，还刻有花卉纹、鸟兽纹等，具有极高的历史价值和艺术价值，被鉴定为国家一级文物。

【完整信息】

如此精美珍贵的石椁的主人到底是谁？在大墓中出土了刻有“贞顺”“于兴”“辞诀”等铭文的汉白玉哀册残块，残块虽字数寥寥，但却正好与唐代史籍《贞顺皇后哀册文》的记载吻合，印证了墓主人的身份正是唐玄宗的宠妃，历史上赫赫有名的武惠妃。

据史书记载，武惠妃是武则天堂兄之子恒安王武攸止的女儿，即武则天的侄孙女。唐玄宗即位后，美丽聪慧、善音律的武氏逐渐受宠，开元十二年（公元 724 年），唐玄宗赐武氏为惠妃，礼秩同皇后。开元二十五年（公元 737 年），武惠妃薨于兴庆宫，被唐玄宗追封为贞顺皇后，次年葬于敬陵。

【拓展信息】

2004 年 5 月—2005 年 6 月，一个犯罪团伙盗挖西安一座唐代陵墓，先后

6 次入墓盗掘。对石椁采取分解、打包的方式盗出，分批装箱偷运到广州。

2006 年 2 月 13 日，警方破获该犯罪团伙，据犯罪嫌疑人交代，石椁到达广州后又在香港以 100 万美元的价格倒卖到境外。

2007 年 12 月，专案组获悉，石椁已被卖到美国，在一名美国古董商人手上。2009 年 12 月，西安市公安局与陕西历史博物馆专家组成联合谈判组，先后在香港、西安与美国古董商代表展开两轮谈判，最终双方就石椁的回归达成一致。

2010 年 3 月 7 日，石椁从美国弗吉尼亚州装船启运，4 月 17 日抵达广州港。4 月 29 日下午，在警方的押运下，石椁终于安全运抵陕西历史博物馆。此后，经一个多月的考证、拼对、安装，石椁终于再现原貌。石椁恢宏厚重的气势、精美绝伦的工艺和它背后惊心动魄的故事以及主人坎坷传奇的一生，注定了它的非比寻常。

唐贞顺皇后石椁的回归，是公安部、国家文物局、陕西省文物局、陕西省公安厅、西安海关、陕西出入境检验检疫局、陕西历史博物馆以及国际友人共同努力、通力合作的结果，也是我国依据法律手段，通过国际合作，成功追索回海外流失文物的典型案例和标志性成果，这一举措充分彰显了我们坚决维护祖国文化遗产的决心。

武惠妃石椁

巅峰盛世

【基础信息】

唐朝，是中国历史上一个重要的朝代，也是公认的中国封建王朝中最强盛、繁荣的时代之一。唐朝的前半叶，社会经济处于上升阶段，文化先进，是历史上中国向周边国家输出文化与技术的时期，兼容并蓄的社会风气，也给十六国以来进居中原地区的各个民族提供一个空前的交流融合环境，在此过程中亦从外族文明中汲取诸多。唐朝的后半叶，处于中国历史的转折期，土地、盐铁、赋税制度的改革标志着社会的缓慢变化，藩镇割据势力的壮大与周边诸民族国家的形成，对此后近千年的中国历史产生了深远的影响。

公私仓廪俱丰实——农牧业

【基础信息】

唐朝前期，社会的长期安定、人口的迅速增长和朝廷劝农兴农政策的鼓励，使得农业获得了显著发展。生产工具不断改进，曲辕犁、高转筒水车等新工具的出现，大大提高了粮食产量。水利设施完备，耕地面积不断扩大，人口大量增长。唐诗“稻米流脂粟米白，公私仓廪俱丰实”描述的就是开元年间农业发展的鼎盛状况。农业的发展，使得“四方丰稔，百姓殷富”。

唐代的畜牧业十分发达，特别是养马业最为兴盛。由于军事国防的需要，唐代养马业主要由官府垄断，经营规模远远超过了前代。据《新唐书》记载，唐高宗麟德年间仅官方养马数量就达到了70.6万匹，这是我国各朝各代养马数量最多的。当时引进和培育了许多优良马种，如吉尔吉斯马、阿拉伯马、伊兰马等。除养马之外，唐代还大量蓄养牛、驴、骡和羊等牲畜。尤其是耕牛，随着唐代农业生产的发展，更是受到人们的重视。在畜牧技术方面，已是“牧养有法，医疗有方”，这些都标志着唐代畜牧业的兴旺发达。

190. 铁农具

【基础信息】

唐朝政府鼓励开发垦殖荒地，并实施相关的减免赋税政策，同时重视兴修农田水利，并且进行农具改革。唐代农具改革的最主要的成就就是犁的重大改进，出现了曲辕犁，将原来长直的犁改为短曲的犁，使犁的重量减轻、操纵灵活省力，而且能够深耕，还能通过犁枰控制耕地的深浅。自此以后，中国的步犁基本定型，宋代时南北方已经通用步犁，并一直沿用到现在。这是唐代农业技术改进的重要成果。

191. 含嘉仓

【基础信息】

唐代东都洛阳的含嘉仓是隋唐时期著名的大型国家粮仓。含嘉仓始建于隋代，是隋炀帝营建东都时一起建造的。这座大型粮仓有城墙、城门，所以又称为含嘉城，城内有 400 余座粮窖。含嘉仓的建造过程是先挖成土窖，将窖底和窖壁夯实，用火烤硬，上面涂抹防潮层，在窖底铺设木板和草，然后铺垫谷糠，最后铺草席。窖壁也镶砌木板。然后分层放置粮食，每层用席隔开。粮窖装满后，在窖顶用草拌泥等涂层密封。这样建成的粮仓既防火防虫，还可以防腐防盗。据唐代文献记载，含嘉仓中的谷子可藏九年，稻米可藏五年。到盛唐时期，随着农业生产的发展和租赋的大量输入，粮食储藏量也达到了顶点。据记载，唐玄宗天宝八载（公元 749 年），粮食储藏量达到 1260 万石，仅含嘉仓的储粮就有 580 万石。含嘉仓正是唐代农业生产发达、粮食储备丰厚的实证。

方寸巧心通万造——手工业

【基础信息】

隋唐时期手工业是中国古代手工制造业的一个高峰。随着市场和需求的扩大，官营、私营手工业的发展，使手工制造技术较之前代有了显著的提高，产量有了明显增加。大量制作精美的丝绸、金银器、三彩器、瓷器和铜镜，展现了隋唐时期手工制造业高超的技术水平。

192. 唐代丝绸

【基础信息】

唐代实行的租庸调制，以征收谷物、布匹或者为政府服役为主，是以均田制的推行为基础的赋役制度。全国各地每年都要上缴成千上万匹绢、布等纺织品以供朝廷、官府支用，再加上丝织品是唐代对外贸易的主要输出品，因此唐代纺织业非常繁荣兴旺。唐代纺织品花色品种繁多，花纹精巧，图案华美，色泽鲜艳。常见的花纹有连珠纹、团花连环纹、几何形纹等，常见的图案有雁衔绶带、对凤、盘龙、狮子、葡萄、折枝散花等。

唐代丝织技术较之前朝有很多创新。我国的丝织品在商代时期出现了平纹起斜纹花的织物，西周早期出现了用多种彩色丝线提花的重经织物“经锦”，到唐武德二年（公元 619 年）出现了纬线起花的织锦，称为唐代纬锦。此后唐代织锦就变成以纬线显花为主，即可用多把不同色的纬梭轮换织造，极大地丰富了织锦的色彩。

【完整信息】

唐代是我国丝绸生产的高峰期，丝绸产地分布辽阔，桑蚕丝绸业多为郡县相连。唐代前期，以河北、河南两省出产最多，扬州、益州两地次之；唐代后期，河北、河南两省产量延续，扬州、益州两地维持平稳，江南东道崛起，精品不断。益州、扬州、定州则是唐代最为著名而稳定的丝织品中心。民间作坊丝绸产量大、品种多、质量高，河北定州何名远即以“家有绫机五百张”而闻名于世。

唐代丝绸残片

唐代绢帛在全国赋税收入中约占三分之一。唐玄宗天宝年间，政府庸、调征收总量由于人口增长而达到顶峰，实现了每年收到绢 740 万余匹、绵 185 万余屯、布 1035 万余端。在政府收入、社会总产量、人均消费量方面，唐代丝绸生产都是中国历史上的最高峰。

193. 唐代丝绸生产流程

【基础信息】

唐代生产丝绸的工序十分复杂，主要的步骤有缫丝、练丝、穿筘、穿综、装造和结花本。通过一系列复杂的工序，唐代工匠们制出了各式各样、巧夺天工的丝绸制品。缫丝是制造丝绸的头一道工序，是指松解蚕茧和抽印蚕丝；练丝是对蚕丝的进一步处理和漂白；筘是织机上的竹筘，穿筘是按设计要求，把经线分组穿过每个筘综；筘综是织机上的综桄，穿综也是按设计要求，把经线穿在综里。装造系统和结花本是丝绸提花的装置。

金银器

【基础信息】

唐代金银器，不仅数量大，品种全，而且制作精湛，纹饰细致。不仅在皇室贵族的日常生活中被大量使用，而且还用于赏赐大臣和外国使节，或者由地方官吏向皇帝贡奉。唐代金银器的制作有官营，也有私营。制造技术已经非常复杂精细，许多器物都是使用多种工艺制作出来的，充分反映了唐代手工业的水平。唐代金银器的很多造型与纹饰都显现出明显的异域色彩，反映了唐代金银器受中亚、西亚地区流行的金银器特征的强烈影响，这使得唐代金银器更加绚丽多姿。

【完整信息】

依据已知的考古发掘资料，在甘肃省和辽宁省属于夏代的文化遗存中出土的金耳环等装饰物，说明当时已掌握了金银冶炼技术；战国早期除金银饰物之外金银器皿已经出现；秦汉时期金银饰物依然要比器物多，但器皿、车马器、金印等种类和数量远比先秦时期丰富；随着丝绸之路的开通，南北朝时期金银器皿和饰物的使用更加广泛，器型和纹饰都在逐渐增多，考古发现其中许多器皿具有明显的异域风格。进入隋唐时期，社会安定，国力强盛，文化繁荣，技术多元，加之享乐奢靡风气流行，使金银器使用盛极一时。造型别致、工艺高超、种类齐全、纹饰精美、内涵丰富的金银器成为隋唐时期手工业的代表。

隋唐金银器流行的原因主要有以下几点：第一，政治稳定，国力强盛，有足够的财力，为金银器的发展提供物质基础；第二，受南北朝以来外来文化的影响，胡风盛行，外来文化和艺术品对日常生活习俗以及审美观念都产生了深刻的影响；第三，受中国传统的“长生之术”的影响，方士们推崇“以金银器为食器，可保不死”，使用金银器逐渐成为一种风气。

194. 镂空缠枝花纹香囊

【基础信息】

一般提到香囊，人们想到的多为丝绸、棉帛等织物缝制的香包。这件镂空缠枝花纹香囊外壁为银制，呈圆球形，通体镂空，镂空雕刻的是缠枝花纹，上下两部分由半圆球形组成，一侧以钩链相勾合，另一侧以活轴相套合，中间是由两个同心圆机环和一个金香盂组成，外壁、机环、金香盂之间，用银质铆钉连接，可自由转动。将香料放于金香盂中，无论如何转动，由于机环和金香盂的重力作用，金香盂始终保持重心向下，香料不会从里面撒出来。

195. 鎏金双凤纹银盘

【基础信息】

鎏金双凤纹银盘呈六曲葵花形，盘内饰双凤折枝花和双鸟衔花等纹饰。盘外有錾文两行“浙东道都团练观察置使大中大夫越州刺史……裴肃进”，“点过讫”三字以及重量。在唐代，金银器是皇亲贵戚日常生活中的奢侈用品，同时在政治生活中它也发挥着特殊而重要的作用。皇帝安抚和奖励属臣时，常常以金银器作为赏赐。臣属和各地官吏为了得到皇帝的青睐，也常用金银器作为各种节日礼物敬奉给皇帝，同时在所进奉的金银器上刻进奉者的地区、官衔、姓名和进奉数量等文字。

【完整信息】

文献记载，唐代刺史向皇帝进奉金银器的习俗是从裴肃开始的，《旧唐书》中记载，“天下刺史进奉，自肃始”。可见裴肃进奉金银器的行为在当时产生的巨大影响。这件银盘不仅制作规整，纹饰华丽，其铭文更是蕴含了丰富的信息，是珍贵的历史资料。

196. 鎏金铁芯铜龙

【基础信息】

鎏金铁芯铜龙 1975 年出土于陕西省西安市南郊草场坡。因其龙体为铜质，铜内包铁芯，外表通体鎏金而得名。龙身被设计成“S”形，头高高昂起，带有结叉的长角后伸，紧贴头顶，大嘴张开，露出锐利的牙齿，长舌在口内卷曲上翘，舌尖顶上颚，双目圆睁，看起来非常威武。两只有力的前爪紧扣地面，前爪弯曲，肢爪骨节极为清晰，隐藏着力量带来的美。龙尾从高高上扬的后肢处反折向龙头上方，飞腾欲出，极富动感。无论从造型艺术还是制作工艺看，这件鎏金铁芯铜龙都称得上是罕见的艺术珍品。

鎏金铁芯铜龙

【完整信息】

龙作为一种吉祥图案的纹饰，在唐代居于“灵兽”“瑞兽”的显要位置，被赋予了浓重的神话色彩，但还没有像宋元时期以后成为神权、皇权的象征。这件鎏金铁芯铜龙的出土地点位于唐长安城永乐坊东南隅。

据《唐两京城坊考》卷二载："次南永乐坊……东南隅，左丞相、燕国公张说宅。"注引《常侍言旨》曰："洪师与说置永乐坊东南第一宅，有永巷者，戒曰：'此宅西北隅最是王地，慎勿于此取土。'"越月，洪又至，谓燕公曰："此宅气候忽然索漠，恐必甚有取土于西北隅者。"公与洪偕行至宅西北隅，果有取土处三数坑，皆深丈余。洪大惊曰："祸事，令公富贵一身而已，更二十年外，诸郎君皆不得天年。"燕公大骇曰："填之可乎？"洪曰："客土无气，与地脉不相连，今欲填之，亦犹人有疮痏，纵以他肉补之，终无益也。"故事讲到这里就结束了，而人们的猜测却没有停下来。

张说既然那么害怕在"王地"取土破坏了宅子的"气候"，那么相信他一定会想办法来补救，所以他才会以高昂的代价来制作鎏金铁芯铜龙埋于地下以通地脉，恢复地气，达到消灾免祸的目的。当然，这只是现代人们的猜想，这个物品究竟是什么还有待更多的研究。鎏金铁芯铜龙的出土直观地向人们展现了唐代雕刻的生动与灵气。

【拓展信息】

龙作为中华民族的象征，历朝历代都不乏对龙的塑造。唐代国力强盛，丝绸之路畅通，对外交流频繁，形成了兼容并蓄、蓬勃向上的大唐文化，我们发现唐人塑造的艺术品中，无论是动物还是人物，都呈现出一种积极进取、自信乐观的精神风貌，这件神采飞扬的鎏金铁芯铜龙所拥有的气势美，正是一个时代的烙印，也是大唐文化的真实写照。

镜莹耀目——铜镜

【基础信息】

唐代由于瓷器、漆器的兴起和普及，铜器逐渐衰落，但是铜镜却得到了空前的发展，成为远超前代的手工艺品。再加上唐代皇室尤其是唐玄宗李隆基喜欢在他过生日时用铜镜赏赐大臣，民间也纷纷效仿，以铜镜为礼品相互赠送，这也促进了铜镜的高度发展。

唐代铜镜在形制上除了圆形以外，还出现了菱花形和葵花形等花式镜，给人富丽堂皇、大气厚重的感觉。主题纹饰上也发生了变化，花鸟纹饰取代了战国时期、汉代盛行的各种异兽，神秘的气氛减少了，布局变得开放活泼，出现了很多充满生活气息的内容，铜镜的观赏性也因此增强，成为一种高级工艺品。

此外，还出现了以史学典籍为背景内容的孔子问答镜、真子飞霜镜等，使唐代铜镜的文化内涵显得更加丰富。不仅如此，唐代还出现了采用金银平脱、螺钿和贴金银等特种工艺制成的铜镜。唐代铜镜无论产量、种类还是制作工艺，都远非唐代以前可比。

197. 孔子问答镜

【基础信息】

孔子问答镜构图简洁、清晰，镜纽上方竖格中有铭文“荣启奇问曰答孔夫子”九个字。镜中图案表现的故事取材于《列子·天瑞》，大意是讲孔子游泰山时，见荣启奇（期）从田野中走来，他穿着鹿皮衣，边弹琴边高歌，一副怡然自得的隐士风范。孔子不禁问道：“先生为何如此高兴?”荣启奇回答说：“值得高兴的事太多了！天生万物，以人为贵，我是尊贵的人，不是一件乐事吗? 世界上男女有别，男尊女卑，我身为男人，不又是一件乐事吗? 有人没见过天日便死在襁褓之中，而我今年已经九十岁了，这也是一件乐事呀。”因此这枚铜镜也被称为“三乐镜”。从记载分析，镜背上持杖者为孔子，持琴者为荣启奇。这种带有浓郁道家气息题材的铜镜在晚唐时期颇为流行，这些题材的应用反映出当时人们“人为天乐，顺其自然”的思想观念和处世态度。

【完整信息】

《列子·天瑞》：“孔子游于太山，见荣启期行乎郕之野，鹿裘带索，鼓琴而歌。孔子问曰：‘先生所以乐，何也?’对曰：‘吾乐甚多，天生万物，唯人为贵，而吾得为人，是一乐也。男女之别，男尊女卑，故以男为贵，吾既得为男矣，是二乐也。人生有不见日月，不免襁褓者，吾既已行年九十矣，是三乐也’。”

198. 真子飞霜镜

【基础信息】

真子飞霜镜为八瓣葵花形。镜纽是一只乌龟的造型，镜纽下方有水池，池中伸展出一支硕大的荷叶，形成铜镜的纽座。镜纽上方装饰有祥云缠绕的山峦和太阳纹，镜纽左边是一片竹林，林前有一人正在弹琴，镜纽右边为一振翅翘尾的凤凰，好似在树下闻琴起舞。镜的外区有一圈铭文："凤凰双镜南金装，阴阳名为配，明恒相会，白玉芙蓉匣，翠羽琼瑶带，同心人，心相亲，照心照胆保千春。"镜子的铭文意为夸赞铜镜铸制精美，同时表达了真挚的感情。

【完整信息】

此镜取材于我国古代的民间传说，"真子"即为真孝子的简称，飞霜应是古琴曲调十二操之一"履霜操"的别称。所谓"操"，是忧愁时所做的曲子，表达的是虽自身贫苦但坚持修身不失情操的意境。十二操中的"履霜操"为尹吉甫之子尹伯奇所作，曲子表达的是尹伯奇没有过错，但他的后母听信谗言将他逐出家门。他采集芰草荷叶作为衣服，采摘葶苈的果实当作食物。尹伯奇清晨踩着露霜，为自己被赶出家门而伤心，于是弹琴击鼓作了这首曲子。他弹完这首曲子后，就投河而死了。今四川省泸州市泸县的鹤山书院中也有关于尹伯奇抚琴的对联，表现出人们对孝子的哀思之情。

199. 四鸾衔绶纹金银平脱镜

【基础信息】

四鸾衔绶纹金银平脱镜 1956 年出土于陕西省西安市韩森寨。铜镜背面主题纹饰是由金箔制成的衔绶鸾凤和由银箔制成的花卉，镜纽及四周装饰有金丝同心结。纹饰的主要制作工艺为金银平脱。金银平脱是一种特殊的铜镜处理工艺。它的做法是先将金银捶打成极薄的薄片，修剪出各种形状，并錾刻出所需的花纹图案，再用漆黏在镜背上，之后经过反复地研磨、抛光，直到金银片显露出光泽。

四鸾衔绶纹金银平脱镜

这面四鸾衔绶纹金银平脱镜所使用的金银饰片，剪裁精巧，刻画细腻，共同组成了一幅华丽优雅的生动画面：金光灿灿的四只鸾凤口衔绶带，头上昂、足后蹬，翩然飞舞，鸾凤羽毛的刻画细致入微、生动逼真，再配以银辉灼灼的花枝点缀其间，在黑漆的衬托下尽显华贵。它不仅质地精良，同时也表达出人们对美好生活的祝愿和向往，它也是目前西安出土的唐代平脱镜中最精致、最完整的一面。

唐三彩

【基础信息】

唐三彩也是唐代手工业的一项杰出成就。唐三彩主要流行于唐高宗至唐玄宗时期。唐三彩是一种低温铅釉陶，釉彩有黄、绿、褐、白、蓝、黑等颜色，而以黄、绿、褐三色为基本色调，所以人们习惯称其为“唐三彩”。在烧制过程中，由于助溶剂铅釉的流动，使各色呈现出浓淡层次、交流融合，形成错综复杂、绚丽多彩的色釉。唐三彩多用于陪葬，少部分用于建筑和生活陈设。目前全国各地均有唐三彩出土，但以陕西省西安市和河南省洛阳市两地出土最多。西安地区唐三彩多发现于唐代贵族的墓葬中，数量之多，令人惊叹。

200. 唐三彩烧制工艺

【基础信息】

唐三彩的烧制采用的是二次烧成法。将做好的坯体，装在窑内烧至1000℃～1100℃，取出施彩，然后再放进窑内烧至850℃～950℃即可。釉料的主要成分是硅酸铅，由于铅釉的流动性强，在烧制的过程中釉面向四周扩散流淌，各色釉互相浸润交融，形成自然而又斑驳绚丽的色彩。三彩器物主要以明器为主，题材广泛，出土的器物中有三彩人物俑、动物俑、镇墓兽、生活用具、庭院、牛车等模型，不仅可以让我们得以探究唐三彩的制作工艺与特点，也为我们了解当时社会文化、服饰、娱乐、乐舞、生活状况等提供了极为宝贵的形象资料。

201. 三彩三花马

【基础信息】

三彩三花马

三彩三花马头小、臀圆、腿长，是典型的良马造型。三花马是指马鬃经过精心修剪后形成三缕堞垛（即城墙上像齿状的矮墙）状的鬃毛。用“三花”来装饰马，是唐代宫廷和贵族间流行的时尚，也是良马和主人身份等级的体现。在唐代的绘画和雕塑中，三花马屡见不鲜。唐太宗昭陵前的“昭陵六骏”，马鬃都被修饰成“三花”的样子。唐代给马鬃剪花的习俗可能是受突厥的影响，突厥马匹是唐朝马匹的主要来源。突厥和唐王朝关系密切，突厥人通过贸易、进贡或馈赠等方式，把优良品种的马连带马鬃剪花的习俗都传入了唐朝。

202. 三彩四孝塔式罐

【基础信息】

三彩四孝塔式罐于 1970 在陕西省咸阳市唐契苾明墓出土。此罐由盖、罐腹和底座三部分构成，罐高 50.5 厘米，口径 11.5 厘米，足径 21 厘米，仿舍利塔制作而成。盖为塔形，罐腹圆鼓，底座上小下大，呈喇叭状。罐腹被分为三个层次装饰：肩部贴塑流云纹四组；腹部贴塑山川和人物四组，并刻有相应题记；底部饰一周莲瓣。罐腹的题记以古代孝敬父母的故事为题材，内容分别是董永卖身葬父、曾子抚琴悦父、郭巨埋儿养母和曾子汲水济母。这些故事生动感人，装饰在器物表面，目的是教育和感化世人。

【完整信息】

关于塔式罐的用途，学者多有争论。有学者认为塔式罐来源于一种金属佛教器具，即五谷仓，是传统丧葬观念与外来佛教文明融合的产物。还有学者认为塔式罐的用途是佛教高僧死后，为了使灵魂能早日升入“西方极乐世界”，而将遗骸装入罐中埋于地下，即骨灰罐。

【拓展信息】

实际上，无论是五谷仓还是骨灰罐，塔式罐都是与佛教有关的器物，是佛教中国化的产物。首先，塔式罐的命名，是因为其器形类似于佛教的舍利塔。从塔式罐的装饰上来看，塔式罐装饰华贵，题材丰富多样，其中运用最多的莲花以及大象的造型是佛教文化的体现。其次，塔式罐多出土于唐墓中，作为随葬明器，是传统丧葬文化的体现。多变的团花、独特的几何纹样，还有别具一格的诗文故事装饰，这些都说明塔式罐的风格既是佛教文化的体现，又大胆地吸收了中国传统文化元素，给人以视觉上美的享受，又从中感受到文化的无穷魅力。

多翠胜雪——瓷器

【基础信息】

唐代是我国瓷器发展史上的重要时期。首先，表现在烧造瓷器的窑址遍布南北，各地均广泛存在并留下了众多令人叹为观止的瓷器珍品。其次，传世和考古出土的唐代瓷器造型千姿百态、色彩绚丽夺目、手法丰富多样、题材林林总总。

瓷器是唐朝人的日常生活用品。唐朝时饮茶风气盛行，使得瓷器需求量更大，因而产量空前增多。出土与存世的唐代瓷器为数不少，直接证明了唐代制瓷业的兴旺和烧制工艺的精湛。

唐代瓷器生产有“南青北白”一说，即南方主要生产青釉瓷器，以浙江越窑为代表，北方主要生产白釉瓷器，以河北邢窑为代表。这些都代表了唐代制瓷业的最高成就。除此之外，唐代还出现了大量搅胎、黑釉、黄釉、酱釉和绿釉等瓷器，为后世瓷器制造业的进一步发展奠定了基础。因唐代东西方文化交流频繁，受波斯萨珊银器的影响，唐代瓷器还出现了凤头壶、扁壶以及双龙柄执壶等富有外域色彩的瓷器。

203. 五曲花瓣口秘色盘

【基础信息】

这件青瓷出土于陕西省宝鸡市扶风县法门寺地宫。1987 年，随着法门寺宝塔的轰然倒塌，塔基下的地宫暴露出来，一批稀世珍宝就此出土，并轰动了世界，其中有令佛教信徒顶礼膜拜的佛骨舍利，有唐懿宗供奉给法门寺的大量金银器、瓷器、玻璃器、丝织品等一大批珍贵文物，同时还出土了记录所有器物的《物帐碑》。《物帐碑》详细记录了出土文物的名称、数量和重量从中得知，这件青瓷应为传说中的秘色瓷。

史料记载，晚唐至五代时期的越窑生产的一种青瓷被称为“秘色瓷”，是五代时期位于杭州的钱氏吴越国专为宫廷烧造的，臣子、平民不得使用。至于它的釉色，也像它的名字一样，秘而不宣。至于“秘色”二字的含义，目前学术界有着不同的解释。有学者认为它专为皇宫烧制，釉色配方和烧造工艺对民间保密，故称秘色瓷。也有学者认为秘是一种称为“秘草”的植物。还有学者将“秘”解释为中秋，引申为入贡，“色”为品类、种类，“秘色瓷”就是指用来进贡的瓷器。

这件青瓷造型精巧端庄，胎壁薄而均匀，特别是湖水般淡黄绿色的瓷釉，玲珑得像冰，剔透得如玉，匀净幽雅得令人陶醉。正如唐代诗人陆龟蒙所赞：“九秋风露越窑开，夺得千峰翠色来”。堪称古瓷中的珍品。

商业赋税

【基础信息】

隋唐时期农业和手工业的蓬勃发展，促进了商业的繁荣。“市”的普遍设立，标志着商业的迅速发展。唐长安城中的东西两市是当时国际化的商品交易中心，那里聚集了来自世界各地的商人和货物。唐代赋税制由最初的租庸调制变为两税法，这是中国赋税史上的重大改革。商业赋税的出现，在中国古代经济史上具有划时代的意义。

204. 西市贸易图

【基础信息】

唐朝时因丝绸之路的畅通，各国交流频繁，商业比较发达，在很多地区出现了商业中心，甚至还出现了夜市。西市便是唐长安城内的重要商业区。在西市内东西及南北方向各有两条大街，把西市划成规整的“井”字形，形成九个区域。每个区域的四面都临街，当时的店铺就在各区域的周围。据考古工作者对西市的勘查得知，唐代时西市长宽各约 1050 米，街宽为 16～18 米，建筑面积 100 多万平方米。当时的西市商业贸易往来西至罗马、东到朝鲜半岛，是占地面积最大、建筑面积最大、业态最发达、辐射面最广的贸易中心。因西市的繁荣超过了东市，西市又被称为“金市”。

205. 隋五铢

【基础信息】

隋五铢于隋文帝杨坚开皇元年（公元 581 年）铸造，又叫“开皇五铢”。隋文帝为统一币制，曾将五铢样钱下发至相关部门，让这些部门查禁不符合要求的劣质钱币，所以五铢钱又被称为“置样五铢”。后来，隋炀帝杨广在扬州开炉铸夹锡五铢，铜色发白，也称“白钱”。

206. 乾封泉宝

【基础信息】

乾封泉宝于唐高宗李治乾封元年（公元 666 年）开始铸造，一文乾封泉宝相当于十文开元通宝，并与开元通宝同时期流通，但因其比价过高而导致经济动荡，在流通八个月后便停用。现存于世的几枚乾封泉宝制作工整，边廓完好，弥足珍贵。

207. “岭南道税商”银铤

【基础信息】

该银铤正面錾刻“岭南道税商银五拾两官秤”，左侧錾刻“匠黄泰”三字。錾文说明了其重量、铸造人、铸造地和过秤人，由此可见唐代对赋税银的管理制度的严谨。据《通典·食货典·杂税门》记载，安史之乱以后，唐代社会经济受到很大破坏，国库空虚，因此，这以后的诸节度使、观察使，多用赋税银来充当军饷；或者在津济要道征收通过税，市肆间征收交易税。此银铤应是岭南地区官吏从富豪商贾那里征来的税收，改造成方便携带的同等值赋税银上缴国库。

云髻明珠映罗裙——服饰艺术

【基础信息】

新颖华丽、丰富多彩的隋唐服饰，对周边邻国及后代的服饰都产生了积极影响。隋唐时期的服装分为祭服、朝服、公服、常服四种。前三种服饰属于礼服，沿袭了我国传统的汉族服装，常服则是在北方及西域少数民族的影响下形成和发展起来的。

208. 彩绘贴金文官俑　彩绘贴金武官俑

【基础信息】

彩绘贴金文官俑和彩绘贴金武官俑均出土于陕西省咸阳市礼泉县马寨村

西南郑仁泰墓中。郑仁泰是玄武门兵变的先锋之一，一生辅佐李世民，曾被封为右武卫大将军，军功赫赫，死后陪葬于唐太宗昭陵。在他墓中出土的这两件陶俑整体贴金，颜色鲜艳，保存完好。文官头戴进德冠，身着大袖礼服，双手束于腹前，足蹬黑色如意云头履。他浓眉高鼻，面目俊秀，双手合抱胸前，斯文含蓄而不失威严，形象逼真，个性突出。武官则身穿明光铠甲，双眉紧锁，怒目圆睁，鼻孔微张，十分威严。

彩绘贴金文官俑

【完整信息】

这种俑与一般陶俑以及古代釉陶器、釉陶俑不同，也与唐代出现的三彩俑不同。它以瓷土作胎，焙烧至约 1100℃，成为素胎，然后施铅釉，以氧化焰烧至约 800℃，出窑后，绝大多数要经过敷彩描画，甚至贴金。彩绘贴金文官俑是初唐时期特有的一种陶俑品种，目前仅出土于郑仁泰等少数唐太宗昭陵陪葬墓内。

209. 三彩女立俑

【基础信息】

三彩女立俑 1959 年出土于陕西省西安市西郊中堡村的一座唐墓。三彩女立俑粉彩饰面，着“V”领窄袖襦裙服，女立俑长裙曳地，露出上翘履尖，披帛搭肩，釉色以蓝、黄为主，以点染、描、绘等手法，表现出织物的印花特征，利用釉色的交融，变幻出黄、蓝、绿、白的色彩效果，釉彩斑驳，洒脱率性，极好地呈现出衣纹的下垂感和流动性。襦裙服发展到唐代时达到顶峰，其款式新颖、质地精美、图案华丽，前所未有。

三彩女立俑

女立俑面庞圆润，双眼微眯，下颌微抬，

甜美的微笑中似乎透露出对美好生活的满足。看她站姿优雅，亭亭玉立，肩披帔帛，身着传统落地襦裙，轻薄的衣裙与丰腴的体态完美地结合在一起，浑身散发出唐代女性的柔美、端庄、自信和高贵。

【完整信息】

唐代是一个包容、开放、自由的时代，生活在这个时代的女性，具有不同于中国封建社会其他朝代女性的精神风貌。唐代女子可以经常外出，还可以策马扬鞭，在街市中穿行，享受自由的快乐。唐代文献中有很多关于女子骑马的记载，杜甫诗里描写了杨贵妃姐姐虢国夫人就经常骑马入宫。唐朝女性还流行在公开场合着男装、穿胡服。据《新唐书》记载，天宝初年，贵族及一般女子皆着胡衣胡帽。所谓“胡衣胡帽”不专指一个民族的服装，而是对包括波斯、突厥、回鹘等游牧民族服装的总称，这些服装的形式大多为条纹卷口裤、软锦靴及卷檐高顶帽等。

在唐代陶俑中，女俑的形象是富于变化的，服饰也是最精彩的。唐代的女装是中国古代妇女服装史上的华彩篇章。

210. 唐代女子发型

【基础信息】

在中国古代妇女的发型式样中，唐代女子的发髻式样最为新奇、大胆和丰富，随时尚变化而变化，留下的发髻名称就有几十种，主要分为髻和鬟两类，头发绾起来的称髻，头发梳成中空环状的叫鬟。

依据存世的文物，我们可以发现唐代发式中较常见的就是高髻，即发髻高梳于头顶，高髻是盛装时的发式。有一类发髻虽然堆于头顶，但并不高，专家推测这一类发髻是平民妇女或仕女的日常发式。还有一类垂髻，如著名的“倭堕髻”，即发髻偏垂于一侧，如同堕下，显得十分俏丽。还有一类常见的发髻是双髻，这种发式一般为仕女与未婚少女常用，都是从中间分开，有的梳成圆形，有的梳成环状。假髻在唐代也很流行。发髻上常常插戴簪、钗、步摇、梳子等各种金玉首饰和花朵作为装饰。以梳子作为装饰在唐代很流行。唐代仕女在盛装高髻上插戴大牡丹花，美丽而华贵，也成了一种鲜明的唐代风尚。

211. 唐代女子妆容

【基础信息】

唐代女子化妆风格偏向浓艳，花样繁多。我们看到的唐代女俑往往粉面桃腮，柳眉红唇，还有各种妆饰。当时化妆的基本程序如下：第一步，涂粉。粉一般为白粉，由于唐代妇女常穿露颈袒胸的服装，除了涂于面部，也在颈、胸、手部涂粉。第二步，施朱。即抹胭脂晕染脸颊。第三步，在额头上涂黄粉，称作“额黄”。第四步，用黛画眉。唐代妇女格外重视眉毛的修饰，而且眉毛式样不断变化，各时期有不同的时尚。第五步，点口脂。即在唇上涂口脂，多以红色为主，唇形也有多种花样，并且不断变化。第六步，画妆饰（点面靥、描斜红）。在两颊点上红、黄色斑点或月、钱等图样，被称为“靥”或“妆靥”。在两颊各涂上一抹红色，以增妩媚，称作“斜红”。第七步，贴各种花钿。用金箔、纸等剪成的各种花样贴于眉心，称作“花钿”，花钿有圆形、菱形、月形等式样，颜色主要有红色、绿色、黄色。这些精致的化妆风格反映出了唐代女子对美的追求以及当时的审美风尚。

挟弹飞鹰霓裳曲——文化娱乐

【基础信息】

唐代政治稳定，经济繁荣，这些都促进了人们娱乐生活的发展。当时受中亚、西亚、南亚及东亚地区和各少数民族的影响，唐长安城中的音乐舞蹈和体育活动丰富多彩。坐部伎、立部伎曲调优雅，胡腾舞矫健刚劲，绿腰舞优美柔婉，蹴鞠、打马球等竞技活动勇猛激烈，体现了这一时期健康向上的时代风貌。

212. 打马球俑一组

【基础信息】

目前出土的许多文物和文献记载都证实了球类运动在唐代非常盛行。唐代是一个朝气蓬勃、充满活力的社会，在开放进取的文化氛围下，人们的生活也潇洒丰富，马球是最能体现时代风尚的一种运动。马球是骑在马上，持棍打球的一种运动，也叫波罗球，在中国古代叫作“击鞠”“打毬”“击毬”。这项运动在唐朝宫廷、贵族社会和军旅中极为流行。马球于初唐时传入长安，唐太宗李世民是马球运动的倡导者，自唐中宗开始，由于皇帝的爱好，马球首先在宫廷中兴盛起来，而后在贵族社会和军旅中极为流行，最终成为唐代社会全民广泛参与的体育活动。从这组陶俑中我们可以看到唐代马球手的精彩瞬间。

打马球俑

213. 狩猎俑一组

【基础信息】

狩猎活动早在原始社会就已出现，当时主要是为了满足生存需要。随着社会生产力的发展，狩猎逐渐成为一种强身健体、培养武士精神的娱乐活动。尤其在唐代，唐太宗李世民更是把狩猎放在与国家统一、国泰民安同等重要的地位。就这样在大唐的太平盛世下，狩猎成了皇室贵族纵情享乐的一种重要活动。这组陶俑中的人物个个意气风发，个性张扬，其中两位骑手携鹰抱犬，形象地再现了唐代皇室贵族外出狩猎的阵势组合，也印证了初、盛唐时期上流社会喜好狩猎的风尚。这组狩猎俑中的三彩绞胎骑马射猎俑，马上的武士年轻英俊，腰间佩挂长剑和箭囊，侧身仰望，注视天空飞翔的猎物，两手抬举作张弓搭箭的仰射姿态，这一形象正是唐人“翻身向天仰射云，一箭正坠双飞翼”的生动写照。

214. 彩绘双环望仙髻女舞俑

【基础信息】

这件彩绘双环望仙髻女舞俑，柳眉凤眼，挺鼻丹唇，头梳双环望仙髻，身穿宽袖罗襦，脚蹬云首履。神情虔诚，轻盈婀娜，尤其是身上这下垂的广袖和曳地长裙，与仍在翻动似的柳叶边饰相得益彰。我们仿佛看到千年前的舞者仍沉浸在那袅袅余音的旋律和意境中，给我们以无尽的美感享受。工匠们将舞者的瞬间状态永远定格在了这件艺术作品之上，神形兼备，极具观赏性，堪称陶俑艺术中古典美的代表。

彩绘双环望仙髻女舞俑

【完整信息】

唐代是中国历史上最开放的朝代之一，也是音乐、歌舞、艺术盛行的时代。这一时期各民族交流广泛，文化兼容并蓄。东西方、胡汉文化艺术的频繁交流，使得唐朝的音乐、歌舞等艺术广泛吸纳外来元素，达到了中国乐舞发展的顶峰。这件陶俑为我们研究唐代舞蹈艺术和服饰文化提供了重要资料。

215. 彩绘釉陶乐舞俑

【基础信息】

彩绘釉陶乐舞俑为一组，这组俑由两件舞俑和五件乐俑组成。舞俑们身穿高腰黄色曳地长裙，窄袖衫，外套半臂。她们头梳双髻，表情温婉，双手分执帛巾两端，两者相对，正挥动双臂，婆娑起舞。五件乐俑中有一人头梳单螺髻，双手斜放右边作吹长笛状，其余四人均头梳双螺髻，一人击鼓，另外三人的乐器虽已消失，但动态犹存。她们围坐在地上，全神贯注地为舞蹈者伴奏。

【完整信息】

唐太宗贞观年间乐舞分坐部伎和立部伎，同属宫廷乐舞。坐部伎在堂上（即室内）演出，特点是规模小、人数少，舞蹈比较精致，表演者的水平较高。立部伎大多在堂下（即庭院、广场）演出，规模大、人数多，讲究排场，气势雄伟。从这组乐舞俑的排布情况看，应属于坐部伎。

莲花影里数楼台——宗教文化

【基础信息】

隋唐时期，国运昌盛，加之统治者的提倡，各种宗教和民间信仰得到广泛的传播。除了传统的佛教和本土的道教备受推崇，祆教（拜火教）、景教（基督教分支）、摩尼教、伊斯兰教等许多西方的宗教也通过丝绸之路相继传入中原地区，使得隋唐时期宗教文化发展达到鼎盛。

216. 三彩天王俑

【基础信息】

三彩天王俑，形体高大，威风凛凛，身穿铠甲，头戴鹖冠（鹖，是一种像雉而善斗的鸟），怒目圆睁，露齿若吼，左手叉腰，右手握拳，脚踏一手握长蛇的恶鬼，是当时人们心目中疾恶如仇、镇妖驱邪的正义之神。天王俑是唐代武则天时期新出现的一种陶俑形式，用于辟邪厌胜，确保墓主人亡灵平安，是镇墓俑的一种。

三彩天王俑

【完整信息】

唐代镇墓俑一般有天王、力士两种形象，天王原是佛教中的护法神，佛教自汉代传入中国后，逐步汉化。佛教护法神逐渐失去原来的姿容和身份，成为经过艺术夸张的中国武士形象，其象征意义已经超越佛教领域，成为民间正义、威猛的象征。天王俑既能降魔伏妖、守护佛法，也能驱鬼避邪、保护墓主人安宁。因此天王俑往往被达官贵人奉为死后的保护神。这件三彩天王俑的形象就是按照传说中的天神塑造的。工匠们在创造的时候发挥了丰富的想象力，运用夸张的手法，通过高矮强弱的鲜明对比，表达出正义必将战胜邪恶的主题。

217. 十二生肖俑

【基础信息】

十二生肖俑的头部是鼠、牛、虎、兔、龙、蛇、马、羊、猴、鸡、狗、猪十二种动物形象，但身体却为人形，均着敞领宽袖袍服，他们双手拱于胸前，样子既文雅又可爱，还带几分滑稽。十二生肖是古代占卜星象用的十二种动物，用来记星象、记日和记年，同时还用来表示人的生肖。据考古发现，北魏时期已经有了十二生肖俑随葬的风俗，一般从鼠开始，以猪为终，按顺时针方向，每个方向各三个，放置在墓室的四角，起到镇墓的作用。

十二生肖俑

218. 唐长安城著名佛寺分布

法门寺：位于唐长安城往西约 120 千米的今陕西省宝鸡市扶风县。相传法门寺始建于东汉末年，寺内供奉有释迦牟尼的真身指骨舍利，唐朝数位皇帝曾多次前往法门寺迎取佛骨，加以供奉。法门寺因此名声大噪，被视为“皇家寺院”。

大兴善寺：位于今西安市兴善寺西街。相传大兴善寺始建于晋武帝时期，初名遵善寺，是西安市现存最古老的佛寺之一。

青龙寺：位于今西安市乐游原上。始建于隋开皇二年（公元 582 年），相传白居易、李商隐皆居于此寺，并留下与此相关的著名诗句。唐德宗贞元二年（公元 804 年）日本空海法师来唐，居于此寺，师从惠果法师学法，四年后创立日本佛教“东密”。来唐朝学习交流的八位日本僧人，有六位曾在青龙寺学法。

大慈恩寺：位于今西安市慈恩路。北魏道武帝时在此建净觉寺，隋文帝在净觉寺故址修建无漏寺，后废。唐贞观二十二年（公元 648 年）太子李治为其生母祈求冥福，报答慈母恩德，下令建寺，取名大慈恩寺。建成后的大慈恩寺，重楼复殿、云阁洞房十余院，寮房达一千八百九十七间。寺建成后，玄奘被请入寺中，主持译经等事务。永徽二年（公元651年）玄奘奏请在寺内建大雁塔以贮佛典。唐末遭兵火之灾，殿宇荡然无存，仅剩大雁塔。

华严寺：位于今西安市长安区，为“华严宗”的发祥地。其教义在武则天时期广为流传，并远播朝鲜半岛、日本。

香积寺：位于今西安市长安区神禾原上，为“净土宗”正式创立后的第一个道场。香积寺兴建于唐中宗神龙二年（公元706年），为纪念净土宗创始人善导而建。

荐福寺：位于今西安市友谊西路。原址在唐长安城开化坊南部，为唐太宗之女襄城公主邸宅，唐睿宗文明元年（公元684年）为给唐高宗祈福，将舍宅改建为寺庙。武则天时期名僧义净从印度求经归来，居寺内译经。唐末荐福寺因战乱被毁，后迁建小雁塔所在的塔院里，故俗称其为“小雁塔寺”。

丝路繁华

流沙昆仑涉越勤——异域使者

【基础信息】

在空前繁荣的丝绸之路上，无数吃苦耐劳、不畏艰险的使者、商人、僧侣、迁徙者，驾驭着“沙漠之舟”——骆驼，穿越一望无际的戈壁沙漠，为东西方经济文化的交流做出了贡献。

219. 三彩骆驼载乐俑

【基础信息】

三彩骆驼载乐俑1959年出土于陕西省西安市西郊的一座唐墓中。这匹骆驼体格雄健，昂首卷舌呈嘶鸣状，驼身施白釉，颈部、前腿和尾部涂赭黄釉。骆驼背上铺着一条蓝色椭圆形毯子，两个驼峰上还架有一个深绿色的平台，平台上又铺着一条色彩艳丽的菱形方格毯。毯子自然地垂在驼身两侧，毯边微微上扬，似在迎风飘动，让我们似乎能感觉到那柔软的质地。最令人惊叹的是，在这个平台上竟然或坐或站地聚集了八个人，其中七名男乐手面向外紧挨着坐成一圈。他们头包软巾，身穿圆领窄袖袍，手里分别拿着不同的乐器，各自的动作和神情也不尽相同。只见他们一人捧笙，一人吹箫，一人吹笛，一人怀抱琵琶，一人手拿箜篌，一人正打拍板，一人欲吹排箫，个个眉目清晰、神情专注。在七名男乐手的中间娉婷而立着一名女子，她面颊圆润，体态丰盈，身着白底蓝花长裙，头微微上仰，右手举到胸前，左臂长袖舒展，似乎正随着节拍翩然起舞，婉转而歌。驼背上所载的八位乐人，从面貌上看都是汉人，均着汉族衣冠，但七位乐手手中所执的乐器却既有中原的乐器，也有从西域传来的乐器。有学者认为这应该是流行于开元、天宝年间的“胡部新声”。“胡部新声”是指在唐代西域少数民族乐舞传至河西地区，经汉族人民改造，并融合了汉族乐舞的特点而创造出来的一种新的乐舞形式。这件三彩骆驼载乐俑是唐代出土的乐舞陶俑中最为典型的一件，也是研究唐代音乐舞蹈最为形象而珍贵的资料之一。

三彩骆驼载乐俑

【完整信息】

在现实中，一匹骆驼是无法承载八个人的重量的。可是当人们面对这件精美绝伦的艺术品时，会觉得它是那样的协调自然，没有一丝拥挤之感。这是因为工匠们巧妙地将艺术夸张和实际生活完美地结合在了一起，将现实中的舞台搬到了这小小的方寸之上，真是匠心独具。这充分体现出了唐人丰富的想象力和高超的雕塑技巧，为中国古代陶俑艺术中的极品。2013 年三彩骆驼载乐俑被国家文物局列入禁止出境文物名单。

唐代丝绸之路空前畅通繁荣，但是繁荣的丝绸之路也充满了未知的风险和艰辛，再看看这件骆驼俑上的乐舞者个个神态坦然，全神贯注，似乎沉浸在美妙的乐曲中，达到了忘我的境界，并没有对未知旅途有所担忧。三彩器不仅综合反映了唐代音乐、舞蹈和雕塑艺术成就，同时也向我们展示出唐人积极进取、乐观自信的精神风貌！

泱茫瀚海闪遗珍——丝路遗存

【基础信息】

长安是丝绸之路的起点，也是丝绸之路上东西方文化交流的中心。当中国的丝绸、茶叶、纸张等源源不断运向西方的时候，西方各国的物产也大量传入长安。东西方文化在长安进行着广泛的交流，使得隋唐文化更加绚丽多彩。

220. 彩绘黑人俑

【基础信息】

这件彩绘黑人俑皮肤黝黑、鬈发突目、宽鼻厚唇，看起来十分健壮，是典型的非洲黑人形象。其实，当时在唐长安城出现的黑人有两种：一种是来自东非的皮肤黝黑的黑人，另一种是来自东南亚、南亚肤色褐红的鬈发人。这些人从事着侍奉、驾船或农耕等工作。他们是作为奴隶被贩卖到唐朝来的，出现时间很短，服务于少数显贵阶层，唐人也称他们为昆仑奴。

221. 三彩袒胸胡俑

【基础信息】

右图中这件俑头发中分，并编成双辫交盘于脑后，皮袍向外翻开，露出胸部和腹部。只见他昂首挺胸，左手叉腰，右手向上呈半握状，好像在作牵马或牵骆驼的样子。他头向右上方仰望，面带微笑，一个自信俏皮的胡人形象被刻画得惟妙惟肖。

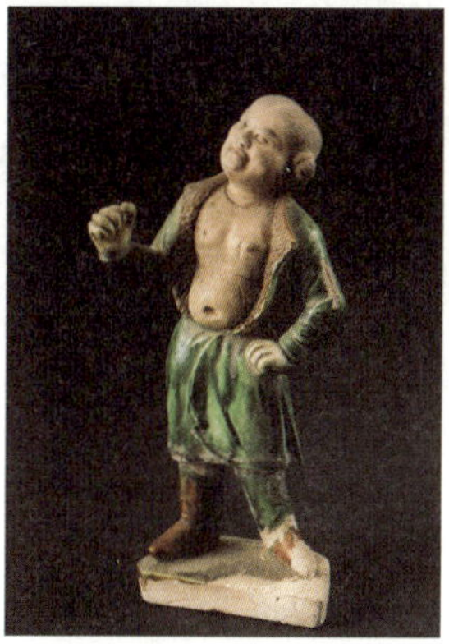

三彩袒胸胡俑

222. 彩绘胡人文吏俑

【基础信息】

唐代长期居住在唐长安城中的外国人中有学者、官员、商人以及僧侣，他们共同为长安经济的发展和文化的繁荣做出了贡献，甚至有些外国人在唐朝政府中占有一席之地。唐太宗时期的新罗人崔致远、唐玄宗时期的日本人阿倍仲麻吕都是唐朝外籍官员中的杰出代表。彩绘胡人文吏俑高鼻深目，布满络腮胡子的面容是典型的胡人形象，但他身穿只有大唐文官才能穿着的官服，生动地为我们再现了一位在唐朝工作生活的外籍官员形象。

223. 胡人牵马俑

【基础信息】

胡人牵马俑中的这匹陶马通体施黄釉，佩绿色鞍鞯，披鬃缚尾，四腿直立，踏于长方形踏板上。牵马的胡人圆脸、宽鼻、高颧骨，双目圆睁，扬头咧嘴，好似在训斥顽马。人与马之间的神态交流，通过工匠们的创作，显得和谐生动。这组胡人牵马俑形象真实而生动，再现了胡商纷至沓来的景象，表现了唐代丝绸之路的繁荣。

唐朝在唐玄宗开元年间革除前朝弊端，政治开明，威服四方，国家进入全盛时期，但到唐玄宗天宝年间，政治逐渐混乱，于公元 755 年爆发的安史之乱使得唐朝开始由盛转衰。中唐时期，唐朝受到宦官专权、外敌侵扰等内忧外患的影响而衰退。其间虽然有唐宪宗的“元和中兴”、唐武宗的“会昌中兴”与唐宣宗的“大中暂治”，但是都未能挽救唐朝走向末途的命运。在晚唐时期因为政治腐败，爆发了唐末民变，其中黄巢起义破坏了江南经济，使唐朝经济完全瓦解，导致全国性的藩镇割据。公元 907 年，朱温建立梁朝，史称后梁，至此，唐朝灭亡，进入五代时期。

文脉绵长

唐以后的陕西（公元 908 年—公元 1840 年）

【基础信息】

唐朝以后，随着中国政治中心的东移，长安不再是都城所在地，但作为西北地区的政治、经济、文化中心，仍长期担负着维系西部稳定、保障中原安全的重任，陕西仍然受到后来各朝各代统治者的极大重视，并在文化方面取得了很多有巨大影响力的成就。

屏藩要冲

【基础信息】

自五代开始，陕西成为地域性中心。北宋中叶，党项族建立大白高国，史称“西夏”，占领了陕西北部地区。南宋初期，金军攻入陕西，几经激战，陕西大部分为金统治。宋朝与金朝以秦岭山脉为界，彼此斗争，相互交往，共同发展，促进了民族融合。

【完整信息】

唐代晚期，藩镇割据日益严重，朱温胁迫唐哀宗禅让皇位建立后梁，建都开封，开始了中国历史上战乱不断的五代时期。

后周恭帝显德七年（公元 960 年）正月，赵匡胤发动陈桥兵变，建立宋朝，定都开封。长安结束了长达 1000 多年作为都城的历史，但其对于稳定西部、保障中原有着至关重要的作用，因此仍得到各朝统治者的极大重视。宋金时期，长安一直是京兆郡或京兆府，地位仍高于其他郡治府城。

宋仁宗宝元元年（公元 1038 年），党项族首领李元昊正式称帝，党项族建立大夏，定都兴庆府（今宁夏回族自治区银川市），占据陕西北部，史称“西夏”。西夏拥有自己的文字和灿烂的文化，与中原王朝有着密切的联系。

宋徽宗政和五年（公元 1115 年），即金太祖收国元年，女真族首领完颜阿骨打称帝，建国“大金”，定都会宁府（今黑龙江省哈尔滨市）。南宋初期，金军攻入陕西，几经激战，宋朝与金朝以秦岭为界，金朝统治今陕西省大部分地区。这时期各政权彼此斗争，各民族之间相互来往，进一步促进了民族融合。

224. 铜象棋子

【基础信息】

这套铜制象棋子共 32 枚，其数量和名称与我国现代象棋基本相同。

象棋是一种古老的智力游戏，在我国古代又称“象戏”，起源于先秦时期。南北朝时期象棋已在贵族中十分流行，到宋代基本定型，成为当时一种家喻户晓的娱乐工具。

225. 交钞铜版

【基础信息】

交钞铜版是金代印刷纸币的雕版。版头有“壹拾贯”三字，左格有“伪造交钞者斩”的字样。下栏文字共七行，记录着该钞的流通地区、兑换现钱机构及发行官署的签押等。

【完整信息】

北宋前期，社会经济进一步发展，商业繁荣，四川地区出现了世界上最早的纸币——交子，也称“钱引”。金朝效法宋朝也发行纸币，并且流通使用，成为金朝最重要的货币。

最初的交子实际上是一种存款凭证。北宋初年，四川省成都市出现了为不便携带巨款的商人经营现金保管业务的“交子铺户”。存款人把现金交付给铺户，铺户把存款数额填写在用楮纸制作的纸卷上，再交还存款人，并收取一定保管费。这种临时填写存款金额的楮纸券便称为交子。

随着市场经济的发展，交子的使用也越来越广泛，许多商人联合成立专营发行和兑换交子的交子铺户，并在各地设分铺。由于铺户恪守信用，随到随取，交子逐渐赢得了很高的信誉。为了避免铸币搬运的麻烦，越来越多的商人直接用交子来支付货款。后来交子铺户在经营中发现，只动用部分存款，并不会危及交子信誉，于是他们便开始印刷有统一面额和格式的交子，作为一种新的流通手段向市场发行。正是这一步步地发展，使得“交子”逐渐具备了信用货币的特性，成了真正的纸币。

随着交子影响的逐步扩大，对其进行规范化管理的需求也与日俱增。北宋景德年间，益州知州张咏对交子铺户进行整顿，剔除不法之徒，专由16户富商经营。至此交子的发行正式取得了政府认可。宋仁宗天圣元年（公元1023年），政府设益州交子务，以本钱36万贯为准备金，首次发行“官交子”126万贯，准备金率为28%。

从商业信用凭证到官方法定货币，交子在短短数十年间就发生了脱胎换骨的变化，具备了现代纸币的各种基本要素，在货币发展史上具有重要的意义。

226. 鎏金龙凤纹银骨朵

【基础信息】

有学者认为骨朵最初应为狩猎工具，后来引申为兵器、刑具以及仪仗用品，在辽代墓葬壁画中常见手执骨朵的仪卫形象。骨朵“大首”部分为圆形，铁质，表面镶嵌有金银薄片，因锈蚀无法看清整体纹饰。下部有圆形长筒与柄相连。骨朵柄为木质，表面包裹银皮，接缝处焊接相连。木柄共分为四段，每段都錾刻有一条缠绕杖身的龙纹。骨朵的“小首”部分为石质，扁圆形，靠近柄身处有铜铆钉，用于固定。这件骨朵工艺精湛，纹饰华丽。如此完整精美的鎏金龙凤纹银质骨朵，实属罕见，专家推测这件骨朵可能是仪仗用品。

【完整信息】

据考古资料显示，骨朵产生的渊源可以追溯到新石器时代。在我国甘肃省、吉林省都有所发现，几乎每个骨朵上面都有猛烈撞击的痕迹。在考古发掘中，出现了蒺藜形、瓜棱形或圆形首部的骨朵，材质有石、铜、铁、瓷、水晶等。

227. 陶相扑俑

【基础信息】

相扑，又称角力、角抵、摔跤，在古代既是军事训练的重要内容，又是社会上的一种娱乐竞技项目。陶相扑俑出土于陕西省渭南市，制作时间是金代。浮雕砖上雕刻着两位力士形象，一位光头，上身微倾，头侧向左边；一位正面站立，怒目而视。他们都赤裸着上身，双拳紧握，交叉置于胸腹之间，双腿分开，怒目圆睁、双唇紧闭，鼻翼似在翕动，好像正在等待一场即将到来的角逐。

【完整信息】

相扑最早可以追溯到春秋时期，是当时一种强身健体的活动。汉代称为角抵，类似于今天的摔跤。唐代发展成为一种体育竞技，始称“相扑”。到北宋时期，相扑运动得到了更广泛的传播和发展。随着中日两国文化交流增多，相扑和中国武术也逐渐传入了日本，经日本改革和发展，成为日本现在的相扑和柔道。陶相扑俑的出土，生动再现了我国古代相扑的真实形象。

经略西北

【基础信息】

公元1234年，蒙古灭金。元接管了金的统治区域，设立“陕西等处行中书省”，为陕西设省之始。元世祖封三子忙哥剌为安西王，在长安城东建立安西王府。陕西在元与西方的交往中仍发挥着重要作用。明、清设陕西布政使司，即陕西省，是西北的政治文化中心，也是中央王朝经营西北、西南的重要基地。

228. 幻方铁板

【基础信息】

幻方铁板1957年出土于陕西省西安市火车站附近，此处曾是元代安西王府所在地。幻方铁板共出土五件，分布于宫殿四角及中央，应为厌胜之用。幻方铁板上面共有36个古阿拉伯数字，此幻方是六六方阵，纵横每行、每列都是6个古阿拉伯数字，无论横、竖还是对角相加，总和都是“111”。这种数字现象在古人看来神奇莫测，因而将它们深埋于房基之下，希望能起到辟邪消灾的作用。这件幻方铁板是我国数学史上应用古阿拉伯数字最早的实物资料。我们现在所说的阿拉伯数字，实际是印度数字，它是经阿拉伯地区被广泛传播的，因此被称为阿拉伯数字。

幻方铁板

229. 万字丈量正册

【基础信息】

万字丈量正册是明代万历九年（公元 1581 年）绘制的一份土地丈量册，它既是一份完整的土地账册，也是明代征收赋税的依据。丈量册上记载着土地的详细情况，它与以记户丁为主的黄册互相补充，用来征收赋税。由于各户地界彼此相连，所以丈量册中绘制的实测图好像鱼鳞一样，因此也被称为“鱼鳞册”。这是目前所见到的年代最早的土地丈量册。

230. 光绪乙亥乡试题纸

【基础信息】

科举制度始于隋唐时期。清代科举考试，由下而上共分童试、乡试、会试和殿试四级。光绪乙亥乡试题纸是清代光绪元年（公元 1875 年）陕西的一份乡试试题。试题左侧是《左传》中的一段话，作为题目，右边题头有“恩科”二字。清代乡试每三年举行一次，但若在这三年当中，遇到皇帝登基、万寿、大婚等喜事的时候就会加试一次，称为“恩科”，也就是说给读书人多了一次晋升的机会。这份试卷卷首写着“光绪元年乙亥”，即光绪皇帝登基之年开设的一次“恩科”乡试。乡试考中后称举人，第一名称解元。举人便有了当官的资格。

鸦片战争以后，社会开始转型，科举制度开始遭到人们日益猛烈的抨击。1905 年 9 月 2 日，清政府正式宣布“自丙午科为始，所有乡会试一律停止，各省岁科考亦即停止”。这一举措使延续千余年的科举制度走到了尽头。

231. 明彩绘仪仗俑群

【基础信息】

下图中这组气势宏伟的明代彩绘仪仗俑群共 271 件，出土于明代在西安驻守的第七代藩王秦简王朱诚泳的墓葬中。陶俑通高约 30 厘米，每个人的衣着、姿态和神情各不相同。从服饰上来讲，第一排有些陶俑头戴尖顶毡帽，身穿长袍，有些陶俑手持木棍，身穿圆领袍衫，头戴乌纱帽，这些服饰都体现了明朝服饰的特点。这组俑群表现的是一个出行的仪仗队伍，原本他们手中都拿有各样表示其身份的物品，如旗、幡、乐器、花灯、团扇等，但随着时间的推移这些物品都已腐朽，幸好在他们的脚踏板下书写着各自所司职务和所站的位置等，专家们据此才能复原出这样一支仪仗队伍。

明彩绘仪仗俑群

【完整信息】

明代彩绘仪仗俑群的出土，为我们研究明代的服饰和礼仪制度提供了有力的实物证据。丰富多彩的历代陶俑是陕西历史博物馆的经典藏品之一，从史前时期的陶塑人头像到这组明代彩绘的仪仗俑，陕西历史博物馆收藏的陶俑几乎没有断代。陶俑作为一种随葬品，不仅直接反映了古人的丧葬习俗，同时也是历史文化和社会生活的一种真实载体，是文献资料的一种形象补充，对研究中国古代政治、经济、文化以及社会生活等方方面面有着重要的意义。

【拓展信息】

公元1370年，明太祖朱元璋在西安设立藩王，将地位仅次于皇太子的朱樉封为秦王，并设西安府。由于秦王在诸位藩王中年龄最长，兵权最重，又担负着拱卫西北边疆的重任。“首藩者，宗盟之长”也，所以秦藩国被称为“天下第一藩”。秦藩国面积大，藩王多，享国274年，现有14座明秦藩王陵存世。

名门望族

【基础信息】

纵观宋代、元代、明代、清代950余年的历史，陕西涌现出一大批著名人物。他们在政治、经济、军事、思想、文化、科技和艺术等领域都有着突出的贡献，对中华民族的发展产生了不可磨灭的影响。

【完整信息】

陕西自周代、秦代、汉代、唐代以来，一直注重文化的发展与传承，宋代、元代以后这一传统继续发扬。体现在思想学术领域就是产生了以经世致用为特点的关学，关学为理学开创阶段的重要学派之一。其创始人张载出生于长安，他在研习儒家经典的同时，广泛涉猎佛、道之说，最终创立了自己的思想体系，形成了一个阵容强大、影响深远的学派。因从学弟子多为关中人，故后人称他开创的学派为关学。张载的学派和他的哲学思想，对宋代以后的中国文化产生了重大的影响。

关学主张“以实用为贵”，要求学以致用，力图把学术思想与现实社会的政治、经济、军事等问题联系起来，为现实服务，反对虚浮空谈的学风。关学注重实用知识，注重社会实际问题，还特别重视伦理，强调礼仪。明清两代，张载的著作都被认为是理学的代表作，是开科取士的必读书籍。

232. 吕氏家族

【基础信息】

2006 年 1 月，陕西省西安市公安局破获了一起特大盗掘古墓案，查缴大批文物。其中有西周乳钉纹铜簋、战国鱼虎纹铜盖鼎、汉朱雀铜熏炉、三国重列式神兽章纹铜镜、唐鎏金錾花铜匜、北宋政和元年铭歙砚、菊瓣形双龙纹白石盘、螺杯盏、单耳石杯、执壶、“湖州照子”铭铜镜以及宋代耀州窑的青釉刻花花口瓶、青釉刻花银釦花口钵、青釉金银釦瓷盏托、蚌雕围棋子等器物。部分宋代以前的铜器有宋刻铭文和墨书题记。以青釉刻花银釦花口钵为代表的青釉金银釦瓷器等均为首次发现。经陕西省文物鉴定组初步鉴定，这批文物中有国家一级文物 3 件、二级文物 11 件（组）、三级文物 49 件（组）。

根据现场勘查和对犯罪嫌疑人的审讯，警方与文物部门确定，这批被盗文物出自陕西省西安市蓝田县三里镇五里头村北宋名臣吕氏四兄弟（吕大忠、吕大防、吕大钧、吕大临）的家族墓群。

据文献记载：宋代的关中蓝田吕氏属名门望族，影响颇大。吕氏先祖原为汲郡（今河南省卫辉市西南）人。吕氏兄弟祖父吕通曾任太常博士，因为葬在蓝田，吕氏后代遂移居蓝田。其父吕蕡曾任兵部郎中。吕氏兄弟四人皆聪慧好学，均在北宋朝廷任职，在《宋史》中均有传记，四人被并称为“蓝田吕氏四贤”。

吕氏兄弟四人中，吕大忠曾任工部郎中、陕西转运副使等职，官至宝文阁直学士。任陕西转运副使期间，吕大忠于元祐二年（公元 1087 年）移《石台孝经》等碑石于“府学之北墉”，即现在的西安碑林，形成了西安碑林的雏形。吕大防官至尚书左仆射（相当于宰相），封汲郡公，主持元祐政坛八年。吕大钧曾任凤翔寻监船务官、鄜延路转运司副使等职。他和“关学”创始人张载为同科进士，但他认为张载学识渊博，于是第一个拜张载为师，从而推动了关学的发展，是关学的代表性人物之一。吕大临早年与其两个兄长吕大忠、吕大钧一样投张载门下求学。张载去世之后，他前往洛阳拜程颐为师，广采众长，博览群书。在当时众多的“二程”（程颢和程颐）门人中，吕大临以其渊博的学识与谢良佐、游酢、杨时三人一起被时人称为“程门四先生”。吕大临不但是当时著名的理学家，还是我国最早的金石学家。

“四吕”的著述宏富，著有《前汉论》《辋川集》《奏议》《吕氏乡约》《乡仪》《吕氏易章句》《芸阁礼记解》《大学解》《吕与叔论语解》等，在理学、史学、金石学、文学等方面都有突出表现，部分著作还有开创之功，对当时以及后世的文化学术发展都有重要影响。

233. 青釉金釦葵口碗

【基础信息】

青釉金釦葵口碗出土于陕西省西安市蓝田县吕氏家族墓葬，碗口镶金釦，呈五曲葵口，深弧腹，内底微凹，圈足高直，足底刮釉露青灰色胎，内外施青釉，釉色莹润，釉厚有开片。从它的胎釉特征来看是典型的北宋耀州窑的精品。有趣的是，耀州窑在北宋时期的烧造工艺中是没有覆烧法的，也就是说北宋的耀州瓷并不存在“芒口”的问题，从实用的角度不存在施加金银釦的必要。那么，吕氏家族墓中出土的这批青釉金银釦瓷器施加金银釦的缘由是什么呢？

青釉金釦葵口碗

北宋虽然是我国历史上为数不多的商品经济繁荣发展的时期，那时商路畅达、商品流通不滞，但作为封建王朝，那些最顶尖的产品仍然首先作为贡品进奉给北宋皇室。这些贡品除了供皇室使用外，还会作为封赏赐给有功重臣或是作为国礼赠予他国。蓝田吕氏家族出土的这批青釉金银釦瓷器，在造型、工艺、制作水准等方面均是目前所见的耀州窑的顶级产品，它们应当是当年耀州窑进贡皇室的贡品，之后由宫廷作坊为其加金银釦再赏赐给了吕家，更大的可能是赏赐给了元祐年间重臣——官至尚书左仆射的汲郡公吕大防。由此也可见吕氏一门在北宋时期的辉煌与荣光。

耀州青瓷

【基础信息】

耀州窑位于今陕西省铜川市黄堡镇，地理上属于渭北高原南麓的漆水河流域。优越的自然环境、丰富的瓷土资源、高超的工艺技术，使得耀州窑成为我国历史上北方持续时间最长、烧制品种最丰富、影响力最大的窑系之一。

耀州窑创烧于唐代。北宋时，耀州窑进入鼎盛时期，形成“十里窑场”的宏大规模。耀州窑也是宋代外销瓷器的主要窑口之一，其产品在陆上丝绸之路及海上丝绸之路沿线的古遗址中均有发现。可以想象，一件件精美的瓷器，或通过不绝于道的商队，或通过扬帆远行的航船，沿丝绸之路传播至万里之外是怎样的场景。它们化身为中国的文化名片，为全世界所知。

234. 青釉提梁倒注壶

【基础信息】

青釉提梁倒注壶胎质坚硬细腻，呈灰白色，通体施青绿釉，釉层均一，光泽莹润，器型别致，整体浑圆饱满。壶体分为壶身、壶盖、提梁、壶嘴、圈足几部分。壶身呈球形，装饰一周华丽馥郁的蔓草缠枝牡丹纹样，下腹部近圈足处饰一圈仰莲瓣纹。壶身与壶盖之间装饰一周连珠纹和一周锯齿纹，过渡自然。一条提梁从壶盖中心延伸而出与壶身相连。

青釉提梁倒注壶

壶盖模拟层叠柿蒂的形状，整体造型恰如一枚陕西地区常见的嘉果——柿子。柿子是我国民间传统的装饰图案。唐代段成式《酉阳杂俎》中有载，柿有“七绝”：一多寿，二多阴，三无鸟巢，四无虫蠹，五霜叶可玩，六佳实可啖，七落叶肥大，可以临书。柿子自古就是多寿、嘉美的象征。又因其谐音“事”，取“事事平安”“事事如意”“事事有余”之意，充满吉祥喜庆的寓意。提梁处的凤凰是传说中的神鸟，是“百鸟之王”。古人认为逢太平盛世便“有凤来仪”，因此，凤凰也是祥瑞、和美的征兆。绚烂的牡丹花在壶腹绽放，牡丹有“百花之王”的美誉，代表着富贵吉祥。壶嘴处的狮子为“百兽之王”，这种动物原产于西亚和北非，是沿丝绸之路传入我国的外来物种。自唐代开始，狮子的造型常出现在金银器、三彩器当中，成为从贵族到民间喜闻乐见的装饰图案。“百鸟之王”“百花之王”“百兽之王”聚集在一件器物之上，实属罕见，因此，这件青釉提梁倒注壶又被称为“三王壶”。

仔细观察可以发现，青釉提梁倒注壶的壶盖和壶身是连为一体的，那么，这件壶在使用时是如何注入液体的呢？原来，在壶的底部中心有一个五瓣梅花孔，小孔与壶内中央的一根空心管相连。结合倒注壶原理示意图，我们可以看到，注入液体时将壶倒置，从小孔注入。当所注液体从壶嘴溢出时，表明已注至极限，而空心管恰好起到分隔的作用，使液体在壶内形成一个类似“U”形的连通结构。当壶正置时，壶内的液体分布于空心管两侧，液面不高于空心管的顶端，这就保证了壶内液体不会从底部小孔中流出。这一精妙的设计，实际上是利用了“连通器液面等高”的物理学原理。在一千多年以前，我国的工匠们就已经能够理解这一原理并将其应用到瓷器的设计当中，不得不令人叹服。青釉提梁倒注壶因其极富创造性的设计、新颖奇特的结构、巧夺天工的艺术表现。2013 年 8 月 19 日，国家文物局将其列入《第三批禁止出国（境）展览文物目录》。

倒注壶原理示意图

精雅生活

【基础信息】

时代的审美取向与物质生活的发展关系密切，随着生产力和生产水平的提高，人们对生活细节和精致优雅生活品质的追求日益突出。受不同时期统治者民族背景和文化背景的影响，人民生活观念略有不同。宋代崇尚沉静典雅、平淡含蓄的美学风范；元代的审美观念则多具豪放、粗犷和刚劲的意味。明清两代在文化上继承宋元时期的传统，使传统文化得以继续发展。

235. 黑釉油滴碗

【基础信息】

黑釉油滴碗大口小足，胎质灰白，通体施黑釉，釉层表面布满了大小不一、呈金属光泽的小圆点，像浮在水面上的油滴一样，因此它也被称为油滴釉。油滴釉是黑釉中一个特殊的种类，属于结晶釉。烧制油滴釉对工艺要求很高，火候很难把握，只有当温度在 1100℃时才会出现这些结晶釉，只有技艺精湛的工匠才能烧制出如此精美的作品。古人曾用“盛茶闪金光，盛水闪银光，映日透视，晶莹夺目”来称赞油滴釉器的精美。这件黑釉油滴碗也是迄今所见的同类器物中体量最大的一件，属国宝级文物。

黑釉油滴碗

【完整信息】

油滴釉最早由建窑烧成，因其釉色别具一格，一时间南北各窑竞相仿制。宋代制瓷工艺在我国陶瓷史上的最大贡献是为陶瓷美学开辟了一种新境界。宋人奇迹般地创造出了结晶釉，如油滴、兔毫、曜变、鹧鸪斑等，这些技艺使黑釉成为一种别具风格的艺术釉。油滴釉所具有的满天星斗般的效果，为黑瓷增添了光彩。南宋以后，随着对外贸易的频繁，油滴釉瓷器传入日本，被日本视为珍宝。

236. 祭蓝碗　祭红碗

【基础信息】

祭蓝又称霁蓝，是一种在石灰釉里掺入适量的钴料在 1280℃～1300℃的窑内一次烧制成的蓝色釉。祭蓝碗色泽深沉，釉面不流不裂，色调浓淡均匀。

祭红是鲜红釉中的一种，创烧于明宣德年间，又名“宣烧”。当时的人为了配制祭红，不惜成本，常在釉料中加入珊瑚、玛瑙、寒水石等，有的配方甚至掺入了黄金，但烧成率却很低，所以祭红碗的价值非常高。祭蓝和祭红这两种釉色因常用于祭祀，因而得名。

237. 酱釉描金孔雀牡丹执壶

【基础信息】

这件执壶通体施酱釉并描金彩，纹饰精美。壶的腹部绘制着花繁叶茂的牡丹，一只孔雀立于枝头，回首眺望。壶底有青花书“富贵佳器”四字铭款。

执壶出现于隋代，是一种酒器，又被称为注子、注壶。酱色釉始于宋代，是以铁为呈色剂的高温釉。描金是将金粉与水融合，再加入适量的橡胶水、铅粉混合，后描绘在瓷器上，经过低温焙烤，再用玛瑙等物抛光，使其发亮。这件执壶是明代景德镇仿照波斯铜壶烧造的，应为一件外销产品。

238. 釉里红僧帽壶

【基础信息】

釉里红僧帽壶是明代景德镇产品，因壶口形似僧侣之帽而得名。这种壶的造型始于元代，此壶通体白底红花，光泽明艳。壶口面有一流从颈部凸出，一侧有宽带錾，两端为如意头将口腹相连。

使用釉里红装饰手法的瓷器品种，即釉里红瓷，也常简称为釉里红。釉里红属于釉下彩装饰手法，创烧于元代。烧制时将含有铜元素的彩料按所需图案纹样绘在瓷器胎坯的表面，再罩以一层无色透明釉，然后入窑在 1350℃以上的高温还原焰气氛中一次烧成。

239. 兔毫纹盏

【基础信息】

宋代饮茶流行使用黑釉盏，这与当时的“斗茶”风尚有关，宋人斗茶首先要看茶色，因茶色白，故而用黑盏，黑白分明最能辨明茶色。而各地所产黑盏又以福建的兔毫和鹧鸪斑最受欢迎。

兔毫纹盏为建窑代表之作，建窑是宋代专烧黑釉茶盏的窑址，在今福建省建阳县（1994 年，经国务院批准，撤县建市。2014 年，撤市设区）水吉乡。所谓兔毫是指在黑釉或酱褐釉上有细如兔毛的条状结晶，当盏内盛满水时，就好似有无数“兔毛”在漂动。兔毫有黄、白两色，称金、银兔毫，而兔毫的形成，要求瓷胎中氧化铁的含量必须高达 9%。高温焙烧时胎中部分铁质会熔入釉中，在烧制过程中釉层产生气泡，将其中的铁质带到釉面，当温度升到 1300℃以上时，釉层流动，其中所含的铁质流成条纹，冷却时从中析出小晶体，从而形成兔毫纹。

240. 斗彩饕餮纹方鼎

【基础信息】

斗彩饕餮纹方鼎为长方形，鼎腹四角及每面正中均有一道扉棱，扉棱两侧绘有饕餮纹，通身纹饰华丽，色调对比鲜明，是明代景德镇窑少见的珍品。“斗彩”的一般制法是先用青花在瓷胎上勾出纹饰的轮廓线，施透明釉，烧成淡描青花瓷器，再在青花线内填充一种到多种不等色彩，入炉经过二次烘烧，因釉上、釉下彩绘交杂形成了争奇斗艳的艺术效果，从而被称为斗彩。

世俗百态——雅俗衣冠

【基础信息】

衣冠服饰，官民有别，是区分身份等级的标志，朝代更迭，反映了时尚观念的变迁。受理学影响，宋代服饰质朴淡雅；元代蒙古人服饰多受汉人影响，但也保留瓦楞帽、窄袖袍、革靴等民族特点；明代恢复传统，又出现乌纱帽、瓜皮帽、官服补子等变化；清代初期强制改冠易服，满族装束通行天下。

【基础信息】

宋代初期，农业、商业、手工业都有了长足的发展，从而为服饰文化的发展提供了有利条件。朝廷十分重视恢复古代服饰制度，从文献记载来看，宋代的服饰制度等级较前代更趋严格，划分的等次也更为具体，并将等级制度与伦理道德联系起来，大力推崇理学思想。

宋代男子的官袍以隋唐时期的圆领袍衫形制为主，结合宋代制度，形成了宋代服饰独有的特点。宋代的妇女受“程朱理学”的影响，服饰与唐代相比，在整体风格上是由丰趋于俭、由华丽趋于素朴。宋代妇女的常服中有一种称为褙子的外衣，其特点是对襟、直领、两腋开衩，衣长过膝。上至后妃，下至百姓都可以穿着，可见其流行程度。唐代非常盛行的披帛，在北宋时期仍时常见到，说明宋代妇女服饰虽然按礼改制，但仍继承了前代的一些服饰风格。总体来说，宋代服饰呈现出淡雅、简约的“理性之美”。

金代、元代是由少数民族建立的政权，他们都原居北方草原，属于传统的游牧民族，有着相同或相近的民族背景和生活习俗。南下以后，在他们分别制定的礼仪、服饰制度中，既保有各自民族的特色，同时又广泛地吸收、沿袭了唐宋以来的汉族服饰制度。

金代官服的几次改制，都是围绕汉族，特别是宋代服饰的模式进行的，这表现了中原文化对金代服制的重大影响。金代的常服比较注重突出北方少数民族风格。袍服是金代男子常穿的一般服装，腰间大多系腰带。他们多以毛皮制成冬装，富有者以貂、狐制成裘，贫寒者则多用牛、马、羊、獐、鹿等动物的杂皮制成。此外，男子多以髡额辫发为主。

金代妇女的礼服基本承袭了宋代的式样，一般妇女的常服上衣称为团衫，其形制有直领对襟和斜领左衽两种，多用黑紫或黑色织物裁制而成；下身着裙，以黑紫色有全枝或折枝花图案的织物制成，裙摆周边打褶。衣裙以棉质为主。

由于元代政权起源于北方草原，其经济、文化和生活习俗与中原地区不同，其衣冠服饰也较为简朴。元代统治者在强迫汉人接受蒙古族生活习俗的同时，也受到了汉文化的影响。统治者十分注重借鉴和吸收汉文化的礼制经验，如元代服饰制度就实行双轨制——汉制衮冕与蒙古传统质孙服并行，以不同场合区分，使元代服饰呈现出多元的、南北文化融合的局面。

质孙服是典型的蒙古族传统服饰。在内廷大宴——质孙宴上，所有参与人员，不论性别、尊卑、民族，都必须身着质孙服。“质孙”为蒙古语，是蒙古语“华丽”的音译，汉语的意思是“一色”，所以质孙服又称一色衣。它是蒙古族传统的服饰之一，元世祖忽必烈入主中原以后，将这种体现蒙古族风格的衣装列为元朝官员的礼服，上至皇帝，下至百官、卫士、乐工都可以穿着。

蒙古妇女的服饰以长袍为主，左右衽都有，以左衽居多，大多较宽且长，也称鞑靼袍。顾姑冠是蒙古女性服饰中特有的冠饰。元代时蒙古服饰对中原汉族服饰也有一定的影响，以至于左衽在中原汉民族中一度成为时髦的装束。

明代是由汉族统治的王朝。基于辽代、金代、西夏、元代的统治，各民族之间交错而居，杂乱无章。明代开国伊始，统治者便着手推行唐宋旧制，恢复汉族礼仪，调整冠服制度，禁胡服、胡姓、胡语。

明代恢复了汉族冕服制度，明太祖朱元璋曾下诏“衣冠悉如唐制”，这一举措极力消除了北方游牧民族包括服饰在内的各种影响，从而重建一国一代之制。明代服饰式样，上采周汉，下取唐宋，在继承中又有创新，形成了明代服饰自己的特色，如明代官员补子、忠靖冠、六合统一帽等。

清朝是中国服装史上变化最大的一个时代，也是保留原有民族服装传统最多的少数民族王朝。这个时期是满汉文化交融的时代，尤其是服装文化。清代统治初期，以暴力手段推行剃发易服，按满族习俗统一男子服饰。顺治九年（公元 1652 年）钦定《服色肩舆条例》，废除了中国延续 2000 多年的衮冕制度。

241. 捧物女俑

【基础信息】

这四件捧物女俑手中分别捧有画轴、书函、砚台和琴。她们形象文雅、清瘦，神情温顺、谦卑，应是富家侍女。

由于宋代受程朱理学“存天理，灭人欲”思想的影响，妇女服饰均“惟饰洁净，不可异众”。这些女俑身上穿的正是宋代极为流行的一种被称为“褙子”的衣裳。这种衣裳简单，穿脱很方便，给人一种洁净自然的感觉。

宗教文化

【基础信息】

承袭隋唐时期多元文化风貌，宋代以来各派宗教在陕西颇为兴盛。佛寺、佛塔遍布城乡，尤其是陕北石窟寺、华山道观和道教全真派重阳宫、西安化觉巷大清真寺，以及明末始建的西安天主教北堂，蔚为壮观，彰显了陕西在宗教文化传播上的地位。

242. 披风罗汉　降龙罗汉　伏虎罗汉

【基础信息】

这些石雕罗汉 1980 年出土于陕西省延安市富县直罗镇柏山寺塔内第四层龛洞，均由黄砂石雕刻而成。罗汉也称“阿罗汉”，是指经过修行佛法以后摆脱了烦恼、脱离了疾病、超出了死亡、消除了嫉妒心的修行有成就的人，也是小乘佛教修行所能达到的最高果位。罗汉通常为剃发出家的比丘形象，身着僧衣，简朴清净，姿态不拘，随意自在，这些石雕反映了现实中清修梵行、睿智安详的高僧德行。

243. 钟山石窟（复原群雕）

【基础信息】

钟山石窟位于陕西省延安市子长县城西 15 千米处的钟山南麓，始建于东晋太和年间（公元 366 年—公元 370 年），历经唐、宋、金、元、明、清千余年建造而成，共由 18 个石窟组成，现保存完整的有 5 窟。

下图中复原的钟山石窟是所有石窟中规模最大、保存最为完整、艺术价值最高的石窟，从现存碑记中得知该窟最早建于北宋时期，以后各代都有重修。最大的石佛洞建在天然崖石上，居中者为佛教的创始人释迦牟尼，他的右手作说法印，左手附膝，脸形略瘦长，头上有螺髻，身着双领下垂袈裟。在释迦牟尼佛两侧站立着的是他的大弟子和二弟子，佛左侧老年形象为“头陀第一”的弟子迦叶，“头陀”是佛教的苦行方式之一。右侧青年形象为“多闻第一”的弟子阿难，他善于记忆。佛左前方因原像被破坏造成面部不完整的像为观音菩萨，佛右前方的像为大势至菩萨，他们均盘坐在莲座之上。坛基下方，一侧为骑青狮的文殊菩萨，代表智慧；另一侧为骑白象的普贤菩萨，象征理德。八根石柱及四壁上雕满数以万计造型各异的大小佛像，因此也被称为“万佛洞”。洞内富丽堂皇、色彩鲜艳，雕塑千姿百态、栩栩如生。浮雕佛像做工精细，具有重要的历史艺术价值，被誉为“第二个敦煌”。钟山石窟是人们研究历朝历代宗教史、民俗风情、彩绘工艺、衣着装饰与雕刻艺术的重要史料。

钟山石窟（复原群雕）

大唐遗宝——何家村窖藏出土文物展

【基础信息】

陕西历史博物馆“大唐遗宝——何家村窖藏出土文物展”属于专题陈列，展出的文物均出土于陕西省西安市何家村的一处窖藏中。何家村窖藏因其等级高、工艺精、数量大、种类多、保存完好而震惊世界，是 20 世纪唐代考古的一次划时代的重要发现。本陈列萃选何家村窖藏出土金银器、玛瑙玉器、琉璃器、银币、药材等文物 319 件，内容涉及唐代典章制度、宫廷宴飨、礼仪文化、社会风尚以及文明交流等方面，是唐代政治、经济、文化和社会生活的集中体现。

【完整信息】

1970 年在陕西省西安市何家村一个基建工地上（今陕西省西安市黄雁村水文巷 2 号），工人们挖地基时，在距地表 0.8 米处，挖出一个陶瓮。打开盖子一看，发现里面竟然装满了金杯银碗等器物。不久在陶瓮的西侧还发现了一个银罐，里面也装满了金银等多种器物。考古人员随即前往调查、清理。经调查得知，陶瓮和银罐均埋藏在活土中，从出土文物看，部分器物不能成套，这说明周围很可能还埋藏有文物，于是考古工作者决定由此向四周进行探查。几天后，在陶瓮被发现处北侧约 1 米的地方又发现了一个陶瓮。这三件文物中存放着各类珍贵文物 1000 多件，主要为玉器、金银器、珍贵药材、钱币四大类。何家村窖藏因文物精美、学术价值极高而震惊世界。

【拓展信息】

何家村窖藏的发现，具有非常重要的意义。何家村位于唐长安城内皇城南门附近的光化坊，在京城内发现这么集中、丰富的宝藏，是第一次也是迄今为止唯一的一次。长安作为丝绸之路的起点，在这里发现的何家村窖藏包含了多种文化因素，是东西方文化碰撞、融合、创新的生动再现，更是丝绸之路研究史上的一次重要发现。

典章器用

金银玉器作为唐朝皇室贵族日常生活中不可或缺的贵重器具，不仅是统治阶级身份等级、社会地位的象征，而且成为上层社会进奉、赏赐的重要物品，同时也充当了政府赋税缴纳之物，直观地反映了唐代的政治经济状况，是唐代典章制度的生动体现。

玉带环腰

玉带是指镶缀有玉片的腰带，古人用于束腰和装饰。玉带由带扣、带銙、鞓和铊尾四部分组成。带扣和铊尾类似于我们今天皮带的带扣和尾部的装饰品，位于玉带的两端。鞓是指皮质的革带，带銙镶缀在鞓上，因为鞓是皮质的，一般出土时已经朽坏，所以只留下了带銙。带銙质地多样，大多为金银玉等材料制成。唐代带銙的使用已形成制度，以銙的数量、质地、纹饰等来区别官员的品级高低与地位尊卑，其中玉带最为尊贵。

何家村窖藏共出土 10 副玉带銙，是唐代玉带銙数量最多、最完整、最集中的一次重大发现，其玉质温润，纹饰优美，工艺精湛，是研究唐代舆服制度、社会生活、对外交往、工艺技法等的宝贵实物资料。

1. 九环白玉蹀躞（dié xiè）带銙

【基础信息】

九环白玉蹀躞带銙是一种附环带，所谓蹀躞就是一种缀有垂饰的腰带，这种带銙上缀有小环，环上套挂若干小带，便于系戴悬挂各种杂物。这种形制的革带来源于北方的游牧民族，游牧民族逐水草而居，为方便携带器物。

【完整信息】

蹀躞带銙流行于北周时期至初唐时期，据史书记载，南北朝时期至隋代，天子革带附十三环，至唐代，带环数量开始减少，五代的马缟《中华古今注》记载：“唐革隋政，天子用九环带，百官士庶皆同。”由此可证明，这副九环白玉蹀躞带銙为完整的一副带具。

这是迄今为止发现的唯一一副唐代的九环白玉蹀躞带銙，极为珍贵。唐制规定天子用九环带，三品以上饰以玉。有学者推测，这副九环白玉蹀躞带銙的使用者为皇室贵族或三品以上官员，这为研究唐代舆服制度提供了重要的实物资料。

【拓展信息】

扬州隋炀帝墓出土文物中就出现了蹀躞金玉带，它是目前国内出土的唯一一套最完整的十三环蹀躞带，也是现存古代带具中等级最高的实物。

2. 狮纹白玉带銙

【基础信息】

狮纹白玉带銙的设计别具匠心，在每一件带板上都雕琢了俯卧、行走姿态各异的狮子，其中有 12 枚带板上的狮纹造型相同，且方向相反，应两两为一对，共 6 对。

狮子是南北朝时期至隋唐时期常见的艺术题材，但狮子并非中国所产，主要产自非洲和西亚。唐代的狮子多由西域朝贡而来。这件带銙用于阗玉料（即和田玉）制成，玉质洁白无瑕，细腻温润，再加上西域常见的狮纹，专家推测这件玉带銙很可能是唐朝工匠利用于阗玉料根据唐朝贵族的审美风尚制作的。

【完整信息】

这些精细的狮纹是如何雕琢上去的呢？工匠们雕琢时先用较宽的砣具砣出狮纹的轮廓，再沿玉銙边沿向内斜刻，从而将狮纹轮廓线以外的空间剔掉，使狮纹凸出，然后再用较窄的砣具刻画出狮子的眼睛、鬃毛等细节部位。这种平面上斜刻剔地使表现形象凸起的技法为唐代玉雕所特有。由此可见唐代玉雕工艺的精湛。

3. 白玉有孔带銙

【基础信息】

这组带銙上都有孔，孔是用来系挂物品的。何家村窖藏出土的玉带銙根据形制、用途的不同大概可以分为三种：一是玉带銙上有孔的称为有孔带，这副就是一副有孔带；二是玉带銙上有环的，叫附环带，比如九环白玉蹀躞带銙；三是既不带孔也不附环，比如骨咄玉带銙。

4. 白玉纯方带銙

【基础信息】

唐代革带上的带銙质地有玉、犀、金、银、铜、铁等多种，不同的质地代表不同的等级。唐代规定三品以上官员才可以使用玉带銙，五品以上官员用金带銙，六品、七品官员用银带銙。何家村窖藏出土的带銙全部为玉带銙，由此可以看出这些带銙的主人身份之尊贵，等级之高。

【完整信息】

据《通典·礼典》："上元元年八月，敕文武官三品以上，金玉带，十二銙；四品，金带，十一銙；五品，金带，十銙；六品、七品，并银带，九銙；八品、九品，服并石带，八銙；庶人，服黄铜铁带，六銙。"虽然三品以上，金玉带皆可使用，但在唐人看来，玉比金银更加珍贵，因此，玉带便成为唐代皇室贵族和三品以上官员专用的高贵物品，是唐人服带高等级的一种体现，也是身份和地位的标志。

5. 斑玉带銙

【基础信息】

何家村窖藏出土的这 10 副玉带銙除了九环白玉蹀躞带銙外，其他 9 副玉带銙出土时分别放置在 4 件银盒内，银盒盖内均有墨书，明确记载了玉带的玉色名称、形制和组成数量。从这些墨书可以看出唐人对玉器的主要定名方法有以下几种：以纹样定名、以产地定名、以玉色定名。斑玉带銙是用玉色命名的玉带。

6. 骨咄玉带銙

【基础信息】

骨咄是中亚一个国家的名字，位于今塔吉克斯坦和阿富汗之间。根据《新唐书·西域传》记载，骨咄和唐朝交往密切，因此专家推测这件玉带銙很可能是骨咄国向唐朝朝贡的贡玉。这件玉带銙就是以产地命名的。

7. 白玛瑙铰具

【基础信息】

白玛瑙铰具出土时在盛放其银盒上写有墨书称其为铰具，与其他带銙相比，整体平滑光亮，并没有进行再次加工的痕迹。因为一般玉带銙的背面多有小孔，而这组带銙背面均未钻孔，所以专家推测这件带銙可能是一件半成品。

【完整信息】

何家村窖藏出土文物中有部分属于半成品，推测其原因应该和窖藏主人的身份、经历以及藏品来源有关。窖藏主人生前也许经历过重大变故，比如战争、劫难等，才将这些半成品埋藏于地下。这些文物也为推测窖藏主人的身份提供了一个方面的线索。

恩赏盛行

赏赐是中国古代君王维护统治秩序的一种重要政治手段。君王为了笼络臣下，经常赏赐大臣贵重的物品，赏赐品便成为增进君臣关系的润滑剂。唐代赏赐成风，皇帝把金银珠玉赏赐给臣下的做法在政治生活中司空见惯，最著名的当为“金钱会”。

8. 开元通宝金钱　开元通宝银钱

【基础信息】

何家村窖藏中发现金开元通宝 30 枚，银开元通宝 421 枚。金、银开元通宝正面楷书“开元通宝”，文字疏密均匀，制作规整。金开元通宝迄今为止仅见于何家村窖藏中，非常珍贵。

最迟在汉代，就出现了以金钱作为赏赐的情况，唐代进奉、赏赐金银成风，据文献记载，唐玄宗时期，经常搞一种叫金钱会的活动。长安城太极宫的承天门是皇帝颁布诏令或举行庆典的地方，唐玄宗常在承天门楼上陈乐设宴，招待臣属，并让妃子向楼下抛洒金银钱以作赏赐，形成有名的金钱会。

唐代宫廷中还有一种习俗，婴儿出生后三天或满月的时候，要替其洗身，举行洗儿礼。洗儿时还要馈赠金银钱，称之为洗儿钱。

与铜开元通宝相比较，可以看出，金、银开元通宝是仿照唐高宗至唐玄宗开元时期的铜开元通宝制作的。从文献记载看，唐朝宫廷中与金银钱有关的活动多流行于唐玄宗时期，因此可以推断，金、银开元通宝很有可能是唐玄宗时代的遗物。

9. 鎏金鸳鸯纹银盒

【基础信息】

鎏金鸳鸯纹银盒盒面中央有一只鸳鸯，盒底中央有八出团花一朵，周边围绕 8 个桃叶、忍冬、莲叶花结。盒身侧面装饰流云纹。盒面单只鸳鸯的布局，和中国传统的布局方式略有不同，这种装饰来源于萨珊银器，传到中国后，逐渐发生了改变。首先取消了萨珊银器中常见的动物形象，以宝相花类代之，稍晚又取消了圆框，8 世纪中叶以后唐代金银器上基本不见这种徽章装饰。

【完整信息】

中国古代民间有“端午节，天气热，五毒醒，不安宁”之说，端午赏赐当与祈福有关。汉代就已有端午日赐百官衣物的习俗，唐代沿袭之，皇帝在端午日，赏赐大臣衣服、金银器、药物等，派中使带着手诏送至大臣家中慰谕宣敕，大臣接受后要呈表以示感恩。

在农历腊日即十二月初八，皇帝常常将盛有高档妆品或贵重物的精美金银盒赏赐给文武大臣。金银盒外面用丝带扎出花结，上书代表皇帝的“敕”字，让内侍分别送到大臣家，这在当时是极高的荣耀。腊日获得赏赐的大臣，同样要给皇帝献上“谢表”。

10. 线刻鸳鸯纹银盒

【基础信息】

这件银盒盒面中心刻有一对相向站于莲蓬之上的鸳鸯，鸳鸯口衔之物尚未完成，推测可能是绶带。古人认为鸳鸯雌雄不离，因此用来象征坚贞的爱情。莲蓬内刻有莲子，寓意多子。

【完整信息】

这件银盒乍看光素无纹，经仔细观察，在盒面和侧面都有极细的线刻图案，盒面图案没有全部完成，应该只是稿图，推测此盒可能是一件半成品。

国库遗珍

古代赋税是维持皇室所需及国家正常运转的主要财政收入来源，是维持社会经济运转的重要保障。何家村窖藏共出土银饼 22 件、银铤 68 件，数量之多超过以往发现此类器物的总和。其中一些上面还有錾刻或墨书的文字，内容涉及年号、地区、赋役种类等，是研究唐代赋税、国库管理制度的宝贵资料。这些银饼、银铤并不是用于流通的，只是作为财富用于储藏和大额支付，或作为打造金银器物的原材料。

11. “怀集”“洊安”庸调银饼

【基础信息】

何家村窖藏中出土的银饼共计 22 件，其中 4 件为錾文银饼，目前展出的为“怀集”“洊安”庸调银饼。这些银饼就是将“怀集”“洊安”当地的庸调布帛折合成银，浇铸成银饼，送交国库的赋税银。

【完整信息】

银饼上錾刻的铭文，题以县名、纪年、来源、重量、负责官员及工匠的职务、姓名，以备考核查验。如錾文“怀集”即今广东省肇庆市怀集县，“洊安”在今广东省肇庆市怀集县西，在唐代属于岭南道广州。唐代岭南等地是当时重要的产银、用银地区。唐代对于庸调用银有着严格的称量，校订时，若出现重量不足的情况，还会补加。这两件银饼中有一件在左下侧有一补疤，应该是因为校订重量而补加的。

【拓展信息】

庸调银饼，是唐朝赋税制度的体现。唐朝初期赋税制度实行租庸调制，以征收谷物、布匹或者为政府服役为主，是以均田制的推行为基础的赋役制度。此制规定，凡是均田人户，不论其家授田是多少，均按丁缴纳定额的赋税并服一定的徭役。租即田租，每年要纳粟二石。庸则是力役，每年替政府服劳役二十日，这项制度原本在隋朝开皇二年（公元 582 年）试行，原是役期一个月，开皇三年（公元 583 年）减为二十日，也可用物品折抵役期。调是户调，男丁随乡土所产而纳。除租庸调外，人民还须负担杂徭和色役。唐代初期，租庸调制都是交纳绢布、棉麻等实物，随着土地兼并日益激烈，均田制遭到严重破坏，以均田制为基础的租庸调制也遭到破坏，因此到开元、天宝年间，唐朝政府规定把庸调应收的布帛折合成一定数额的银，打制成银饼、银铤运到国库，以加强赋税征收，增加财政收入。

12. “东市库郝景五十二两四钱”银饼　“东市库卌五两半”银饼

【基础信息】

“东市”是唐长安有名的两市之一。唐朝政府在长安东、西市设有京都市令、平准署令等官职，来管理市场贸易。因此，东市库银饼可能是东市平准之物，或是官营府邸的税钱，最后兑换为银，铸成银饼。

13. “宋之卌九两半”银饼　“吴锐卌七两半”银饼

【基础信息】

何家村窖藏还出土了9件墨书银饼，其中两件银饼墨书内容吴锐、宋之，专家推测有可能是制作银饼工匠的名字。

14. “拾两太北朝”银铤　“伍两太北朝”银铤

【基础信息】

何家村窖藏出土银铤共68件。银铤锻造为长方形薄板，表面均有锤揲痕迹，形制规整。正面錾文“伍两”“拾两”等为记重。

唐代银饼、银铤并不具备价值尺度和流通手段，只是作为财富用于储藏或者大额支付，或者作为打造金银器物的原料。银铤錾文中的“拾两”“伍两”是重量记录，“太北”中的“太”指太府寺，“北”指“北内”，即大明宫。“朝”可能是“朝堂库”。

唐代银铤分为中央铸造和地方铸造两种。地方铸造主要来自各地的赋税和进贡。这件錾有“朝”字的银铤应为中央铸造，国家库藏，因此有专家推测何家村窖藏主人有可能是负责唐代国库的管理官员。

金银进贡

唐代“进贡”之风盛行。进贡的物品主要有丝绢棉帛、金银器物、药材马匹等，其中以金银器居多。进奉的金银器上刻有进奉者的地区、官衔、姓名、进贡数量等文字，以期得到皇帝的青睐。考古所见唐代用于进奉的金银器有金樽、银盘、银碟、银瓶、银奁、银壶、银盆、金铤、银铤等。

15. 鎏金折枝花纹银盖碗

【基础信息】

鎏金折枝花纹银盖碗和鎏金小簇花纹银盖碗相似，盖圈足内錾刻一朵由莲叶组成的六出团花，周围散点排列桃形忍冬结六朵，腹部錾刻有六株折枝花，花形似葡萄石榴，盖面及底部外沿均有小花六朵，花纹平錾，纹饰鎏金。盖内有“二斤一两并底”，碗内底有“二斤一两并盖”墨书，最特别的是它的圈足内沿还錾刻有“进”字。

【完整信息】

鎏金折枝花纹银盖碗上的“进”字说明它不是中央官府所作，而是地方进贡而来，早在唐高宗时期和武则天时期就出现了地方官吏向皇帝进贡金银器之事，到唐玄宗时期进贡之风更为兴盛。每逢元旦、冬至、端午和皇帝的生日，地方官都要进贡财物。进贡之风在唐德宗时期达到鼎盛，甚至出现了获罪之人因为献上精美的金银器而免罪的记载。这样的进贡之风成为官员们买官邀宠的手段，但是大大加重了人民的负担，也加速了唐朝的覆灭。

16. 鎏金小簇花纹银盖碗

【基础信息】

这件银盖碗平錾花纹，纹饰鎏金。盖圈足内錾刻阔叶六出团花一朵，周围有散点配置的向心式小簇花，底与盖足装饰有六朵小花。碗内底墨书“卅两并盖”，碗盖内墨书“卅两并底”。盖捉手内沿刻“卅两一分”，底部圈足内沿刻“卅两三分”。与何家村窖藏出土的其他有盖器物相比，此碗碗盖与碗体扣合不紧密，而且錾文重量不一，有张冠李戴之嫌。

盖碗本为盛放羹汤的器具，随着饮食文化的发展，唐代贵族对饮食器也越来越讲究。

【拓展信息】

何家村窖藏出土的 3 件带盖银碗，大小、造型、纹饰相似。考古学者段鹏琦先生通过对唐代金银器的花纹和唐墓墓志及石刻线刻图的装饰纹样的演变规律进行研究、对比分析，认为这些文物纹饰在构图上追求严谨，讲究对称，显得拘谨而少生动。这样的做法流行于唐德宗时期，即公元 8 世纪末期。而这些银盖碗是窖藏中年代较晚的一组文物，所以基本可以确定窖藏时间下限为公元 8 世纪末期，也就是说，何家村窖藏金银器的埋藏年代应该在唐德宗时期。

美食美器

汉代以来人们普遍相信“金银为食器可得不死”，加之金银器昂贵的价值和华美的外观，使得唐代贵族对金银器皿有着近乎狂热的追求。何家村窖藏共出土了 271 件金银器皿。这些富丽华美、光彩夺目的金银器，让我们真切地感受到唐代贵族精致奢华的生活、对延年益寿的人生企盼以及对儒家传统礼仪的尊奉传承。

奉匜（yí）沃盥

“沃盥之礼”兴起于商周时期，在唐代仍在沿用，是王公贵族在祭祀礼仪和日常生活中宴飨、侍奉师长、举行婚礼时的一种仪式，由专人负责，且“长者奉匜，少者奉盘”。

17. 鎏金鸿雁衔绶纹银匜

【基础信息】

匜是西周至春秋战国时期青铜器中常见的器皿。《左传》中有“奉匜沃盥”的记载，匜就是贵族在生活中注水洗手的用具。这件银匜体量大，器体厚实，造型饱满庄重。整体为深腹碗型，底部较为平坦，外底焊接圈足，一侧口沿下有半圆形开口，焊接着槽状短流，焊接接口处细致紧密，精密度极高，体现出唐代金银器成型工艺和焊接技术的高超水平。

【完整信息】

这件银匜器壁光滑平整，抛光极佳，银匜外壁有两组对鸟图案：鸳鸯、鸿雁。在装饰风格上加入了浮雕的技法，立体感极强。鸳鸯的图案在唐代生活中非常普遍。鸿雁因飞行时排列有序，代表了一种规整的秩序，所以唐代观察使、四品官员、五品官员官服上就有用鸿雁作为纹饰，鸿雁的口中还衔有绶带，绶带的绶和长寿的寿同音，也体现了唐人的祈福求祥心理。

18. 素面金盆

【基础信息】

何家村窖藏共出土两件素面金盆。这一件重 2075 克，使用厚 0. 19 厘米的金片捶打而成。从器壁上的螺旋纹及刮削痕迹判断，金盆是在捶打成型后，在内外壁进行旋转打磨处理，从而达到器壁的光滑平整。金盆的内外壁留有许多擦痕、磨痕，因此这件金盆应该是一件实用器。

【完整信息】

金盆是皇室贵族才能使用的盥洗用具，同时也是某些重要仪式中常用的器皿。比如在皇子（女）出生后三天，皇宫中要举行隆重的洗儿礼，为皇子（女）洗身时就使用金盆。因此，也有人将金盆称作洗儿盆。

中国古代金盆保存至今的很少，何家村窖藏出土的两件金盆，是仅存的两件唐代金盆，也是现存时代最早、分量最重的古代金盆，可见其珍贵程度。

称觞祝寿

先秦时期人们在为长者或尊者祝寿时常用觞来敬酒，逐渐形成“称觞祝寿”之礼，汉代时发展成皇宫里一种固定的礼仪。唐代“称觞祝寿”之礼仍然沿用，在元日大朝会、宴会及帝王生日会时群臣往往会行“称觞祝寿”之礼，民间在庆生、饯行等宴会上也流行此习俗。

19. 鎏金蔓草鸳鸯纹银羽觞

【基础信息】

何家村窖藏中出土有两件银羽觞，其形制、大小、纹饰基本相同，内底錾刻一朵团花，四周饰四株折枝花；外壁两侧双耳下分别装饰一只站立在莲蓬上的鸿雁或鸳鸯，两端莲蓬上分别站立两只相对而立的鸳鸯或回首前望的鸿雁，四周则环绕蔓草纹，纹饰全部鎏金，花纹以外的空白处填补排列整齐而细密的鱼子纹。

【完整信息】

羽觞出现于战国时期，有漆、陶、铜、金、银、玉等材质，因为双侧有耳，考古学界亦称其为耳杯，或是生活中的实用品，或作为明器用于随葬。何家村窖藏出土的这两件银羽觞承袭了汉代耳杯的造型特点，是典型的中国式酒器。银羽觞采用鸿雁、鸳鸯、蔓草这些祥瑞图案营造出富丽堂皇的效果，饱含着和谐美好、国运兴旺的愿望，装饰制作细腻精巧，具有雍容华贵的皇家气象，正与宫廷宴会中称觞献寿的用途一致。

金银满筵

金银制作的碗、盘、杯、碟或盛放汤饭酒水，或盛放果蔬肉味，琳琅满目的食物与精雕细琢的金银器皿相得益彰，觥筹交错间尽显王公贵族日常生活的奢华，“金樽清酒斗十千，玉盘珍羞直万钱”正是这一生活场景的真实写照，同时也是大唐万千气象在饮食文化上的一种反映。

20. 线刻花鸟纹银杯　素面银杯　素面小银碗　银杯托

【基础信息】

唐代随着制茶业的发展，饮茶逐渐流行于朝野，出现了成套的茶杯（盏）和茶托。何家村窖藏出土的茶托，内底焊有圆环，造型简洁，为唐代早期形制，与其配套使用的应是平底的线刻花鸟纹银杯、素面银杯或敞口圜底的小银碗。

21. 素面银碗一组

【基础信息】

这组素面银碗采用锤揲工艺制成。由于锤揲成型的器物壁厚薄不均匀，所以要再使用工具进行旋活处理，碗内的同心圆就是旋活留下的痕迹；为了使器物表面光滑，还要进行磨光处理，使得整件碗光滑明亮。最后为了方便抓握银碗，再将圈足和碗身焊接而成。

【完整信息】

这组碗在碗内均有墨书。何家村窖藏出土带有墨书的文物有 69 件。墨书按照内容主要分为两种，第一种是记录存放物品的重量或是器物自身的重量，第二种是记录内部存放物品的名称。

这些器物以墨书记录自身重量，说明金银器在称重后用墨书标记，然后入库。这样做的目的是防止以小换大、以轻换重，反映了唐代金银器管理制度。重量单位标注的有“两”“分”，实物标重上有“软少”“强”这样的描述，表示称量时的误差。通过称量器物的重量，再结合器物自身的墨书标记，计算可知，唐代的一两大约相当于我们今天 40 克左右。

22. 素面银盘一组

【基础信息】

何家村窖藏共出土了 21 件素面银盘，形制相近，大小相同，银盘采用锤揲工艺制成。锤揲是先将金银锤打成板片，然后将金片或银片放置在模具之中，打制成各种所需的器形。这一组银盘上均匀的同心圆是旋活留下的痕迹。这组银盘内壁均匀出现的同心圆痕迹，说明唐代可能就采用了车床旋活工艺。

【拓展信息】

中国古代的器皿形制大部分都为圆形，在大约 7 世纪后半期至 8 世纪初，多瓣花形器形逐渐流行起来。下面我们看到的银盘，盘体均有起伏的分瓣，在盘心都装饰有单一动物纹，周围留出空白，简约唯美，写实生动。

23. 素面折沿银盘

【基础信息】

这组折沿银盘上都留有不太清晰的墨书痕迹，但并非人们书写上去的，而是包装纸上的墨痕印迹，仅可辨识“容县”等字，表明这些器物在当时被仔细地包装过，时间久了包装已朽，只留印痕。

24. 鸳鸯莲瓣纹金碗

【基础信息】

鸳鸯莲瓣纹金碗为纯金质地，当时共出土两件，大小、造型、纹饰基本相同，均为国宝级文物。这件金碗造型规整、纹饰凹凸有致，犹如一朵盛开的金莲花。金碗外壁有上下两层相间的浮雕式莲瓣纹，每层十瓣，上层的每个莲瓣内都以狐、兔、獐、鹿、鹦鹉、鸳鸯等珍禽异兽作为主题纹饰，周围填以形态各异的花草。主题纹饰中的动物或抬腿狂奔，或回头相顾，或展翅飞翔，或站立栖息，无论是静态的还是动态的，每幅画面都栩栩如生，富有强烈的韵律感，让人能感受到生命跃动的激情。下层每个莲瓣内则为相同的忍冬纹，用平和、恬静的气氛来烘托上层动物的生机勃勃。外壁空白处装饰有密密麻麻的鱼子纹，是多子多福的寓意。

金碗外底喇叭形圈足内錾刻了一只回首展翅的鸳鸯。鸳鸯纹饰被唐人广泛应用在生活的各个方面，鸳鸯与莲花同时被刻在一件器物上，既寓意成双成对，又巧妙地象征着鸳鸯所处的水边环境。金碗内底錾刻了一朵蔷薇式的团花，内壁有墨书“九两半”“九两三”。

唐代金碗出土很少，文字记载也不多。唐代规定“一品以下，食器不得用纯金、纯玉”，因此金碗多为皇帝或皇家贵戚所能使用。鸳鸯莲瓣纹金碗精湛的工艺，华丽的纹饰以及雍容华贵的气度，让我们感受到了大唐盛世的开放和包容。

25. 素面折腹银碗

【基础信息】

这些银碗腹部都装饰有一周尖折棱。这种折腹器是西方陶器、金银器较流行的形制，对中国的影响体现在 8 世纪初的陶、瓷器上，例如，唐永泰公主墓出土的三彩折腹碗。

26. 鎏金双鱼纹银碗

【基础信息】

何家村窖藏共出土了两件鎏金双鱼纹银碗，造型和大小基本相同。碗内底饰有双鱼纹，并用錾刻工艺修饰鱼身，周围衬以水草。纹饰错落有致，立体感极强。

碗内底中心双鱼头尾相连，一条正视一条侧视。当碗内盛满酒时，水波流动，仿佛碗内底双鱼在游动，水草在漂浮一样，构思十分精巧。

在中国文化中，鱼与人的生活密切相关，并被赋予了婚嫁富贵、种族繁衍的象征意义。像这样成双成对双鱼纹的出现，常以鱼水比喻君臣关系或者夫妻关系。

27. 鎏金海兽水波纹银碗

【基础信息】

这件银碗侈口、弧腹、喇叭形、矮圈足。器壁锤揲出由口及底的 14 条水波纹，外壁上鹿、羊、狐、兔等动物与花草、山石相间刻于水波纹之中，动静有节，生动有趣。在碗内底中心有焊接圆饰片，上有鎏金海兽一只，旁边有一对鸳鸯相伴戏水，外围有一圈绳索纹圆框。这样以神异性动物或人物为中心，围绕以连珠、麦穗连城的圆框的构图方式称为徽章式纹样，流行于波斯萨珊王朝。

【完整信息】

这件银碗纹饰上最特别的地方是有两种不同风格的水波纹纹饰。经学者研究发现，6 世纪至 7 世纪粟特银碗器多分曲或作花瓣形，并用锤揲技法使之凹凸起伏。在碗的外腹部，锤揲出的 14 条水波纹，应该就是粟特银碗的装饰手法。有学者指出，碗内底衬托海兽的水波纹极具动感，着力表现汹涌的水势，这与西方流行的那种齐整平静的水波纹截然不同，充分体现了中国传统的审美风格。所以这件银碗应该是受到粟特风格的影响，但其装饰题材又吸收了鹿、羊、鸳鸯等中国传统的祥瑞题材，因此这也是一件中西合璧的杰作。

28. 鎏金花鸟纹银碗

【基础信息】

这件银碗通体鎏金，平錾花纹，以鱼子纹为地。碗内壁装饰有四朵阔叶折枝大花，外腹壁在缠枝花草之间刻画出两只鸳鸯和两只鹦鹉。两只鸳鸯一只振翅，一只回首。两只鹦鹉其一作奔走状，另一只作跳跃状。碗内外底均刻画一朵宝相花。

【完整信息】

鸳鸯和鹦鹉是深受唐人喜爱的禽鸟。由于鸳鸯雌雄相伴、形影不离，因此人们总以此比喻情投意合的夫妻，象征着纯洁坚贞的浪漫爱情。鹦鹉毛色艳丽，又善学人言，因此深受贵族的宠爱，所以鹦鹉纹在唐代盛行一时。鹦鹉、鸳鸯、鸾鸟等多成双成对出现在唐代金银器、铜镜之上，成为幸福美好的象征。这件银碗的纹饰布局和花鸟形象富有很强的艺术性，是唐代社会风尚和审美情趣的真实写照。

29. 素面椭圆形银碗

【基础信息】

这件银碗为椭圆形、矮圈足，通体光素无纹。唐代银碗多为圆形，像这样椭圆形的银碗非常少见，迄今为止，只有何家村窖藏出土过形制、大小相同的两件。

在唐代金银器物中，椭圆形口的器物主要是长杯，大致分为三种类型：第一种是继承中国传统样式，模仿汉代耳杯的形制；第二种是萨珊式多曲长杯，比如白玉忍冬纹八曲长杯和水晶八曲长杯；第三种长杯既不带耳，也不分瓣，在西方较为多见。相比之下，这件银碗的形制可能是在西方银器风格影响下设计而成的。

30. 葡萄龙凤纹银碗

【基础信息】

这件银碗花纹平錾，錾刻工艺精湛。外腹部以鱼子纹为地，以葡萄、忍冬、卷草纹饰缠绕布局，将整个碗身分为六个区域：三只鹦鹉、三头奔狮分别刻于每区花草的中心部位。碗内底刻有一只走凤，外底錾刻一条蟠龙。

【完整信息】

葡萄自汉代就已传入中国，但用于酿酒的葡萄和葡萄酒的制作工艺在 7 世纪才传入我国。因此葡萄纹在这一时期才流行起来，尤其是在唐高宗、武则天时期最为盛行。以葡萄作为装饰纹样寓意多子多福。鹦鹉也是深受唐人喜爱的吉祥鸟，除此之外，银碗上还錾刻龙、凤，也表达出唐人祈求祥瑞的美好愿望。

玉容霓裳

强盛的国力、开放的世风，使得唐代女性表现出不同于其他时代的精神风貌。她们自由奔放，求美逐新，既喜华丽霓裳，又好奇装异服，或云鬟高髻、满插簪梳，或皓腕金钏、翠绕珠环，甚至妆台奁具也是奢华无比。何家村窖藏出土的女性饰品和用具，不仅是其身份等级和财富的象征，更是大唐女性绝代风华的再现。

金钗玉腕

在开放包容的社会环境下，唐代女性改善生活、美化自身的愿望日趋强烈。她们追求美容美饰，插满花梳、簪钗的高髻，形制各异的臂饰，袒胸露颈的短衫，长裤革靴的胡服，圆领长袍的男装，这既是唐代女性审美观念的升华，也是自立、自信、自强精神的表现。

31. 金梳背

【基础信息】

唐代女性的发髻发式多样，头部装饰也十分繁复。梳就是梳理头发的工具，是古人尤其是妇女的必备物品，唐代流行用小梳插在发髻上，露出漂亮的梳背，起到装饰作用。唐代发梳用材十分考究，一般因用途不同而有所区别，梳发用梳多以木、竹、牛角制成；插戴用梳则常以金、银、玉为材料制作。从梳背的尺寸和工艺来看，这件金梳背应为装饰用梳。

这件金梳背呈半月形，以顶端相连的两层半月形金片为基础，两面掐丝焊接出花纹。花纹以对称的卷枝花草为中心，以连珠纹、绳索纹等纹饰为辅助，纹饰密而不乱，充分反映出了唐代金银精细加工的高超水平。

金梳背

32. 金钗一组

【基础信息】

钗是古代妇女常用的首饰之一，是用来固定发髻的，后来逐渐发展成为贵族妇女炫耀财富、昭明身份的一种标志。发钗一般弯成两股，呈“U”形，上粗下细便于插戴。钗在我国已有3000多年的历史，不同质地的发钗也是不同身份的体现。

何家村窖藏共出土金钗4件，钗头各具形态，有拱形、云头形等，实用性与装饰性兼具。从这些金钗的数量和形制推断，应为唐代贵族妇女日常用品。据史料记载，唐代贵族妇女在簪钗使用上有等级规定，等级越高，数量越多。

33. 镶金白玉臂环

【基础信息】

何家村窖藏共出土了两副镶金白玉臂环，因其所藏的银罐盖内墨书“玉臂环四”，可知其唐代的称谓。这两副镶金白玉臂环，均由三段弧形白玉衔接而成，光素无纹，每段玉的两端均以金质兽首形合页和两枚金钉铆接，可以自由开启和关闭，便于佩戴。镶金白玉臂环制作精细，构思巧妙，充分利用黄金和白玉的不同质地、色彩和光泽，相互衬托、交相辉映，使镶金白玉臂环更显华丽富贵。唐代出土的玉器不多，用上等玉料制作的生活用具及装饰物品只有皇室贵族和高级官员才能使用，这两副镶金白玉臂环也是迄今为止仅存的唐代玉臂环，因此也弥足珍贵。

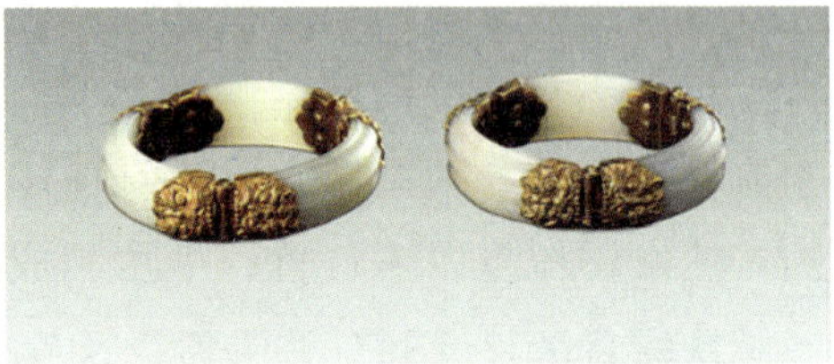

镶金白玉臂环

34. 金臂钏

【基础信息】

钏戴在臂上称“臂钏”或“跳脱”，戴在腕上称“腕钏”，是中国古代妇女喜爱的首饰之一。唐代的钏有金、银、玉、琉璃等多种质地，形制主要分为环状闭合式和开豁口式。何家村窖藏出土的这件金臂钏以纯金制成，形制为开豁口式，佩戴时可以根据手臂的粗细调节开口的大小。

35. 宝石一组

【基础信息】

何家村窖藏中出土了16块珍贵的宝石，色泽明亮。出土时被放置在莲瓣纹提梁银罐内，盖内有墨书：“颇黎等十六”。古代常以颇黎泛指宝石类，史籍中记载，开元二十九年（公元741年）吐火罗曾派遣使者向唐朝进贡红颇黎、碧颇黎。

蓝宝石：蓝宝石盛产于斯里兰卡。何家村窖藏中发现的蓝宝石是唐代发现蓝宝石数量最多的一次。因蓝宝石色泽亮丽、透明度极好而被视为吉祥之物，早在古希腊和古罗马时期就被用来装饰清真寺、教堂，并将其作为宗教仪式的贡品。这些蓝宝石上都有穿孔，应该是装饰品。

绿玉髓：绿玉髓又称绿玛瑙。何家村窖藏中出土6块，每块色泽碧绿亮丽，底部被加工成一平面，似戒面大小，加工规整，可能是准备镶嵌在器物上的装饰品。因为我国并不出产绿玉髓，所以专家推测，这些绿玉髓也应该来自域外。

红妆银匣

唐代女性对于美的追求是全方位的，并不仅仅局限于首饰、妆容和服饰，还包括了日常用具。不论是随身佩戴的香囊、盛放化妆用品的银盒，还是收藏首饰的银盒、银罐，都要求在制作上精益求精，其造型、工艺、纹饰都属唐代金银器中的精品。

36. 莲瓣纹提梁银罐

【基础信息】

何家村窖藏出土文物有1000多件，唐人利用物中藏物的方式将这些文物全部放到了另外三件较大的文物之中，具体如何放置，通过这件莲瓣纹提梁银罐，我们会得到一些信息。

这件莲瓣纹提梁银罐内部放的是一些玉杯和宝石，可以看到罐内有墨书，墨书标明的是内部所放置的物品，有玛瑙杯3件，凸纹玻璃杯、水晶八曲长杯各1件，玉臂环两副，宝石16块等。墨书的内容与出土内容完全相符，说明这批文物自唐代被窖藏后再无动扰，直至1970年才被人们发现。

【完整信息】

物中藏物这种保存方式需要窖藏者精心准备，再结合众多文物上翔实有序的墨书，说明此次窖藏很有可能是由一批训练有素的人员进行的一次从容的文物窖藏，这为我们探寻何家村窖藏主人提供了非常重要的线索。

37. 鎏金菱纹银锁　素面银锁

【基础信息】

何家村窖藏出土了 23 件大小不一的银锁。17 件表面有菱格纹并鎏金，其余银锁均为素面。这些银锁结构相同，由锁管、锁芯和钥匙组成。银锁采用弹簧结构，锁芯内插在锁管的部分为两重簧片，起到锁合的作用，用钥匙把簧片压下就可以打开，这种结构的锁一直沿用到近现代。

38. 鎏金团花纹银盒

【基础信息】

整件银盒采用锤揲工艺制成，呈六曲花瓣形。这样的花瓣形银盒由于打破了常规的圆形，扣合后无法转动，封闭也就更为紧密。唐代武则天以后，像这样的多瓣花形器物逐渐盛行，在金银器、铜镜和瓷器中都比较常见。这样的器形在唐代广泛出现，而中亚、西亚却难见源头，被认为是唐式造型风格。8 世纪中叶以后，这种器形慢慢渗透到粟特以及北方草原地带的银器中，使粟特银器的唐式风格越来越浓，这一变化展现出了东西文化交流的双向性。

39. 鎏金双雁纹银盒

【基础信息】

这件银盒盒面中央錾刻着相向站立脚踏一只莲蓬的双雁。在古代，婚礼从议婚到完婚有六道程序，称为六礼。虽然各时期六礼有所不同，但雁始终是六礼中不可缺失的重要角色，它象征着婚配双方像雁一样夫唱妇随，不离不弃、忠贞不渝。这件银盒上除了双雁，还有莲叶、莲蓬等图案，它们也继承了前者的含义，将婚礼与家庭生活联系在一起，祈愿婚姻的美好开始能有同样美好的结局，寓意百年好合，多子多福。

40. 鎏金线刻飞廉纹银盒

【基础信息】

鎏金线刻飞廉纹银盒整体浇铸成型，通体鎏金。盒盖和底部微微隆起，内壁清晰的螺旋纹是经过后期抛光留下的痕迹。盒盖面中心錾刻着一只展翅扬尾、马头独角的异兽，盒底有两只鸿雁，其余空白处以折枝花纹及流云纹作为装饰。

【完整信息】

据考证，银盒上的这只异兽应是飞廉。飞廉是中国古代神话中的风神，它没有具体的形象，只是兽头有角、鸟身、大尾的形象特征被传承，工匠们根据自己的学识和丰富的想象力，创造出自己心目中不同的飞廉。另外，与其他金银器相比，这件银盒上的纹样似乎刻画得较浅且粗略，应该是还未完工的金银器。由此可以推测唐代金银器的制作工序是先刻出纹饰草样，然后鎏金，再正式錾刻花纹，如此反复很多次才能彻底完成。

41. 孔雀纹盝（lù）顶银方盒

【基础信息】

这件银方盒，分为盒盖和盒身两部分，除底面光素无纹外，其他各面纹饰均采用满地装的手法装饰，显得繁复细密，富丽堂皇。银方盒正面、左面和右面的主题纹饰以中轴左右对称为基本构图模式，上面及背面纹饰从中心点向外布局，规整而稳重，辅助纹饰则根据空白填补，灵活而多变。银方盒正面是孔雀立于莲蓬之上的图案，其余几面分别刻有童子戏犬、山峰、

孔雀纹盝顶银方盒

流云、花鸟等内容。孔雀在唐代被视为珍禽，把人物、花鸟、风景巧妙地结合起来，具有浓郁的大自然气息。只可惜正面对称的孔雀中左侧一只仅錾刻出轮廓，没有錾刻出腹部细腻的羽毛，莲蓬也没有錾刻出叶脉、孔眼。从纹饰上看，这件银方盒似乎是一件未完成的作品。

【完整信息】

这种银方盒也有人将其称为宝函，认为它是佛教盛放舍利的器具。目前从考古发现的金银盝顶方盒来看，这类方盒大多出土于佛寺地宫，但从出土的唐墓壁画中有侍女捧着这种造型的方盒画面来看，它也被当作宫廷贵族日常生活的器皿使用。

怡情雅趣

唐代国富民强，是中国历史上的黄金时代。开放多元的社会风尚，使得唐人的生活丰富多彩。何家村窖藏出土了许多反映唐代乐舞、体育、娱乐、养生及唐人雅好的珍贵器物，彰显了唐代豪迈奔放的时代气息与唐人健康、浪漫、积极向上的精神风貌。

歌舞升平

唐代乐舞在继承魏晋南北朝时期以来艺术传统的基础上，广泛吸收外来元素，成为中国古代乐舞史上的黄金时代。唐代乐舞丰富多彩，坐部伎、立部伎且歌且奏，胡腾舞矫健刚劲，绿腰舞优美柔软，丰富的表演手段和艺术形式融多民族、多地域、多类型风格于一体。伎乐作为器物装饰的重要题材，不仅反映了唐代乐舞的繁荣，还映射出唐人对于乐舞的热爱。

42. 鎏金伎乐纹八棱杯

【基础信息】

这件杯子口沿处有一处缺失，并露有青色锈，因此专家推测这件杯子可能是铜胎，或者是以铜为主的合金。鎏金的器皿通常是铸造成型再通体鎏金，具体过程是先将金和水银合成金汞剂，均匀地涂抹在器物表面，通过烘烤加热，让其中的水银蒸发掉，使金附着在器物表面，然后在鎏金面上反复磨压，使其平整、牢固、光亮。鎏金伎乐纹八棱杯杯体为八棱形，杯体被分成八个区域，每个区域分别装饰有一位手执乐器的乐师，这些乐伎可能是一次铸造成型，然后錾刻出五官、乐器和服饰。他们都身着短衣宽裤，神态各不相同，其服饰和发式也不常见，并且八位乐师手中所执的乐器有竖箜篌、琵琶、排箫等，这些乐器在隋唐时期属于西凉、龟兹、高丽的特有乐器。这件杯子无论是造型还是装饰都具有鲜明的粟特风格。

【完整信息】

粟特人是生活在中亚阿姆河和锡尔河中间的泽拉夫尚河流域的古老民族，属于伊朗文化系统。粟特地区有康国、米国、安国等若干个独立的城邦，其中康国是最大的宗主国。粟特人善于经商、能歌善舞。从公元 3 世纪到 8 世纪，大量的粟特人沿着丝绸之路来到长安。到唐代时，粟特人在长安更为活跃，有的入朝做官、有的经营生意，对唐代社会生活产生了巨大的影响。

43. 鎏金伎乐纹八棱银杯

【基础信息】

鎏金伎乐纹八棱银杯杯体为八棱形，下接喇叭形圈足，浇铸成型。圆环形把置于杯腹之上，上部有指垫，下方有指鋬。指垫上装饰两个相背的深目高鼻、长髯的胡人头，呈浮雕状。杯体底纹及人物细部仍采用平錾手法加工。杯体每面以錾出的连珠纹为界，每一面浮雕为乐伎，其中四位或吹排箫，或执小铙，或吹洞箫，或弹曲项琵琶，另外四位一位抱壶、一位执杯，两位拂袖舞蹈。八位乐伎都是深目高鼻、头戴尖顶帽或瓦楞帽，身着窄袖翻领长袍的胡人形象。乐伎两侧还点缀花草、山石、飞禽，并以鱼子纹为底。综合分析，这件银杯应为一件实用的饮酒器。

【完整信息】

这件银杯和鎏金伎乐纹八棱杯一样采用铸造工艺制成，在锤揲工艺被采用后，铸造成型的金银器就极为罕见了。这件银杯中人物的形象和纹饰，都不是我国的传统风格，其八棱形杯体，连珠纹以及指垫都具有明显的西方风格。人物采用浮雕手法雕刻也是西方金银器的装饰工艺特点，但这一装饰工艺出现的时代较早，其中连珠纹的时代性较强，最早出现于北朝时期，在隋代和唐代初期比较流行，8世纪中叶以后唐代金银器中就很少出现连珠纹了，并且唐代的装饰题材中人物、乐伎、仕女等内容也大都为8世纪中叶以前，因此专家推测这件银杯可能是一件外国输入的器物或是外国工匠在中国制造的器物，年代应为7世纪后半叶或8世纪初。

44. 鎏金舞马衔杯纹银壶

【基础信息】

鎏金舞马衔杯纹银壶

鎏金舞马衔杯纹银壶通高14.8厘米，重549克，整体造型似马镫。壶身呈扁圆形。壶的上方一侧开有竖筒状的小口，口上还有一个鎏金覆莲瓣形的壶盖帽。一条呈八字形缠绕的小巧银链将覆莲盖和后面的鎏金弓状提梁连接起来。

这件银壶不仅造型优美，而且工艺复杂精湛。整件银壶采用纯银锤揲而成，即先将银料锤打成板状，再分别敲击出壶两面的大致形状，然后用模压的方法在壶腹两面内侧锤击出凸于器物表面的舞马形象，并在图案上鎏金。接下来将两半壶身焊接起来，并打磨焊口，使其几乎看不出来焊缝，这对工匠的技术水平是极大的考验，只有做到壶身两半工整而对称，才能保证焊接成型时严丝合缝，分毫不差。这件器物的独特之处在于它的器身和圈足是一体捶击成型的，而壶底则用锤打成型的椭圆银片镶嵌焊接。

当然，最特别的还要数壶身上的两匹祝寿舞马。唐代的马不仅应用于战争、交通、运输等，而且还应用于贵族宫廷的社交和娱乐活动之中，其中最引人注目的就是舞马。唐玄宗天宝年间，每逢“千秋节”（唐玄宗生日），都会在兴庆宫勤政务本楼下举行盛大宴会，接受文武百官、外国使臣和少数民族首领的朝贺，并以舞马助兴。随着《倾杯乐》的响起，训练有素的舞马踩着节拍或奋首鼓尾，或纵横应节，随着乐曲展现着矫健身姿。乐曲终时，舞马口衔酒杯，屈膝跪拜，向皇帝敬酒祝寿。诗句“屈膝衔杯赴节，倾心献寿无疆”“更有衔杯终宴曲，垂头掉尾醉如泥”都是当时祝寿活动的真实写照。

皮囊型壶是契丹族常见的器物，这件银壶显然是工匠为了皇家贵族外出游猎活动，巧妙地借鉴契丹族皮囊壶而制成的，因此这件文物不仅反映了唐代金银器制作的高超技术，同时也是中原文化和北方少数民族文化交流的物证，更是史书中记载舞马的重要实物资料。

飞鹰奔犬

唐代狩猎之风盛行。唐人通过狩猎活动，既可使弓马不废，强身健体，又可休闲娱乐，丰富社会生活。以狩猎场面作为装饰纹样成为唐代艺术品中常见的题材，在墓葬壁画、陶俑、铜镜及金银器中均可看到。何家村窖藏出土的狩猎纹题材器物，主旨丰富，画面生动，不仅表现了唐人纵马飞驰、弯弓搭箭的狩猎场面，而且彰显了唐人好猎尚武、积极进取的时代精神。

45. 狩猎纹高足银杯

【基础信息】

狩猎纹高足银杯

高足杯并不是我国传统器型，而是来自西方的一种酒器。罗马帝国时代出现后被广泛使用。公元 6 世纪末至 7 世纪前半叶流行于中亚地区。这件银杯由杯体、托盘、高足三部分组成，与如今红酒杯十分相似，专家推测它是沿着丝绸之路与葡萄和葡萄酒一起由罗马帝国传入我国的。该银杯杯身通体以鱼子纹为地，杯腹上部装饰一道凸弦纹，下部阴刻一道弦纹，中间有“算盘珠”式样的节。这件银杯共刻画出两幅狩猎场景：第一幅为两名武士骑着马前后夹击奋力奔逃的野猪；第二幅是一名武士左手持弓策马追赶一只惊恐的小鹿，离弦的那支箭已经射穿了小鹿的背部，而另一只鹿无暇顾及同伴正在奋力逃命，跑在前方的武士策马回首。这件银杯将唐代贵族骑马狩猎的瞬间动态刻画得十分传神，工艺精湛，纹饰精美。杯底部有“马舍”二字，专家推测这是制作这件器物的工匠的名字。

【完整信息】

唐代由于统治者对狩猎活动极度热衷，狩猎纹也成为重要的艺术表现题材。它形象地反映了贵族的狩猎生活，也为了解当时人们的思想意识、审美情趣，以及服饰、武器等方面提供了宝贵的资料。

这件高足杯显然是受西方影响而产生的，但是装饰却是唐代特有的装饰风格，因此这件器物应是东西方文化融合后的产物。

46. 鎏金仕女狩猎纹八瓣银杯

【基础信息】

鎏金仕女狩猎纹八瓣银杯造型奇特，杯体呈八曲葵口花瓣形，口沿处錾刻一圈连珠纹，整件银杯的主题纹饰錾刻在外腹部，杯腹的八个花瓣錾刻有四幅仕女图和四幅狩猎图，相间排列。四幅仕女图内容为仕女戏婴、仕女梳妆、仕女乐舞、仕女游乐；四幅狩猎图分别是狩猎野兔、狩猎鹿、狩猎虎、狩猎狐狸等野兽的场景。这八幅图通过不同人物的神态和活动场面，描绘了唐代贵族生活的重要情景。

【完整信息】

鎏金仕女狩猎纹八瓣银杯

银杯上的四幅仕女图中的仕女皆是高髻长裙的唐代女子形象。而在狩猎图中的主角又刻画了长发披肩的突厥武士形象。在银杯的内底处，以水波纹为底衬，中间錾刻出摩羯头和三条长尾鱼。当杯中盛放酒或水后，就仿佛真的有水草漂浮，鱼儿在微波中游动一样。这里的摩羯是古印度神话中的一种水兽，被认为是河水之精、生命之灵，常见于古印度的雕塑、绘画艺术中，东汉时期随着佛教而传入我国。这件银杯在本土的氛围之中又散发着异国情调，充分体现了东西方文化交流的特点。

“服食求仙”

自古以来，生命的有限性使得“长生不老”成为人们追求的终极目标，在医疗技术和手段并不发达的古代社会，服食丹药成为实现这一目标的重要途径。何家村窖藏出土了一大批医药文物：有 18 种贵重药材和 40 多件医药器具。这些药材可能是信奉道教的唐朝皇室贵族用来炼丹的主要原料，而药具则主要是炼丹的用具。这批炼丹的药具，是迄今为止发现的最完整的一批药具，生动地诠释了唐代炼丹的盛行以及皇室贵族对长生的渴望。

47. 盛放丹砂的银盒一组

【基础信息】

何家村窖藏出土了8件素面大银盒，都盛放着药材，这些银盒盖内面都有墨书，详细记录了所盛放的物品以及重量，墨书字体舒展大方，由此可见，记录非草率仓促之作。在出土时，墨迹清晰，表明这些器物在入库后，没有再使用过。墨书上记录了药材名称，有“大粒光明砂”“次光明砂”“光明碎红砂”“光明紫砂”“红光丹砂”“丹砂”“朱砂”等。其中，“光明砂”是最上乘的丹砂，被人们称为“朱砂”，主要成分是硫化汞，是唐代炼丹的常用药材。

【完整信息】

何家村窖藏出土的药材和当时上流社会尊崇道教有着密不可分的关系。李唐统治者为了制造顺应天命的舆论，利用道教祖师老子李耳姓李的巧合，尊老子为唐王室祖先，大力尊崇道教。道教追求济世救人、长生不老、得道成仙。道教得道成仙的方法最为我们所熟知的就是服食仙丹。因此炼丹和服用丹药之风在唐代非常兴盛。方士们认为将炼丹原料盛放在金银器皿里，会沾上金银之气，能巩固和提高药效。因此何家村窖藏出土的药材都是放在银盒之中的。

48. 金箔

【基础信息】

唐代不仅盛行服用丹药，还服食黄金，当时的人们认为黄金具有“镇定安神、定惊除痫”的神奇疗效。金箔是利用了黄金延展性和可塑性极好的特质，由纯金制成的极薄的金叶。唐人在炼丹时常用金箔包裹朱砂，《诸家神品丹法》记载“取上好朱砂颗块五两，每块以金箔五层裹之”。

49. 鎏金石榴花纹银盒

【基础信息】

这件银盒的盖、底纹饰相同，均为三重，中心为一朵八出团花，第二重为八朵忍冬石榴花结，第三重为柿状花构成的八朵团花。石榴是源自波斯的物种，为多子多福的吉祥之物。纹饰将石榴花与本土花草有机结合，也是中国与中亚、西亚文化交流的产物。盒内墨书“溪州井砂卅七两，十两兼盛黄粉”，从墨书和盒内盛放的物品看，此盒是盛放药材之用。“井砂”是朱砂的一种，为炼丹的主要材料，内服外用均有安神解毒的作用。溪州是井砂的著名产地，在今湖南省湘西土家族苗族自治州龙山县。黄粉即金屑，古人认为服食金屑有“镇精神、坚骨髓”的功效。石榴花纹是古代的一种吉祥纹饰，有连生贵子、人丁兴旺的寓意，流行于 8 世纪中叶。

50. 素面金盒

【基础信息】

这件素面金盒为圆形，通体光洁，盒盖与盒底均隆起呈慢拱形，以子母扣扣合，无论怎样转动均严密无缝。盒底与盒盖口部圆形十分规范，精密度之高，令人叹服。这件金盒制作精良，工艺娴熟，技术高超，是唐代黄金加工工艺水平的代表。目前出土的唐代金盒只有何家村窖藏中的这两件。出土时金盒里面装有麸金，麸金是沙金的一种。唐代不仅盛行服用丹药，还盛行服食少量的黄金，唐人认为黄金与丹砂都具有强身健体、延年益寿的功效。

51. 银盒与“上上乳”　银盒与“次上乳”　银盒与“次乳”

【基础信息】

这件银盒内装有透明管状钟乳石，银盒盖内墨书记录了钟乳石的品级、重量。按钟乳石品级分为三种，分别是“上上乳”“次上乳”“次乳”。“上上乳”是最好的钟乳石，“次乳”在服用前需要挑选。钟乳石的主要成分是碳酸钙，古人认为钟乳石有“安五脏、通百节、明眼目、利九窍、下乳汁、壮元气”的疗效，食之可“延年益寿”，是炼丹的原材料之一。

【完整信息】

在唐代，钟乳石是一种非常珍贵的药材，在《神农本草经》中这样记载：钟乳石被列为养命、无毒的“上品”药，同时钟乳石也是南北朝时期以来颇受贵族推崇的“五石散”的重要成分之一。唐代孙思邈的《千金翼方》记载：石钟乳、紫石英、白石英、硫黄与赤石脂是制“五石散”的原料。据说服食此药可以强身健体、延年益寿，从南北朝时期至隋唐时期，帝王、官吏、豪门贵族均喜欢服食“五石散”。

52. 仰莲瓣座银罐

【基础信息】

这件银罐器型特殊，伞形盖、宝珠盖钮。下部似一圆底碗，底部饰仰莲瓣一周，各莲瓣中央錾刻一心形图案，空白部分则錾刻出竖纹。该罐由罐体和仰莲瓣座两部分组成，罐体与仰莲瓣座是分别制好后焊接起来的，这种形制仅见于何家村窖藏。这件银罐大小与银石榴罐相当，专家推测它也是一件炼丹用具。

53. 银石榴罐

【基础信息】

银石榴罐名称的由来与它的形状像石榴有关。它的壁部厚重，口很小，颈部是将银片打制成圆筒状然后焊接在罐口之上的。项部有一圈外凸的棱带，颈与腹部相接处仅留直径约为 0. 5 厘米的小孔，孔内有一根棍状的塞。腹部有一周明显的焊接痕迹，由此推测银罐是由分开浇铸的两部分焊接而成的。何家村窖藏共出土银石榴罐 4 件，形制基本相同。

根据宋代《金华冲碧丹经秘旨》中的记载，以及书中绘有使用时将石榴罐倒置在坩埚上的图样，有学者推测何家村窖藏出土的银石榴罐是古代炼丹用的简单蒸馏器。

54. 鎏金鹦鹉纹提梁银罐

【基础信息】

鎏金鹦鹉纹提梁银罐

鎏金鹦鹉纹提梁银罐属国宝级文物，是何家村窖藏中最华丽的提梁银罐。银罐由罐盖、提梁和罐身三部分组成，采用锤揲、浇铸、切削、抛光、錾刻、鎏金、焊接等工艺制成。罐盖中心錾刻着一朵宝相花，四周装饰有葡萄纹、石榴纹和忍冬纹。罐颈部与圈足还分别装饰有海棠花纹。装饰着菱形图案的提梁插在罐肩上的两个葫芦形附耳之内，可以自由转动。腹部的主体纹饰采取了单元式的构图，均匀地分为四个单元。以展翅欲飞的鹦鹉为中心，四周装点着大朵的折枝团花，形成一个圆形图案，装饰于罐腹部的两面；以鸳鸯为中心，四周饰以折枝花，形成圆形图案，装饰于罐腹部。折枝团花间的鹦鹉勾喙抬首、振翅翘尾，纤细的羽毛清晰可见，形象逼真。鸳鸯嘴衔折枝花，胸、腹、尾分别由三片折枝阔叶相连而成，表示胸部和腹部的折枝阔叶下分别有鸟足，两翅也由折枝叶表示。折枝团花与鹦鹉、鸳鸯浑然融为一体，构成了生机盎然的画面。罐盖内有墨书“紫英五十两”“白英十二两”的题记。紫英即紫石英，白英即白石英，在唐代它们都是用来制作道家丹药“五石散”或“三石散”的主要原料。由此可以说明这件银罐曾经被用来储存炼制丹药的原料。

【完整信息】

鹦鹉作为金银器、瓷器、铜镜等器物上的纹饰主要是在中晚唐时期。在这件银罐上，纹饰整体布局采取了分单元的方式，留出较多的空白，装饰的折枝花纹、阔叶大花，这些都是8世纪中叶以后更流行的纹饰。因此专家推测这件器物的制造年代应为8世纪中叶。

【拓展信息】

鹦鹉纹的流行，有着深刻的历史背景。唐代是一个富强繁荣的朝代，也是中国对外交往的辉煌时期，因此唐代文献中有很多外国进贡鹦鹉的记载。鹦鹉能言，备受贵族宠爱，因此成了智慧和吉祥的象征。鹦鹉纹与鸳鸯纹、鸿雁纹、鸾凤纹、蝴蝶纹等吉祥纹样成对且共同出现，寓意吉祥、圆满。金银器作为只有贵族才可以使用的贵重物品，上面装饰着贵族阶层宠爱的鹦鹉，也代表了唐代上层社会的流行风尚和情趣。

55. 紫石英　白石英

【基础信息】

紫石英和白石英在唐代也属于名贵药材，也是炼制“五石散”的原料。“五石散”是古代治疗体虚和“五劳七伤”的重要药物，但此药长期服用会产生很大的毒副作用，对于服“五石散”的危害，唐代已经有了“不可不慎”的认识。为了减其药性，孙思邈建议减去硫黄和赤石脂，变成“三石散”，因此专家推测何家村窖藏出土的“上上乳”、紫石英、白石英，可能就是制作“三石散”的原材料。

56. 琥珀

【基础信息】

琥珀是树脂滴落埋藏于地下千万年，经过一定的化学变化形成的一种化石。琥珀的形状多种多样，表面常保留着当初树脂流动时产生的纹路，内部经常可见气泡及古老昆虫、动物或植物碎屑。

唐代有一部分琥珀是由波斯输入的，也有林邑（今越南南部）、日本等国进贡的。除了被加工成装饰品以外，琥珀还可以用作药材。何家村窖藏出土的琥珀与丹砂一起盛放在银盒内，显然是作为药材被存放的。中医认为琥珀有安神定气的功用，也可杀菌消毒及避免传染病，还有人将琥珀磨成粉末拿来止鼻血、治疗火伤等。

57. 小银罐一组

【基础信息】

这一组小罐是当时盛放丹药所用。在刚被发现时，考古学家打开小银罐盖子后发现其内壁依旧银白光亮，没有被氧化。这是因为盖子与盖口契合度高，扣合紧密，所以密封性强。

何家村窖藏出土的药材及药具是迄今为止唐代药材、药具最完整的一次发现，也是中国医药史上的一次重大发现。从器物上的墨书可以看出，唐代炼丹用药已经非常重视药材品质的优劣，重视药材的产地等信息，这为研究我国古代中医药史、道教炼丹以及化学史都提供了非常宝贵的资料。

58. 桃形忍冬纹镂空五足银熏炉

【基础信息】

这件银熏炉由三部分组成，上层为半圆形盖，盖面镂空装饰有三层如意云纹；中层镂空装饰一周桃形忍冬纹，寓意长寿；下层为圆盘状炉身，有五个兽蹄形足，其间设置五根链条，使熏炉既可以平放，也可以悬挂。整件银熏炉造型舒展大方，风格凝重典雅，是一件观赏性很强的室内摆设用具。

【完整信息】

在我国，熏香文化由来已久。早在上古时期，先民们在大自然中发现带有天然辛香气味的植物，便有意识地将其采集起来加以利用。人们不仅将这些香木香草制作成香囊佩戴，还会熏烧、沐浴、入馔等，并且香草还被作为道德高尚和情操高洁的代名词被歌之咏之，托之寓之。

不仅如此，熏香在古时还具有相当重要的实际意义。由于医疗、卫生条件不发达，人们便采用佩戴香囊、熏烧香草的方式来祛病除秽、驱除害虫，净化空气。

唐代焚香之俗极其盛行，香炉样式质地复杂多样，有铜器、陶瓷器、金银器等。这件熏炉制作精美，其使用者的身份应该不低。

59. 素面双耳银锅　素面双耳提梁银锅

【基础信息】

何家村窖藏共出土 5 件银锅，均为素面，没有纹饰。这两件银锅通体光素，锤击成型。因何家村窖藏中出土了大量的丹砂、钟乳石、石英等，专家推测这两件银锅可能与炼丹有关，也有可能为生活实用器。我国中医药学中对药物的煎制器物有着特殊的要求，传统医术中不乏关于用金银器皿熬制药材的记载。从汉代起，方士就认为使用金银饮食器，可延年益寿、长生不老。到唐代，这种观念仍影响着人们，唐代出现大量的炼丹药材和用金银制作的药具正印证了这一点。

60. 素面长柄三足银铛

【基础信息】

这件素面长柄三足银铛的形状像一个锅，在底部有三个兽蹄形足，口沿边有一个半圆形短流。器身一侧焊有一曲尺长柄，柄上有活页可使长柄折叠，不用时可将长柄反折扣到铛口上，并有滑动的锁扣用来固定，以节省空间。可折叠长柄蕴藏了制作者的巧思妙想，虽经历千年依然牢固。在铛底部有墨书“十二两”题记一行，标明了此铛的重量。

61. 双狮纹金铛

【基础信息】

铛是一种带柄的温器，可做温酒器、茶具及药具。铛这种器形是中国传统的样式，在南北朝时期就已出现，当时就有酒铛、茶铛、药铛等。

双狮纹金铛

这件金铛为锤揲成型，单柄呈叶芽形，下有三兽足。在铛的外底部中心分别錾刻了九条水波纹曲线，将外壁分成九个“S”形区间，在每个区间内錾刻出双鸟衔绶、立狮及花卉等纹饰。在器物上分区构图，是西方金银器制造中常见的构图方式。金铛内底部以双狮为中心、周围环绕麦穗纹圆框，这是波斯萨珊王朝金银器中常见的“徽章式纹样”。铛内底部装饰有作奔跑嬉戏状的高浮雕式双狮，整体构图协调华美。

62. 素面金铫（diào）

【基础信息】

铫是有柄有流的小型烧器，汉代时开始出现，到唐代时被广泛使用。

素面金铫

从金铫内壁残留的痕迹来看，它曾被长期使用过。金铫的内底有三行墨书：“旧泾用十七两暖药”。其意指金铫重十七两，是用来暖药及熬药的器物。“旧泾用”指这件金铫的使用者叫泾，“旧泾用”三字为我们寻找这件金铫的主人乃至探讨整个何家村窖藏的主人提供了重要的线索。据《新唐书》和《旧唐书》中的记载，在唐代的皇子中被封为“泾”王的只有唐肃宗的第七子李侹，李侹当泾王近 30 年，因此这件物品有可能是泾王府的器物，泾王死后，被收归皇家内库。

63. 赤金走龙

【基础信息】

何家村窖藏共出土 12 条赤金走龙，均为纯金制造。赤金走龙呈四足直立状，或凝视，或奔走，神态极其自然生动，龙头上两角自然弯曲，并以纤细的阴线錾刻出眉毛、眼睛和颈部的毛发，身体上的龙鳞也被表现出来，尾部由粗变细，尾端回勾极具动

赤金走龙

感，体型虽小但是十分精美、活灵活现，足以体现出唐代工匠在制作小件工艺品上的娴熟技巧，堪称唐代微雕的精品。

【完整信息】

有学者认为这些赤金走龙可能是道教投龙祭祀仪式中所用的法器。投龙祭祀是道教最重要的仪式之一，源于道教的天地水“三官”信仰。古时帝王举行道教祭祀活动，为了沟通神界，祈求平安，免除灾祸，往往会在三片简上书写祈愿内容，奏告“三官”，即投龙简。投龙简分别为山简、土简、水简。山简投于高山之中，土简埋于地下，水简投于潭洞水府。早期用于沉埋的祭物多为金银器、铜器等。唐代时逐步形成了沉埋金龙玉简的固定礼仪。它的一般方式是将写有愿望文字的玉简、玉璧和金龙、金钮等器物一起用青丝捆扎，待举行醮仪（道教为消除灾祸而举行的祭礼仪式）后再投出。

泉惠千秋

【基础信息】

何家村窖藏出土钱币共 39 种，合计 466 枚。从春秋时期的齐国刀币到唐代的开元通宝，几乎每一个时期的货币都有收藏，时间跨度超过 1000 年。除了我国的钱币外，还有不少外国货币，比如日本的和同开珎银币、东罗马金币，这一收藏横跨亚欧大陆，幅员数千千米。这么多钱币集中出土于一地，是钱币收藏史上的一次重大发现。这些钱币中不仅有流通货币，还有用于宫廷赏赐、游戏的金开元通宝和银开元通宝，为探究何家村窖藏主人身份提供了非常重要的线索。

64. “节墨之法化”铜刀币

【基础信息】

这枚铜刀币是春秋时期齐国的货币。刀身正面铸有“节墨之法化”字样。“节墨”意为春秋时期齐国国都邑名（故址在今山东省青岛市平度县），“法化”为标准铸币、法定货币的意思。这是何家村窖藏39种钱币中年代最早的一枚。

65.“京一釿”铜平首布

【基础信息】

这枚钱币平首平肩，弧裆方足，正面铸文“京一釿”，背面光滑无纹。“釿”是春秋战国时期的重量单位，据实测推算，一釿为现在的12～15克。该钱币主要铸行于战国时期的魏国、韩国、赵国。

66.“半两”铜钱（战国时期）

【基础信息】

这是一枚战国时期的“秦半两”钱，钱身上铸有“半两”二字，字体为大篆，钱体大而厚重。周边不规则，未经打磨，文字古朴。据《史记·秦始皇本纪》记载，秦惠文王二年（公元前336年）“初行钱”，其“初行钱”铸行的就是“半两”铜钱。

67.“半两”铜钱（秦统一六国之后）

【基础信息】

这枚“半两”铜钱钱文规整、边缘经过修整，“半两”二字为小篆，为秦统一六国后的铸币。秦统一六国之后，将方孔圆形的“半两”钱确定为全国流通货币。古人讲究天圆地方，所以秦“半两”铜钱所蕴含的“圆以象天，方以则地，以天包地”的理念为以后历代统治者所接受，圆形方孔钱一直流通到清朝末年，成为我国古代货币的基本形制。

68.“大泉五十”铜钱

【基础信息】

西汉末年，王莽篡汉自立，建立了新莽政权。在8年间，先后进行了四次币制改革，每种钱币种类、换算都很复杂，导致经济混乱，这也是新莽政权迅速覆灭的重要原因。但是新莽时期钱币铸造精美，样式奇特，文字隽秀，被认为是历代钱币中的精品。“大泉五十”是新莽货币中最主要的一种，新莽居摄二年（公元 7 年），进行了第一次币制改革，在五铢钱之外增铸大钱，重十二铢，文曰“大泉五十”。“泉”是“钱”字的借用，因此大泉五十也就是“大钱五十”的意思。一枚大泉五十的重量相当于两个半西汉五铢钱的重量，但价值却要等于五十个五铢钱，是一种大面值的虚币。

69. “小泉直一”铜钱

【基础信息】

新莽建国元年（公元 9 年），发行“小泉直一”代替五铢钱，因此一枚“小泉直一”相当于一枚五铢钱的价值，也是新莽布泉体系的基本单位。“小泉直一”虽然流通时间不长，但由于是新莽时期货币体系中的最小货币单位，所以铸造量很大。

70. “大布黄千”铜币

【基础信息】

大布黄千是新莽建国二年（公元 10 年），实行第三次币制改革时所铸的“十布”中最大的。“黄”通“衡”，为“等于”之意，一枚“大布黄千”即等于 1000 枚“小泉直一”，但重量比仅为 24∶1。这种极端混乱的币制引起了人民的强烈抵制，迫使王莽不得不在同年停废大布黄千，仍使用小泉直一和大泉五十。

71. “货布”铜币

【基础信息】

货布是新莽政权时期第四次币制改革的产物。据《汉书·食货志》记载，王莽在第三次币制改革失败后，在天凤元年（公元 14 年）又进行了第四次币制改革，取消大小钱，改用货布、货泉，以取代换算烦琐、大小不一的“六泉”和“十布”。

72. 新莽天凤元年（公元 14 年）铸币一组（饼形货泉、小货泉、无字货泉、剪边双廓货泉）

【基础信息】

货泉是存世最多的一种新莽钱币，但货泉版式复杂，大小、重量悬殊，轻的不到 2 克，重的有数十克。货泉的形制极不规范，还有表面无文字和剪边等特殊品种。当时一枚货布相当于 25 枚货泉。货布、货泉自天凤元年（公元 14 年）至新莽灭亡（公元 23 年）铸行十年之久，与“大泉五十”被合称为王莽三大“长命钱”。

73. “五铢”铜钱

【基础信息】

五铢钱是汉武帝元狩五年（公元前 118 年）开始铸造的，钱上铸有篆体“五铢”二字，因此得名。五铢钱轻重适宜，量足成色好，一直沿用至隋代末年，约流通 700 年，是我国历史上流通时间较长的货币之一。当然各个时期的五铢钱也有不同。陕西历史博物馆馆藏的这枚五铢钱，轮廓较浅，铜色黄而发白，应属东汉中期铸造的五铢钱。

74. 直百五铢　“直百”铜钱

【基础信息】

直百五铢和“直百”铜钱为蜀汉时期的铸币。汉献帝建安十九年（公元 214 年）刘备入蜀后，铸直百五铢。钱的面文有“直百五铢”四字，在当时一枚直百五铢钱等于 100 枚五铢钱，但实际重量仅略高于五铢钱，是一种虚值大币。蜀汉偏居西南，经济发展受到局限，又连年战争，财政困难，军费紧张，统治者便采取发行虚值大币的方式来勉强维持经济，但这种虚值大币是对民间财富的一种剥削，对蜀汉的经济贸易产生消极影响，加速了蜀汉政权的衰落。

75. “大泉当千”铜钱

【基础信息】

三国时期吴国的铸币。一枚大泉当千的价值相当于1000枚五铢钱，这是继新莽时期之后铸造的最大的虚值钱。遭到社会的抵制后，孙权下令官府停铸并收回，存世不多，非常珍贵。

76. “凉造新泉”铜钱

【基础信息】

凉造新泉为前凉张氏王朝所铸，是我们现在发现的第一个以国号命名的圆形方孔钱。

西晋之后，原凉州（今甘肃省武威市）刺史汉族人张轨割据一方，建立政权，定都姑臧（今甘肃省武威市凉州区），史称前凉。前凉国力强盛之时，由于货币供应量的不足，便自铸了少量的凉造新泉来补充，因其铸造量很少，所以它是东晋时期最珍贵的钱币之一。

77. “永安五铢”铜钱

【基础信息】

北魏末年，北魏孝庄帝元子攸在公元528年改年号为“永安”。第二年（公元529年）大量开铸“永安五铢”货币。钱文正面铸有“永安五铢”四字，钱文以五铢配以始铸年号是北朝钱币的一大特点。

永安五铢大多大小轻重不一，且滥铸多，严重贬值，使得货币流通状况非常混乱。“永安五铢”对于北魏的经济发展没有起到积极作用，但它作为一个时代的产物还是具有一定的历史价值的。

78. “五行大布”铜钱

【基础信息】

五行大布为北周武帝宇文邕铸造。钱文及制作极为精美，为著名的三大美泉“北周三品”之一。“五行”指“金、木、水、火、土”，为道家术语。在北周时期，佛教盛行，寺院占有全国大部分财产，僧人以宗教思想控制百姓和社会，侵占农田，不劳而获，僧人获得僧籍后还可以逃避租税和徭役。至北魏末年，北魏已有佛教徒两百万人，寺院三万余所。北周建德三年（公元 574 年），北周武帝下令在全境内展开了一场声势浩大的灭佛运动。从史书记载看，五行大布的铸造时间与灭佛运动时间前后衔接，钱文上可能因此而使用了道家术语。

79. “太货六铢”铜钱

【基础信息】

太货六铢钱为南朝陈宣帝铸行的一种钱币，此钱铜质优良，钱文瑰丽匀称，居南朝钱币之冠。

太货六铢钱尽管铸造精美，但在当时却并不受欢迎。其大小与五铢钱相仿，而朝廷规定一枚太货六铢要抵 10 枚五铢旧钱，这种货币贬值，是对人民的一种剥削，因此引起百姓抵制。由于陈朝国祚仅有 32 年，因此“太货六铢”钱的铸行量较少，非常珍贵。

80. 鎏金“永安五男”铜钱

【基础信息】

鎏金“永安五男”铜钱通体鎏金，为唐代所铸。钱背面施有祥瑞的四神图案：上朱雀、下玄武、右青龙、左白虎。钱正面有“永安五男”四字，“五男”的含义难以解释，多被视为吉祥语。因钱背面的四种图案，专家推测此钱币为唐代所铸的厌胜钱。

厌胜钱是以钱币为载体，表达一种祈求吉祥的寓意。厌胜钱自汉以来即有铸造。魏晋南北朝时，每当宫廷内有祭典活动，都要专门铸造厌胜钱，悬挂在宫灯下。明清时逐渐形成一种惯例，每朝新皇帝登基，均造一批厌胜钱。它不仅反映人们祈求太平盛世的美好愿望，而且常烙有时代印记。

81. 鎏金铜货布

【基础信息】

何家村窖藏共有 6 枚鎏金铜货布，这也是 20 世纪 50 年代以来首次出土的鎏金货布。这 6 枚鎏金铜货布和新莽时期的货布比较，形制较小，貌似而神异，因此专家推测这些鎏金铜货布应为唐代仿制品。

82. 双面开元通宝

【基础信息】

双面开元通宝为唐代铸币，又称“合背开元”，其钱面与钱背都铸有“开元通宝”四字，看起来就仿佛是两枚开元通宝钱的钱背黏合在一起似的。正常的铜钱是由一件面范和一件背范组合浇铸的，而合背钱有的是工匠在铸钱时合错了范，误将两件面范合在了一起；也有可能是出于某种需要而特铸的，如宗教信仰或民俗等方面的需要。在我国的古钱中，从春秋战国的布币、蚁鼻钱，到汉代的五铢钱、唐朝的开元通宝，直至宋元明清等朝的钱币，都有合背的情况出现，其铸造和存世的数量比较稀少，因此这枚双面开元通宝非常珍贵。

83. 开元通宝铜钱

【基础信息】

唐高祖武德四年（公元 621 年），废五铢钱改铸开元通宝。钱币面文“开元通宝”四字出自初唐书法家欧阳询之手，有很高的艺术价值。开元即开辟新纪元或开国奠基之意，通宝即流通宝货。开元通宝钱在我国钱币史上有着划时代的地位。开元通宝制作规范，10 钱为一两，革新了秦汉以来 24 铢为一两的旧制。此外，开元通宝还革新了钱币的名称，唐代以前的钱币大多以重量命名，如五铢钱、半两钱，唐开元通宝后钱币称“宝”或“通宝”。

84. 素面提梁银罐

【基础信息】

前面我们看到的大量货币就收藏在这件素面提梁银罐内，还有一些外域货币，非常珍贵。

丝路物语

唐代，繁盛的丝绸之路将东西方国家和地区紧紧地联系在一起，东西方文化交流空前发展。何家村窖藏出土文物中不仅有大量的异域“舶来品”，还有许多融合本土与异域智慧的创新之作，这些文物都是东西方进行交流互鉴的珍贵物证。

西风东来

开放的唐代以追求新奇为时尚，“舶来品”担当了文化传播者的角色。何家村窖藏出土文物中，造型独特的镶金兽首玛瑙杯，小巧玲珑的素面罐形带把银杯，晶莹剔透的水晶八曲长杯、凸纹玻璃杯，以及珍贵罕见的外国钱币，无不反映出唐人对外来文明的好奇、向往与包容。

85. 素面高足银杯

【基础信息】

高足杯是属于外来器型中比较典型的一种。当时，使用外来风格的生活用具是唐代贵族的一种风尚。在唐代高等级墓葬反映墓主人生活场景的壁画中，就可以见到高足杯的身影，由此可以看出高足杯在唐代社会的流行程度，以及唐人对外来文化的热爱和推崇。

86. 掐丝团花纹金杯

【基础信息】

掐丝团花纹金杯

掐丝团花纹金杯杯口外撇，杯身内弧，带圈足，把手以十字形金片与杯身铆接，杯腹表面装饰有金丝焊接的四朵大团花，整体看上去精致典雅，制作工艺却十分繁复，其中用到了掐丝工艺。掐丝是一种极其精细费时的工艺，有玲珑剔透之美。具体做法是将金银锤打成极薄的薄片，然后剪成细条，慢慢扭搓成丝，编成想要的图案，再焊接在器物表面。这样制成的纹样凸出于杯腹表面，极具立体感。

【完整信息】

团花外围还焊接有一圈非常细腻且排列细密的小金珠，使得团花增加了立体感。掐丝工艺经常和金银珠焊缀工艺同时使用。比较常见的金银珠的制作方法有三种：第一种称为碾珠，即将金丝切成小段，加热熔聚成颗粒，颗粒小时自然浑圆，颗粒大时夹在两块木板间进行加工；第二种称为炸珠，即将黄金熔化倒入水中，温度差异会使金液形成大小不等的小金珠；第三种称为吹珠，即将金丝一端加热，并用吹管吹加热端，待金丝加热到熔点后就会有小金珠落下。细致的做工，造就了不凡的品质。

【拓展信息】

这件金杯在出土时还可见团花内的镶嵌物残迹，现在镶嵌物已经完全脱落了。从法门寺地宫出土的《物帐碑》以及对照出土的器物得知，该器物表面除了焊有金丝编成的外框以及细密的小金珠，还会再镶嵌宝石，这种工艺被称为“金筐宝钿”。这种筒形带把杯是唐代带把杯的主要形制，因此这件金杯的形制及装饰纹样都是唐代的风格。这种风格在8世纪中叶以后就不再流行，但粟特地区的筒形带把杯直到9世纪还有发现，因此专家推测粟特地区的筒形带把杯的造型可能受到了唐代造型风格的影响。

87. 素面罐形带把银杯

【基础信息】

唐代带把杯，有罐形、八棱形、筒形、圆底碗形，杯把只有一种，即环形，附有指鋬。目前出土的唐代带把杯，除了部分器物直接来自中亚粟特地区外，还有部分其造型取自粟特地区，实为唐人仿制的作品。这件素面罐形带把银杯经过锤揲成型，光滑没有纹饰。在杯的环形柄上焊有指垫，当用手执杯时，拇指按在指垫上既会感到舒适，又加力持重，保持稳定，是相当巧妙实用的设计。这样的设计大多来自中亚地区，特别是粟特地区在7世纪至8世纪非常盛行这样的形制。

88. 东罗马金币

【基础信息】

东罗马帝国，即拜占庭帝国，我国史书中称其为“拂菻”。罗马帝国在公元395年分裂成东、西两个部分。东罗马帝国占据着巴尔干半岛、爱琴海诸岛、小亚细亚、亚美尼亚、叙利亚、巴勒斯坦、埃及、利比亚以及美索不达米亚上游和南高加索的一部分。在此辽阔的疆域上存续了一千多年，直到1453年被奥斯曼土耳其所灭。西罗马帝国于公元476年灭亡。

这枚金币属于东罗马希拉克略王朝（公元610年—公元711年）铸造。正面为头戴王冠、身披甲袍的国王半身像，背面末端刻有西字形的十字架和四级台阶，周围边缘有铭文。

东罗马帝国与唐朝关系密切，据史籍记载，东罗马帝国曾7次遣使节来唐。章怀太子墓出土的《客使图》壁画中就有东罗马使者的形象。隋唐时期，陆上丝绸之路上的商品贸易络绎不绝，东罗马、波斯等外国的金银币流通于新疆和中亚地区，成为一种国际货币。近年出土的外国金银币在陆上丝绸之路沿线上都有发现，这说明这种金银币是通过陆上丝绸之路最后传入长安的，这是东西方贸易往来的历史见证。

89. 波斯库思老二世银币

【基础信息】

波斯库思老二世银币

波斯（今伊朗）是著名的西亚古国，位于欧亚大陆之间，是东西方文化交流和商贸往来的重要枢纽和桥梁。在安息王朝时期（公元前 247 年—公元 226 年）就已经开始和中国友好往来。萨珊王朝时期（公元 224 年—公元 651 年），随着丝绸之路的畅通，波斯与中国的交往更加频繁。据文献记载，波斯曾 29 次派遣使节前来唐长安城，长期留居长安的波斯人多达数千人。他们大多从事商业活动，长安西市就有专供波斯商人居住的旅店和存放货物的货栈。

这枚波斯库思老二世银币正面有波斯国王库思老二世的右侧半身像，国王头戴王冠，冠顶有翼翅和雉形饰物，周围有两圈连珠纹外框。背面中央有点状堆积的火焰纹和台基组成的祆教圣火祭坛，两侧各有一个手持长剑的祭司。

波斯萨珊银币当时在中东、东欧及中亚、中国西北地区，作为一种国际货币而广泛流通，在中国境内发现了近 600 枚波斯库思老二世银币。

90. “高昌吉利”铜钱

【基础信息】

高昌在今新疆维吾尔自治区吐鲁番一带，据文献记载，因其“地势高敞，人庶昌盛，因名高昌”。高昌是西域通向内地的重要通道。汉武帝出征西域时，有部分将士留居高昌，至东晋以后，他们的后代建立地方性政权。据史书记载，高昌的风俗政令同中原略同，农业、商业很发达，普遍使用金属货币。隋唐时期，高昌和中原交往密切，曾多次派使者朝贡。唐贞观十四年（公元 640 年）统一新疆，高昌被灭，其地为唐朝西州。9 世纪中叶，回鹘首领率部西迁至西州，建立了以高昌为中心的回鹘政权，史称高昌回鹘。13 世纪初归附蒙古，之后为元代直辖地。因此，史学家和钱币学者认为“高昌吉利”铜钱为元代所铸，但何家村窖藏出土的这枚“高昌吉利”铜钱，将其铸行时间提前至公元 8 世纪，证实了“高昌吉利”铜钱为唐统一新疆以前高昌王朝的铸币。

此钱正面为汉文隶书“高昌吉利”四字，端庄凝重，钱文中有“吉利”二字，所以有的学者认为这是一种吉庆的纪念性铸币。还有学者认为高昌国受波斯银币风格的影响，钱文为国号加吉语，但并不妨碍它作为正式的流通货币使用，因此这种钱是否用于实际流通至今还有争议。“高昌吉利”铜钱至今存世数十枚，是古泉珍品之一。

91. “和同开珎”银币

【基础信息】

“和同开珎”是日本奈良王朝元明天皇和同元年（公元 708 年）仿效中国唐代“开元通宝”钱铸造的货币，是日本最早铸行的法定货币。

中日两国经济文化交往源远流长，唐朝政治、经济、文化等方面的卓越成就，成为日本效仿的楷模。日本在奈良时代以前，以稻米、布帛作为实物货币，随着社会经济的发展，在和同元年效仿中国“开元通宝”铸造了和同开珎。但由于日本缺乏铸钱必需的矿物资源，加上国家权力涣散衰弱，和同开珎从始铸到停废仅一年三个月，因此，铸量很少，即使在日本国内也遗存无几，何家村窖藏出土的 5 枚“和同开珎”银币弥足珍贵。据考证，这些银币是唐玄宗时期，由第 7 次遣唐使带入中国的，是大唐与日本经济文化交流的历史见证。

92. 镶金兽首玛瑙杯

【基础信息】

镶金兽首玛瑙杯是一件国宝级文物。该杯为俏色玛瑙质地，材质纹理细腻，由红、棕、白三色相杂，层次分明，浓淡相宜，晶莹鲜润。工匠巧妙地运用玛瑙天然的颜色和自然纹理将杯体雕刻成兽角的形状。竖直的一端雕成杯口，口沿外有两条圆凸弦纹。镶金兽首玛瑙杯光滑流畅，粗细间隔恰到好处。稍平直的另一端，雕凿成生动可爱的似牛头形兽首，兽首圆瞪的双眼，炯炯有神。似牛头形兽首上下的肌肉，仅用寥寥数刀，就刻画得十分逼真。兽首上一对羚羊角呈螺旋状弯曲与杯身连接。两只兽耳，微微内收。兽嘴上镶嵌的金塞，为玛瑙增加了明快的色彩，显得富丽堂皇。

【完整信息】

我国自原始社会就已开始使用玛瑙，玛瑙大多作为小件饰品或串饰，材质多为本国所产。镶金兽首玛瑙杯这样大件的玛瑙制品实属罕见，材料来源很可能是贡品。

镶金兽首玛瑙杯

唐代丝绸之路通达，各国间交往频繁。据统计，南亚、中亚和西亚的众多国家派遣使团来唐朝朝贡就达三百余次，每个使团少则数人，多则可达百余人。而这些使团往往携带了各国最具地方特色的物产，诸如动物、矿产、歌舞伎等，其中就有玛瑙。《旧唐书·波斯传》有载：“四月，遣使献玛瑙床。”

这件镶金兽首玛瑙杯，无论从材质、造型还是工艺来看，都是当之无愧的精品之作。

【拓展信息】

镶金兽首玛瑙杯除了材料有可能由丝绸之路传入外，它的造型更是深受西方文化影响。大部分学者认为镶金兽首玛瑙杯的器物造型类似于西方的“来通”。所谓“来通”是在器物底端有孔，液体可自孔中流泄出，其材质、形制多种多样，较多的样式是角形。来通早在波斯阿契美尼德王朝（又称波斯第一帝国，存在于公元前 550 年—公元前 330 年）时期就已出现，在公元 7 世纪之前的西亚与中亚地区一直流行，主要用在礼仪和祭祀活动中。

何家村窖藏出土的镶金兽首玛瑙杯是很纯粹的来通，其产地目前尚在讨论，或认为是来自西方，或认为是出自唐人工匠的仿造，即便是仿造其年代也应该较早或是有西方工匠的参与。学者们研究认为这件镶金兽首玛瑙杯是被唐人作为一种充满意趣的酒具来使用的。这样它的使用意义就与西方的来通完全不同了。总之，镶金兽首玛瑙杯是一件融合了东西方文化的珍贵实物。

93. 玛瑙长杯

【基础信息】

玛瑙长杯用红色玛瑙制成，纹理交错，琢磨光滑，精美瑰丽。唐代上好的玉料、玛瑙皆产自西域，因其稀有的储量和强烈的异国情调而深受唐朝皇室贵族的青睐。据史书记载，在南北朝时期，玛瑙开始从波斯、拂菻、粟特等国传入中国。

唐代以前，只有汉代耳杯一种形制，但汉代耳杯有双耳，与这件不带耳的长杯不同。这种杯在国内很少发现，但在中亚地区非常流行，不仅发现过实物，还在许多壁画中发现胡人手持长杯的画面，因此这件杯的造型也应源自西域。从材质和造型看，这件玛瑙长杯应为一件输入品。

【完整信息】

唐代玉杯、玛瑙杯皆为饮酒器，在唐诗中多有描绘。李白《拟古十二首（其十）》中就有描写："遗我绿玉杯，兼之紫琼琴。杯以倾美酒，琴以闲素心。"据《唐律疏议》记载："器物者，一品以下，食器不得用纯金、纯玉。"唐代明文规定杯子等食器使用的等级。因此，玉杯、玛瑙杯也是贵族身份的象征。

94. 水晶八曲长杯

【基础信息】

水晶八曲长杯

水晶八曲长杯器型和白玉忍冬纹八曲长杯器型相同，材质不同，它以无色透明水晶制成。水晶是一种无色透明的石英结晶体，主要化学成分是二氧化硅。水晶在古代被称为水精或水玉。晶莹剔透，坚实如玉。从唐代的文献记载来看，水晶多产自西域各国。水晶八曲长杯，在唐代时作为贡品进贡到我国。虽然西域各国多次向唐朝进贡水晶杯，但是像这样形制的多曲水晶长杯在中亚并没有发现过类似的实物，因此专家推测它可能是由唐代工匠制作的。

95. 白玉忍冬纹八曲长杯

【基础信息】

白玉忍冬纹八曲长杯

白玉忍冬纹八曲长杯用上等和田玉雕凿而成，玉质洁白温润，造型为八曲椭圆形，口沿随其八曲呈莲花形口，杯身亦呈八曲，下为椭圆形圈足，杯体较浅，曲瓣对称，曲线处向器内凹入。近距离观察整件长杯的杯壁，杯壁的口沿处被打磨得极薄，就同一个指甲盖那么厚，从里面依稀能看到外壁的花纹，杯口到杯底外壁逐渐增厚，由此可以看出唐代玉雕加工研磨技术的成熟。玉杯的外壁装饰有忍冬卷草纹。忍冬，又称金银花，因为在冬天也不会凋谢，故有忍冬之称，《本草纲目》记载，忍冬久服轻身，延年益寿，因此忍冬也寓意长寿。

多曲长杯的出现和流行最初是在波斯萨珊王朝，后来影响到其他地区。唐代工匠借鉴这种造型风格，将东西方文化相互融合，制作出绝美非凡的多曲长杯，既区别于外来器型，又极具巧妙构思，展示出唐文化的包容与创新。

96. 凸纹玻璃杯

【基础信息】

这件凸纹玻璃杯出自莲瓣纹提梁银罐之中，墨书命名为琉璃杯。古代文献对玻璃和琉璃并没有明确的区分，而现代汉语中琉璃和玻璃并不是同一种物质。当代考古学家根据材质的透明程度来定义，半透明的称为琉璃，透明度高的称为玻璃。此杯透明度较高，经检测，其化学成分也近似现代的玻璃，因此以玻璃命名。

凸纹玻璃杯

【完整信息】

这件玻璃杯的外壁上有八组凸起圆环纹，采用的是粘贴玻璃条技术，制作方法就是将熔融的玻璃条挑出，趁热贴压在玻璃杯身，属于热加工装饰工艺。中国古代玻璃制造萌芽于西周时期，战国时期进一步发展，汉代开始制造玻璃容器。中国早期玻璃制品在成分、形制、装饰手法等方面与西方玻璃制品不同：中国玻璃制品以铅钡为原料成分，铸造成型，不透明，易腐蚀，质地脆；西方玻璃制品原料成分为钠钙，无模吹制成型，透明光亮，器壁上多用玻璃条缠贴技术装饰。随着丝绸之路的畅通，罗马玻璃、萨珊玻璃、伊斯兰玻璃等外国玻璃制作工艺先后传入我国，对我国本土玻璃器的造型、工艺、装饰等产生了重要影响。随后，玻璃制品东传至朝鲜半岛、日本等地区。因此，它不仅是唐代东西方文化融合的体现，也是东西方贸易和文化交流的有力见证。

中西合璧

唐代世风开放，对外来文化兼收并蓄。在何家村窖藏出土的金银器中，可以看到，东西方两种装饰艺术风格常常在同一件器物上交相辉映、和谐共融，使我们不得不惊叹唐人高超的金银器制造技艺和非凡的艺术创造力。

银盒是唐代金银器中比较常见的种类，用来放置贵重的化妆品，如护理面部和唇部的面脂、口脂、各种香料等。有的还用来放置药品。银盒上下以子母扣扣合，密封性极好，用它盛放化妆品、药品可以长期保存。银盒的造型有圆形、方形、菱形、多曲花瓣形等，大部分都是锤揲成型，又经切削、打磨处理，修整得平滑光亮，最后再加以鎏金处理。在唐代，纹饰鎏金的银盒有个专门的名称，叫“金花银盒”。

97. 鎏金翼鹿纹银盒

【基础信息】

这件银盒盒盖面中心錾刻了一只口衔绶带、长有双翼的鹿，盒底中心是一只衔绶的凤鸟，周围装饰有忍冬花、流云、飞鸟等图案。鹿在古代被认为是纯善的动物，古人常用鹿比喻福禄，象征“利禄长存”。凤鸟自古为吉祥之鸟，《说文 · 鸟部》中记载：“凤，神鸟也……见者天下安宁”。不同时代，凤鸟的造型不一样，在唐代，凤鸟以行走状或站立状为主。

98. 鎏金犀牛纹银盒

这件银盒盒盖中心錾刻了一只犀牛。在古代，中国不仅产犀牛，而且数量很多。新石器时代遗址中曾多次发现犀牛骨，殷商甲骨文中有“焚林猎犀”的记载，春秋战国时期，用犀牛皮制成的犀甲是武士艳羡的装备。由于大范围的捕杀，犀牛这种生殖率低的野生动物在北方迅速减少，在陕西关中一带最迟到西汉晚期已经绝迹。唐代时，犀牛栖息地南移至温暖湿润的岭南地区，因此在中原地区，犀牛及其角、皮制品均被视为珍贵的物品。

99. 鎏金飞狮纹银盒

【基础信息】

这件鎏金飞狮纹银盒，盖面上在麦穗纹圆形框架中，錾刻出一只飞扬双翼的狮子，周围绕以折枝花；盖底中心有一朵宝相花，周围绕以石榴花结。纹饰全部鎏金。

在唐代金银器的装饰纹样中，飞狮、翼马、翼鹿等动物形象带有双翼，造型飘逸，充满幻想，带有浓郁的外来风格。宝相花是一种独特的组合纹样，在唐代形成并且非常盛行，它综合了牡丹纹、莲花纹、卷草纹、忍冬纹、卷云纹等特征，将数种花纹按次序组合，常以俯视构图为主。宝相花将外来纹饰和传统纹饰巧妙地结合在一起，展现出大唐文化的自信、包容和开放。

【完整信息】

这件银盒的纹饰构图受波斯萨珊银器“徽章式纹样”影响，制作工艺也采用了西方盛行的锤揲技术。石榴是从西域传入我国的物种，寓意多子多福，因此在唐代的金银器中常见石榴纹。这件银盒在纹饰上还巧妙地将石榴纹、狮子纹与折枝花纹等中国传统纹样相融合，完美展现了东西方文化特性，是东西方文化交融的实物见证。

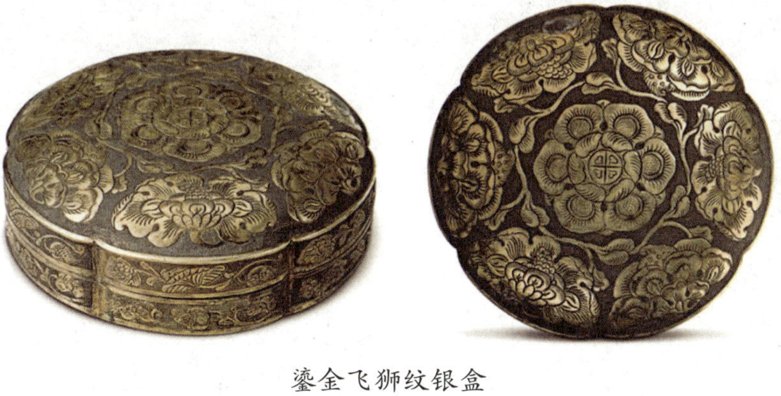

鎏金飞狮纹银盒

100. 鎏金双狮纹银碗

【基础信息】

这件银碗外腹壁上锤揲出 10 个连体花瓣，碗内底焊接附加鎏金圆饰片，圆饰片内以鱼子纹为底，中心有两只口衔折枝花相对而立的狮子，边缘绕有一圈绳索纹，再外是一圈波浪纹。像这样在碗底主纹饰外围环绕绳索纹的方法并不是中国古代传统的装饰手法，而是属于波斯萨珊银器中常见的“徽章式纹样”。

鎏金双狮纹银碗

【完整信息】

狮子原产于非洲和西亚，早在春秋中期到战国晚期，狮纹就出现在中国艺术家们的作品中了，但其形象与实际的狮子有些不同，是带翼狮。狮子实物是在汉代传入中国，并被称为“狮子”的。当时狮子仍被视为神兽，东汉时定型为虎化的“天禄”“辟邪”。隋唐时期，狮子形象发生变化，写实性的狮子受到印度和吐蕃佛教艺术的影响，卷发呈现出“狗化”的趋势。这件银碗的狮纹即为这种形象。

这件银碗既受到萨珊银器的影响，又运用了中国传统的对称布局的手法，也是一件结合了中西艺术元素的精美作品。

101. 鎏金双獾纹双桃形银盘

【基础信息】

这件银盘为相连双桃形，在盘底两桃中心处锤揲出一对反向而行、回首顾盼的獾，神态生动活泼。桃是我国原产果品，在我国已有 3000 多年的栽种历史，唐代有俗语：“王母甘桃，食之解劳”。道士更是将桃作为延年益寿、长生不老的贡品。另外也有学者认为银盘上的“双獾”寓意“双欢”“两欢”，象征爱情与百年好合。这件银盘的装饰手法虽然采用了粟特银器的装饰艺术手法，但却突破了粟特银盘单一圆形的形制，制成了桃形，是巧妙运用桃的美好寓意完成的创新之作。由此说明唐代金银器制作在借鉴外来艺术的同时更注重推陈出新，使之更符合中国人的审美习惯。

102. 鎏金龟纹桃形银盘

【基础信息】

这件银盘同样以桃为基本造型，盘内底部中心处装饰有一只通体鎏金的乌龟。这件银盘将桃的造型与龟纹饰巧妙地融为一体，似有神龟献寿的含义，是一件不可多得的唐代艺术品。

唐代银盘的形制与同时期粟特银盘单一的圆形不同，出现了各种形态的异形盘。这与唐代艺术发展的大趋势密不可分，大约在武则天时期开始流行线条流畅、花纹写实的多瓣花形器物，这件银盘和鎏金双獾纹双桃形银盘一样都是异形盘的代表作品。

103. 鎏金熊纹六曲银盘

【基础信息】

这件银盘同样为六曲葵花形，盘底中心装饰熊纹饰，细部用錾刻的手法制成，纹饰鎏金。熊作仰首咆哮状，形态生动、自然逼真。在盘心处装饰一只写实的动物，周围留白，使主纹饰突出，具有极强的视觉冲击力。这种装饰手法流行于波斯萨珊王朝及粟特地区，在唐代流行的时间并不长，出土文物也很少。《诗经》有记载：“吉梦维何，维熊维罴。维熊维罴，男子之祥。”因此熊在古代也是吉祥瑞兽之一。

104. 鎏金鸾鸟纹六曲银盘

【基础信息】

鎏金鸾鸟纹六曲银盘整体采用锤揲工艺制作而成，为六曲葵花形。在盘底中心部装饰有一浅浮雕式，侧身、提足、振翅欲飞、回首的鸾鸟。鸾鸟纹饰通体鎏金，色泽光亮如新，金光灿灿。錾刻工艺在鸾鸟细部刻画上得到充分的运用，耳朵、眼睛、勾喙及羽毛皆使用这种方法表现。这种翘尾侧身回首展翅欲飞的姿态，使得鸾鸟的身体形成一种向内的凝聚力，被赋予动感，充分体现出大唐盛世的风格。在古人的心中，鸾鸟是吉祥鸟，所以整个画面洋溢着幸福、和平、宁静的氛围。其装饰手法也采用粟特、萨珊银器惯用的在盘心饰以单只动物的单点式装饰手法，但纹样却是中国传统纹样，因此，这件银盘应该是中国工匠吸收、借鉴粟特或萨珊装饰工艺而制造的器物。

105. 鎏金飞廉纹六曲银盘

【基础信息】

这件银盘为六曲葵花形，浅腹平底，盘底部中心装饰有一只鼓翼扬尾、偶蹄双足、牛首独角、鸟身凤尾的动物形象。银盘经抛光处理，银色光亮如新。中心部位的纹饰经过鎏金处理后，金光灿灿。中国古代的器皿形制大部分为圆形，在大约 7 世纪后半叶至 8 世纪初，多瓣花形器形才逐渐盛行起来。

这件银盘的制作工艺相当考究，工艺也很复杂。制作时第一步先将银料锤揲成形，再加以细部锤击做出整齐的口沿。第二步则用模具在盘底向盘心内模冲出凸起的纹饰。第三步用刀具剔刻出细部纹饰。这件银盘剔刻工艺技术高超，起刀落刀一气呵成，线条清晰准确，刀法纯熟，不见线条的重叠和补刻痕迹。这件鎏金飞廉纹六曲银盘不仅反映了唐代东西方文化的交融，更体现出了唐代金银器工匠的睿智巧思和高超的制作工艺。

【完整信息】

鎏金飞廉纹六曲银盘

这件银盘纹饰独特，有学者称其为飞廉。飞廉是中国古代神话传说中的风神，飞廉的形象在不同时期也有所不同，有牛首鸟身、鹿首鸟身、马首鸟身等。在波斯萨珊王朝的银器装饰中也能见到类似这样形象的动物，是一种前半身像犬、后半身像鸟的神兽，波斯萨珊王朝称其为塞穆鲁，它的地位在波斯萨珊王朝如同中国的龙一样，是帝王权威与国力兴盛的象征。在粟特银器中，多使用本地一种有翼骆驼为装饰，有翼骆驼在粟特神话传说中是胜利之神。在唐朝，金银器又以飞廉取代有翼骆驼。可以看出这种飞廉纹在银盘中出现，是唐代工匠汲取了外来器物单独装饰动物的做法，又加入了传统飞廉纹饰而制作成的。从这件银盘可以看出唐人在对外来文化进行借鉴与取舍的同时，又会根据自身文化勇敢创新。

东学西渐

唐人对自我文化的高度自信，对各种外来文明的兼容并蓄，创造出辉煌灿烂的大唐文明。唐人的开拓与创新，又使得唐文化得以远播至世界众多国家和地区，对人类社会的发展与共同进步产生了深远影响。

106. 葡萄花鸟纹银香囊

【基础信息】

葡萄花鸟纹银香囊外壁用银制造，呈圆球形，通体镂空，外层是镂空刻花的银球，以中心水平线为界，将外层平均分割成两个半球形，上下球体之间，一侧以钩链相钩合，另一侧以活轴相套合，下部球体内又设两层银质的双轴相连的同心圆机环，外层机环与球壁相连，内层机环分别与外层机环和金香盂相连，内层机环内安放半圆形金香盂，外壁、机环、金香盂之间，用银质铆钉铆接，可以自由转动。在重力的作用下，无论香囊怎么摇摆，里面的金香盂都保持平衡，香灰也不会撒出。这种原理类似近代的“陀螺仪原理”，可见唐代在科学技术方面的高超水平。这件葡萄花鸟纹银香囊的顶部设有环链和挂钩，可以悬挂在室内或贴身佩戴。唐代香囊有多重用途，除了可以用来熏香以外，还可以用于佛事，古人认为将佛经放于香囊之中，随身携带，能起到消灾辟邪的作用。

葡萄花鸟纹银香囊

【完整信息】

这种造型的器物，最初命名为“熏球”或“香球”。1987 年在法门寺地宫中出土了类似的金属器物，随之出土的《物账碑》中记载其为“香囊”，人们这才知道这种器物在唐代被称为“香囊”。

唐代用金银制作香囊，并流传于上流社会，是贵族身份的一个象征。《旧唐书·杨贵妃传》有这样的记载：安史之乱，唐玄宗逃离长安，途经马嵬坡，赐死杨贵妃，并葬于此地。叛乱平定后唐玄宗返回长安，念及旧情，密令杨贵妃改葬。当挖开坟冢时发现“肌肤已坏，唯香囊犹在”，可见当时杨贵妃出行携带的很可能就是这种类型的银质香囊。迄今为止，西安市东郊沙坡村、南郊三兆村等地也出土了此类唐代银香囊。

唐代对外交往频繁，香囊东传日本，现今日本正仓院收藏有一件铜香囊，一件银香囊。埃及马穆鲁克王朝（公元 1250—公元 1517 年）曾出现中国式香囊，现藏于伦敦大英博物馆。

大国工匠

何家村窖藏出土的金银器，造型独特，纹饰华美，工艺精湛，风格大气典雅、富丽堂皇，既彰显大唐风范，又别具外域风格，令人惊叹。这批金银器堪称唐代金银制品的典范，代表了中国古代金银器制作工艺的最高水平，彰显了唐人兼收并蓄、精益求精、推陈出新的大国工匠精神。

钿镂之工

唐代金银器造型别致、纹饰华美、工艺精湛。其制作工艺分为成型和装饰两大类。成型工艺主要有范铸、锤揲、焊接、铆接、编织等，装饰工艺主要有錾刻、镂空（刻）、贴焊、线刻、鎏金、镶嵌、掐丝、金珠焊缀、漆饰等。一件精美的金银器，从成型到装饰完成，往往综合运用多种工艺，体现了技术与艺术的完美结合。

金丝银花

唐代金银器的装饰纹样兼具东西方文化艺术特征，根据装饰部位可分为主题纹样和附属纹样。主题纹样取材广泛，主要分为动物纹、植物纹和人物故事纹，一般装饰于器物的显著部位，直接反映装饰风格。附属纹样有连珠纹、三角纹、缠枝纹、卷云纹、叶瓣纹等，主要装饰于器物的口沿、底边和折棱等处，是器物断代的重要依据。

未解之谜

回顾这些珍贵文物，在感叹我国工匠巧夺天工的技艺的同时，不禁令人感叹：何家村窖藏的主人究竟是谁呢？为什么将这批珍宝埋藏于地下？可以说，自这批遗宝重见天日之后，关于何家村窖藏主人身份的争论从来都没有停止过。

探究何家村窖藏主人身份之前，首先可以了解一下宋代吕大防绘制的唐长安城图。何家村窖藏的出土地点何家村位于唐长安城兴化坊的中部偏西南区域。兴化坊靠近皇城（中央政府所在地），距离重要的商业中心西市也很近，可以说是唐长安城的“黄金地段”。

根据唐人韦述编著的《两京新记》和清代徐松的《唐两京城坊考》得知，曾经在兴化坊里居住的达官显贵中较显赫者有晋国公裴度、京兆尹孟温礼、邠王李守礼和租庸使刘震。

晋国公裴度，爵位为国公，唐代一品官员，为唐德宗时期进士，后辅佐唐宪宗、唐文宗等数位皇帝，多次被拜为宰相，十分显赫。但是从这批宝物中一些金银器的纹饰和留存墨书来看，埋藏时间下限应在公元 8 世纪末，即唐德宗在位时期。晋国公裴度在唐德宗时期仅仅是个进士，官阶非常低，因此他在时间上有些不符合。

京兆尹孟温礼在唐代为从三品，窖藏中出土的带銙是三品以上官员才能使用的器物，孟温礼的官阶达不到标准。而且，孟温礼的府宅在兴化坊东部偏南区域，而出土地点在兴化坊的中部偏西南区域，他的府宅与出土地点存在很大的差异，因此也不可能是他。

何家村窖藏的主人从目前研究成果来看，最有可能就是邠王李守礼和租庸使刘震。

邠王李守礼是章怀太子李贤的次子，武则天的孙子，皇室的重要成员。唐人韦述《两京新记》中有记载邠王李守礼的府宅就在兴化坊西门偏南，因此在这批文物最初发现的一段时间，主流学者一直认为这批宝藏的主人是邠王李守礼，埋藏的原因应该与安史之乱有关。

后来，随着进一步的深入研究，人们对这一说法提出了很多质疑。邠王李守礼因为父亲李贤受到牵连，在 8 岁时被贬到巴州，后来回京被幽禁宫中十余年不得外出，直至唐中宗李显继位以后，李守礼才重获自由。从他的生活经历推测，他没有可能拥有这批珍贵文物。

随着研究的深入，北京大学教授、著名考古学家齐东方提出了租庸使刘震极有可能是何家村窖藏主人的观点。

刘震是唐德宗时期的租庸使，就是替皇家管理上贡和库存的负责人，这使得刘震有机会接触到大量的皇家物品，也有权力处置这些物品。更重要的是，唐德宗建中四年（公元 783 年）发生了泾原兵变，唐德宗匆忙中逃离唐长安城。唐代传奇小说《无双传》中记载，刘震得知泾原兵变后，携带宝物出逃受到阻拦，在出逃未果的情况下，回到家中将这些物品仔细整理埋藏起来，唐朝平定叛乱、收复长安后，刘震被杀，这批宝藏的去向便无人知晓了。虽然从身份、时间、事件上都和何家村窖藏的埋藏时间很符合，但遗憾的是这段史料出自文学作品，其真实性有待进一步考证。

到目前为止，虽然我们对何家村窖藏主人身份还有待继续深入研究，但是从这批文物的数量、种类、纹饰以及墨书所记载的内容来看，这批宝物肯定是大唐王朝的皇家宝藏。何家村窖藏文物是唐代乐观开放、积极进取、兼容并蓄的精神文明物化的具体体现。这也从物质文明的角度再一次印证了唐王朝的繁荣昌盛。

唐代壁画珍品展

【基础信息】

唐代壁画是陕西历史博物馆独具特色的珍贵藏品，馆中共收藏唐墓壁画661幅，面积达1300平方米。唐墓壁画题材丰富，有风格鲜明的唐代建筑、丰满传神的人物、简约写实的服饰器物、明快简洁的山水与栩栩如生的动植物等，描绘了当时唐人的仪礼规范、生活习俗、服饰内容、娱乐活动等不同方面的场景，是研究唐代社会生活尤其是贵族生活和精神追求的重要形象资料。因为唐墓壁画极其脆弱，对保存条件要求很高，为了保护和利用好唐墓壁画，陕西历史博物馆专门建了集保护、研究和观赏为一体的唐代壁画珍品馆。

【完整信息】

唐代壁画珍品馆是1998年陕西省政府确定的文物旅游方面的重点项目，位于陕西历史博物馆东展馆地下一层，利用博物馆当初建设时预留的展室改建而成，总投资7300多万元（其中省政府补助资金为1800万元人民币，意大利政府软贷款400余万欧元和赠款100万欧元），建筑面积4200平方米，其中展厅面积3400平方米，展线总长约800米。展柜玻璃是防紫外线夹胶玻璃，柜门可以打开至90度，便于壁画展品的日常保护监测和信息提取。此外，该型展柜最大的优点在于密封性非常好，通过温度、湿度控制可为壁画提供相对独立的良好保存展示环境。

展陈壁画展品包括章怀太子墓出土的《客使图》《马球图》《狩猎出行图》，懿德太子墓出土的《阙楼图》《仪仗图》，永泰公主墓出土的《宫女图》等在内的壁画珍品共97幅。还有22件（组）各类文物配合展览主题，它们有些是展陈壁画墓出土的随葬品，有些虽不是出自壁画墓，但与壁画画面内容有关。此外，还专门选择了少量唐代前后的传世名画复制品作为辅助展品，以方便观众比较唐墓壁画与唐代传世绘画的差异。

【拓展信息】

唐代壁画珍品馆的建设得到了陕西省各级政府和有关部门的重视、关心和支持，也受到了社会各界的关注。1998 年底陕西省政府正式立项，2000 年开始办理意大利政府贷款工作，2003 年 9 月中意两国政府签订了利用意大利政府贷款的谅解备忘录。2006 年 9 月，中意双方就国际招标文件内容达成一致意见，开始在意大利招标。2007 年 1 月，土建改造和室内装修工程开工。2010 年 10 月，项目建设基本完成。2011 年 6 月 20 日，唐代壁画珍品馆在陕西历史博物馆落成 20 周年之际正式对外开放。

引　子

【基础信息】

壁画，是指绘制于墙壁上的画，最早用于记录、表达事情，后来成为绘画表现艺术的重要形式之一。由于绘画地点的不同，壁画可以分为岩石壁画、建筑壁画（宫殿邸宅壁画、寺观洞窟壁画）和墓葬壁画三种。目前，陕西省内发现的最早的壁画是在距今 4000 多年的石峁新石器时代遗址（今陕西省榆林市）中出土的。到商周时期壁画得到进一步发展；秦汉时期，在宫殿中绘制壁画已经成为时尚，如秦代咸阳宫中的驷马图；到了唐代，壁画艺术空前繁荣，题材范围更加广泛：四神星象、仪仗列戟、门阙楼阁、狩猎出行、人物车马、乐舞杂技、庭院游乐、山水田园、农耕牧养、佛寺道观、祥云寿老等包罗万象，风格技巧、色彩构图也瑰丽多变，整体水平体现出大唐王朝恢宏博大、兼容并蓄、空前繁荣的时代风貌。

墓葬壁画的产生源于古人"事死如事生"的丧葬观念，由于人们对死后居所的修建和装饰极其重视，因此在墓葬内壁开始绘制壁画。目前发现的最早的墓葬壁画是陕西省宝鸡市扶风县杨家堡一座墓葬的墓壁上的二方连续的菱格纹图案。之后，历经各代直到清朝，达官贵族的墓中常发现有以壁画作为装饰的情形。由于壁画的绘制必须附着于其他结构或材质之上，再加上自然侵蚀、时间流逝、战乱破坏等因素，大多数壁画已荡然无存。但唐代一些等级较高、构筑较为坚实的贵族墓葬中的壁画却保存了下来，这些壁画给我们留下了一批珍贵的实物资料。

【完整信息】

壁画作为身份等级的象征，并不是在所有墓葬中都会绘制，只有帝王和达官显贵的墓葬中才绘制有壁画。长安作为唐朝的首都，在渭河北岸的土塬和山梁上自西南向东北方向分布的 18 座帝王陵园里埋葬着唐朝 19 位皇帝，陵园内还有序地分布着许多达官显贵的陪葬墓，这些规模大、等级高的帝王陵和陪葬墓大多都绘制有壁画。到目前为止，陕西省出土的唐墓壁画数量最多，占全国唐代墓葬壁画总量的 70%以上。由于这些墓葬多数都被盗掘破坏过，再加之考古发掘和壁画揭取、修复、保护工作的不易，从而使得这些严格遵循科学规范及技术要求，保护修复后得以保存展示出来的唐墓壁画就更显得弥足珍贵。文物遗存是反映古代社会生活的重要物证。唐墓壁画多用写实的手法体现墓主人生前的生活场景，这为我们研究唐朝的政治、经济、文化、外交、社会生活、风俗习惯等提供了宝贵的资料。

1. 《唐乐舞》绘绣壁画

【基础信息】

这是一幅绘绣技法结合的现代艺术作品《唐乐舞》壁画，其主创者是国家一级美术师、曾任陕西省美术家协会主席和陕西历史博物馆副馆长的方鄂秦先生。该作品由 50 多位技艺高超的绣工使用了 500 多种不同颜色的丝线、运用了 300 多种针法，历时数月完成。画面中一共有 36 个人物。画中女性的头发、面部的妆容和手部是用颜料晕染而成的，但是她们头上的发簪、额头上的鹅黄、花钿，衣裙上的纹饰则采用了刺绣——陕西本地的秦绣工艺。画面绘绣结合，极富立体感。这幅作品是为人民大会堂陕西厅 1987 年第三次装修而专门创作的装饰画，整幅画作表现的是大唐盛世宫廷乐舞的恢宏场景。其创作灵感和题材主要内容来源于陕西出土的唐代墓葬壁画和表现盛唐气象的文物，例如，人物手中所持的鎏金舞马衔杯纹银壶、鸳鸯莲瓣纹金碗均出土于西安何家村窖藏，该窖藏所出土的大量文物在陕西历史博物馆专门辟出的一个展厅以“大唐遗宝——何家村窖藏出土文物展”为题加以专题展示。

《唐乐舞》壁画于 1987 年获得中国美术百花奖一等奖，被国外友人誉为“壁画皇后”。这幅画作从 1987—2007 年一直展示在人民大会堂陕西厅，后因为陕西厅重新装修，该作品被撤回存放在陕西省政府。之后，经过多方努力终将这幅画作收藏于陕西历史博物馆并作为唐代壁画展览的开篇，这既是对《唐乐舞》壁画保护传承传统文化的褒扬，也是陕西历史博物馆一直以来弘扬历史、传承文明的文物保护理念的创新展示。

乐舞图

2. 关中唐十八帝陵及壁画墓分布图

【基础信息】

唐朝从公元 618 年至公元 907 年，历时 290 年，历经 21 位皇帝。除唐末的唐昭宗与唐哀帝分别葬于河南与山东外，其余 19 位皇帝都葬在陕西关中渭河北岸的土塬和山梁上。又因为唐高宗李治和女皇武则天合葬于乾陵，因此在关中地区共有 18 座唐代帝陵，被称为“关中唐十八帝陵”。唐代帝陵沿袭汉代帝陵制度，18 座帝陵西起乾县，经礼泉、泾阳、三原、富平，东至蒲城，东西绵延 140 千米，地跨关中地区六个县，蔚为壮观。若以唐长安城为中心，则形成了一个由西南到东北的扇面状分布。唐代帝陵大多依山为陵，也有积土为陵的，其制度严格，布局严谨，结构完整，规模宏大，集中体现了大唐盛世的恢宏气魄，堪称世界陵墓史上的奇迹，对后世的帝王陵寝制度也产生了深远的影响。

【完整信息】

18 座唐代帝陵由西向东的排布依次为：唐高宗李治与武则天合葬的乾陵、唐僖宗李儇的靖陵、唐肃宗李亨的建陵、唐太宗李世民的昭陵、唐宣宗李忱的贞陵、唐德宗李适的崇陵、唐敬宗李湛的庄陵、唐武宗李炎的端陵、唐高祖李渊的献陵、唐懿宗李漼的简陵、唐代宗李豫的元陵、唐文宗李昂的章陵、唐中宗李显的定陵、唐顺宗李诵的丰陵、唐睿宗李旦的桥陵、唐宪宗李纯的景陵、唐穆宗李恒的光陵和唐玄宗李隆基的泰陵。这 18 座帝陵陵园内都有众多的陪葬墓，一般来说墓主人身份等级越高，墓葬中壁画就越丰富。我们现在看到有标记的这些都是发掘后出土有壁画的官僚贵族墓葬。

陪葬墓是唐代帝陵的重要组成部分。陪陵制度是封建帝王用于笼络人心、巩固政权的一种重要手段，文武大臣和皇族贵戚逝世后如果能陪葬于帝王陵寝是一种莫大的荣耀和恩宠。

1. 献陵：陪葬墓为 52 座，已发掘并绘有壁画的墓葬有 5 座，即虢王李凤墓、嗣虢王李邕墓、房陵大长公主墓、淮南大长公主墓和臧怀亮墓。

2. 昭陵：陪葬墓约有 187 座，目前已发掘近 40 座，比较有名的墓主人有杨恭仁、长乐公主、段简璧、新城长公主、郑仁泰、程知节、韦贵妃、李勣、阿史那忠、安元寿、燕妃等。

3. 乾陵：陪葬墓共有 17 个，目前已发掘 5 座，墓主人分别是永泰公主、懿德太子、章怀太子、薛元超、鞑靼人李谨行。

4. 定陵：陪葬墓原有封土 15 座，尚存 10 座，可确定身份者仅李重俊墓一座。

5. 桥陵：陪葬墓约有 15 座，经发掘并存有壁画的墓葬有 2 座，即惠庄太子李撝墓和“让皇帝”李宪墓。

6. 泰陵：陪葬墓仅发现 1 座，即宦官高力士墓。

7. 建陵、元陵、崇陵、丰陵、景陵、光陵、庄陵、章陵、端陵、贞陵、简陵、靖陵、和陵、温陵，史料明确记载的陪葬墓很少，加之唐代以后，人为改变陵园附近的地形地貌，地表墓葬标志物大多荡然无存，因此陪葬墓的状况不甚清楚。

3. 唐代壁画墓剖面图

【基础信息】

唐代墓葬的规格根据墓主人生前的政治地位和经济状况的不同，墓室的多少、大小、结构等也相应有所变化。现在就以懿德太子墓为代表，向大家介绍一下壁画在墓道中的分布状态。懿德太子李重润是唐中宗李显的嫡长子，曾被立为皇太子，其墓葬是目前仅见的一例“号墓为陵”的太子墓，也是迄今为止陕西省已发掘陪葬墓中规模最大、等级最高的一座。该墓全长 100.8 米，由墓道、6 个过洞、7 个天井、8 个小龛、前甬道、后甬道、前墓室、后墓室 8 部分组成。因古人秉持“事死如事生”的丧葬观念，所以唐代大型墓葬的建造仿照了墓主人生前居住过的庭院的结构。进入墓葬首先是墓道口，然后是斜坡墓道，再就是过洞与天井。过洞与天井相间，过洞象征着房屋建筑，6 个过洞相当于 6 座建筑；天井象征着院落，所以在每个天井旁都有 2 个小龛，小龛在唐代称为“便房”，相当于院落旁边的偏房。之后是前甬道、前墓室、后甬道、后墓室，前墓室象征着客厅，后墓室就是墓主人的卧房；通往前墓室及连通前、后墓室之间的通道均称为甬道。唐代的墓葬有砖室墓和土洞墓之分，墓室有单室墓和双室墓之分。盛唐时期，双室砖室墓成为高级贵族首选的墓葬形制。这种墓一般规模大、结构复杂、随葬品丰富、壁画精美。懿德太子墓就是这样一座双室砖室墓，壁画就绘制在墓道、过洞、天井、甬道、墓室等处的墙壁上。

4. 壁画绘制、揭取、加固、修复流程

【基础信息】

唐墓壁画在绘制时分为三步：先用枝条或赭石块等在涂抹了白灰的平整墙面上进行构图，以确定整个画面的布局轮廓，然后再用墨线定稿，最后上色。这三步也被称为“一朽、二落、三成”。其中“落”是最为关键的一步，指用墨线勾勒出壁画大致形体轮廓并进行局部造型以定稿的过程。唐墓壁画

全部使用单线条勾画人物、动物和建筑轮廓等。对线条的自如运用，是唐墓壁画的最成功之处，充分体现了唐代绘画所达到的艺术水平和高度。

在考古发掘中，壁画的揭取是一项程序复杂的工作，要根据壁画绘制情况和保存状况的不同采取不同的揭取方法。科学的预防性保护是关键，经过对壁画表面污渍霉菌清洁、对存在的文物病害进行前期处理、加固画面等环节后，依据壁画内容布局和保存状况制订揭取方案。在充分考虑壁画的考古、历史、艺术价值的前提下，依据画面内容确定分割尺寸和角度，制作不同形状规格的保护框，用刷子将一种特殊的胶（可溶解，便于后期修复）刷在壁画上，再贴上棉纸、纱布等保护材料加固画面，然后将预制的保护框套上，再沿着预定的切割线分割，最后从壁画背面将地仗层与墙面剥离分割开来，对壁画背面进行保护加固后，将壁画搬运出墓葬，回到文博机构的文物保护修复室再进行全面保护修复。

5. 乾陵陵园沙盘

【基础信息】

乾陵是唐高宗李治和女皇武则天的合葬陵墓。乾陵依梁山的自然山势起陵，气势宏伟。根据史料记载，其陵园面积为“周八十里”，经过考古勘探，乾陵总面积约 230 万平方米。地面建筑仿唐长安城的格局营建，陵园分为皇城、宫城和外郭城。陵园构筑长达 57 年。这一时期正是唐朝走向兴盛的阶段，国力强盛，因此陵园规模宏大，建筑富丽雄伟，被称为“历代诸皇陵之冠”。

【完整信息】

唐代帝陵深受秦汉以来帝陵布局结构的影响，文臣武将、达官显贵死后陪葬帝陵，是皇帝作为对“同舟共济”者的一种赏赐。唐代帝陵陪葬墓以唐初为最多，中唐次之，晚唐基本消失。陵园中文武大臣陪葬墓的分布规划周密，体现的是“主尊臣贵”“崇重今朝冠冕”的等级思想。史料记载唐太宗昭陵的陪葬墓是唐代帝王陵寝中最多的，《唐会要》记载昭陵的陪葬墓有 155 座、清代乾隆时《礼泉县志》记载昭陵的陪葬墓有 203 座，现代考古调查昭陵的陪葬墓有 187 座。乾陵的陪葬墓经考古调查发现有 17 座，尚有封土堆的 15 座。在已经发掘的 8 座乾陵陪葬墓中，墓主人身份最高的是章怀太子李贤、懿德太子李重润、永泰公主李仙蕙。这三座墓等级高，规模大，墓葬壁画极为丰富且保存较好，后面我们看到的很多精品都是从这三座墓葬中出土的。

唐代帝王陵的特点是“因山为陵”，就是在山腹内开掘洞室建造陵墓，这种形式始于昭陵，完善于乾陵，从此奠定了山陵体制的基本模式。关中唐十八帝陵中有 14 座采用了这种形式。这样做一是为节约；二是让“奸盗息心”，防止盗掘。同时也利用山体的雄伟显示了唐朝的博大气势和王权的无上至尊。

6. 骑马乐俑

【基础信息】

骑马乐俑 1971 年出土于陕西省咸阳市礼泉县昭陵郑仁泰的墓葬中。郑仁泰是初唐将领，早期追随唐太宗，立功无数。他的墓葬是昭陵的陪葬墓之一，出土了数量相当可观的文物。

郑仁泰是玄武门兵变的先锋之一，他一路辅佐李世民，曾入右武卫大将军，军功赫赫，作为开国元老，他受到了极高的礼遇，得以陪葬昭陵。所以他的墓葬出土了大量罕见的精美文物。

李寿墓壁画

【基础信息】

李寿是唐高祖李渊的从弟，隋末与唐高祖共同起兵，是唐朝开国功臣之一，后被李渊封为淮安王。李寿墓位于陕西省咸阳市三原县陵前乡焦村，于 1973 年发掘。其墓壁画内容十分丰富，是对唐初社会生活的生动展示。从李寿墓葬中共揭取壁画 23 幅，目前有 8 幅在陕西历史博物馆展出。

【完整信息】

李寿墓中的壁画分布在墓道、过洞、天井、甬道和墓室中。壁画题材左右对称，构图严谨，以表现礼仪、等级制度和社会生活为主。由于唐人认为“墓为真宅”，因此壁画的题材按照墓内比拟的宅院位置不同而有所不同。李寿墓的壁画内容以墓门为界，分为前后两个单元，分别表现外出游猎和私家官邸的场景。墓门以外在墓道部分绘制有东西对称的《飞天图》《骑马出行图》和《狩猎图》，在过洞和天井绘制了《步行仪仗图》《列戟图》《重楼图》《农耕图》《牧养图》《杂役图》等，反映了墓主人生前广占良田、役使奴婢的生活场景。墓门以内在甬道绘有内侍图和侍女图，在其顶部还绘有四组大型忍冬图案，是内院生活的象征和反映。李寿墓壁画的布局和内容多沿袭汉代、北朝以来多元空间和庞杂繁复的格局，但又有所创新。我们接下来讲述的《骑马出行图》《步行仪仗图》和《列戟图》就分别绘制在墓道、过洞和天井两侧的墙壁上。

7. 仪仗出行图之一（西壁骑马出行）

【基础信息】

李寿墓壁画中最突出的就是骑马出行图。在将近 17 米长的墓道两壁都是庞大的军阵，这幅壁画就绘制在墓道西壁的中段。40 多匹鞍马人物分组排列，井然有序，骑手坐在高头大马上，或目视前方，或扭头回望，正向墓道口方向行进。

8. 仪仗出行图之二（西壁骑马出行）

【基础信息】

仪仗出行图之二在墓道中与仪仗出行图之一相连，画中 8 位骑手面部表情各异，穿着基本相同，都是头戴幞头，身穿圆领袍服，足蹬黑靴。8 人中有 6 人手举四旒旗（旒旗是有梳齿样条带装饰物的旗，是古代贵族身份的象征），骑着颜色各异、膘肥体壮的马匹。这些马从体型上看，都属于优良马种。唐人爱马，官府马场养马最多时达 70 万匹，都城长安也是西域引进优良马种的聚集地。据《新唐书》记载，唐代引进不同国家的良马多达 83 种，胡人则是驯马的高手。在该图中居中的骑手深目高鼻多髯，是典型的胡人形象。

仪仗出行图之二（西壁骑马出行）

9. 仪仗出行图之三（西壁骑马出行）

【基础信息】

这幅壁画由 1 匹马和 7 个人组成。为首的高头大马鞍鞯俱全，扬蹄甩尾，似乎在等待主人上马。在其右侧牵马的胡人高鼻深目，整装待发。马后跟着 6 人：1 人持伞盖，2 人持雉尾扇，3 人所持物品由于画面破损不明。这幅壁画气势宏伟，应是整幅出行图的核心，也是墓主人生前尊贵地位的体现。这幅壁画中出现的雉尾扇专家推测应该是雉尾障扇，据史料记载它是唐代天子使用的仪仗用具之一。在现已发现的唐墓壁画中，只有李寿墓和懿德太子墓出现了这种仪仗用具，说明李寿墓的丧葬等级规格很高。

10. 仪仗出行图之四（西壁步行仪仗）

【基础信息】

李寿墓过洞和天井处的墙壁上对称绘制了 12 幅步行仪仗图，每幅长达 2 米，排列于骑马出行图之后。仪仗内容出现在壁画上主要是为了体现墓主人生前的政治地位和身份等级。这幅仪仗出行图位于天井西壁，图中有步行仪卫 8 人，穿着各异，共持 5 面四旒旗。从穿着上看，穿红衣的两位外套裲裆，腰束宽带。按照《旧唐书·仪卫志》的记载推测，这两人可能是正五品和从五品的官员。李寿为淮安王，正一品，这幅图表现的应该是郡王级别的仪仗。

仪仗出行图之四（西壁步行仪仗）

11. 仪仗出行图之一（东壁步行仪仗）

【基础信息】

这幅图位于天井东壁，描绘的也是步行仪仗。图中共有 9 人，内容及人物穿着与前一幅基本相同。图中身着裲裆的两人里面穿的是唐初流行的袴褶，这是一种上衣下裤的服装，起源于少数民族，适合于马上作战，而袴正是我们现在穿着的裤子的早期形态。

12. 仪仗出行图之二（东壁步行仪仗）

【基础信息】

这幅同样是步行仪仗图，图中仪卫的人数、规模、交通工具、仪仗用品等都直接反映了墓主人生前的显赫地位，由此我们也可以了解到唐代等级制度的森严。每幅图中人物的穿着都有不同，而不同的穿着则代表着他们身份地位的差异。因此，唐墓壁画对我们了解当时的官阶品位、服饰款式、军事制度、礼仪制度有极大的帮助。

13. 列戟图

【基础信息】

列戟图是墓主人身份等级的象征，原本是一幅，揭取时被分成两部分。戟最初是一种兵器，后来成为身份等级的象征。唐代有三品以上门前列戟的制度，戟的数量代表主人身份的高低。由于“墓为真宅”的思想观念，在唐墓中也绘制了相应等级的戟来代表墓主人的身份。唐代对列戟的资格和数量有严格规定。据《唐六典》记载，列戟分为五个等级，皇帝是最高等级，列 24 戟；太子次之，列 18 戟；之后每级递减 2 戟，最低为 10 戟。李寿为郡王，应列 14 杆戟，李寿墓东西两壁各绘制 7 杆戟，与他身份相符。李寿墓的列戟图还明确绘出了戟架摆放的位置，这为我们研究唐代列戟制度提供了宝贵的资料。

【完整信息】

《唐六典》中记载：“凡太庙、太社及诸宫殿门，各二十四戟；东宫诸门，施十八戟；正一品门，施十六戟；开府仪同三司、嗣王、郡王，若上柱国、柱国带职事二品已上及京兆、河南、太原府、大都督、大都护门，十四戟；上柱国、柱国带职事三品已上、中都督府、上州、上都护门，十二戟；国公及上护军、护军带职事三品，若下都督、中下州门，各一十戟。”

列戟图

房陵大长公主墓壁画

【基础信息】

房陵公主，唐高祖李渊第六女。唐高祖武德四年（公元 621 年）封永嘉公主，唐高宗永徽五年（公元 654 年）改封房陵大长公主。唐高宗咸亨四年（公元 673 年）去世，终年 55 岁，陪葬唐高祖献陵。

【完整信息】

房陵大长公主墓是唐高祖献陵的陪葬墓之一，位于陕西省渭南市富平县吕村乡双宝村北。1975 年一农户积肥时发现此墓，随后文物工作者展开发掘。墓的形制是唐代典型的斜坡墓道带过洞天井墓。地下全长 57.8 米，由墓道、过洞、天井、甬道、前墓室、后墓室及小龛组成。由于破坏比较严重，地面封土堆及文物无一幸存，墓内壁画大部分已脱落，仅存 27 幅《侍女图》分布于天井、甬道和前墓室、后墓室。

所绘人物皆为直立捧物姿态，以单人平列式出现，风格统一。壁画采用疏体画法，线条简约流畅。敷彩以单色为主，古朴艳丽，格调典雅。侍女相貌近似青年和成年，身材高挑，体态丰满，发式、服装及所持器物各具特色，人物神情自信积极，豪放洒脱，整体风格极具初唐向盛唐迈进时期的恢宏气势和时代精神。

14. 托果盘侍女图

【基础信息】

这幅壁画位于前墓室东壁北侧。画面中所绘的侍女身高约为 153 厘米，身材匀称丰腴，头梳单髻，面部圆润，浓眉高鼻，樱桃小嘴。上着黄色窄袖襦，下穿黑红两色竖条织物拼缝的间色长裙，脚蹬如意云头履，深红色的披帔绕过双肩飘于身后。侍女面朝墓道口方向，双手握着五足盘的两足托至胸前，盘内盛满瓜果，表现出对身份显赫的墓主人的毕恭毕敬之态。

托果盘侍女图

【完整信息】

裙、衫、帔（pèi）是唐代女装的基本构成。衫，也称襦或襦衫。衫与裙的搭配，在中国古代流行时间很长，可以追溯到商周时期的“上衣下裳”，即上身为衣、下身为裳的两截穿衣法。唐代初期女装衣裙窄小，襦衫已短至腰部，以便于将其下襟掩在裙腰之内；窄袖则是受北方少数民族“胡服”的影响，以便于手臂活动。唐代流行拖地长裙，再加之穿着时是将上衣掩在裙腰之内，所以显得裙子很长。自盛唐时期开始，裙子不仅长，还很宽大。普通的裙要用六幅布帛制成，即唐代诗人李群玉在诗中所描述的“裙拖六幅湘江水”。更华贵的裙子则要用到七幅甚至八幅的布帛。为了提倡节俭，唐代后期唐文宗时期要求“妇人裙不过五幅”。有专家测算，五幅的裙子周长约合 2.65 米，六幅的裙子周长约合 3.18 米，七幅的裙子周长约合 3.71 米。可见，即使五幅的裙子也不比现代的百褶裙窄小。帔在唐代非常流行，其形状和功和功能类似今天女性所用的披巾、披肩，但关于它的起源至今说法不一。一般认为，帔并非汉族固有服饰，是西亚波斯地区男女皆用的服装，后被佛教艺术所吸纳，东传至中国。起初汉族女性尚不用此物，南北朝时期随着佛教的传入女性开始用帔帛，到了隋唐时期广泛流行。唐代的帔帛又名帔子，像一条长围巾，它的广泛使用为女性服装增添了许多浪漫色彩。

唐代出土的带足盘以三足居多，少数为四足，而侍女手中的五足盘十分罕见。它的造型与粟特银盘相似，应为输入品或受到粟特银器影响而制的仿制品。由此可见，唐代宫廷和贵族家中使用来自异域的银器已经很普遍。盘中盛放的瓜果，有学者认为是柿子、木瓜，也有学者认为是柿子、佛手。

15. 托盘提壶侍女图

【基础信息】

这幅壁画位于前墓室东壁中间。画中侍女头梳回鹘双环单髻，呈“丫”字形，面部丰盈，柳眉细眼，小嘴红唇，身着黄色翻领长袍、束以腰带，下穿白底黑条纹裤，足蹬线鞋，是典型的胡服风格。她右手持长颈鸭嘴壶，左手托多曲盘，侧身而立，好像正准备去侍奉主人。

托盘提壶侍女图

【完整信息】

侍女的发式、服饰和所持器物均呈现出异域色彩，生动反映了外来文化对唐代前期各个阶层社会生活广泛而深刻的影响，也体现了唐文化开阔的胸襟和大胆吸收融合的气魄。回鹘髻因来源于西北地区少数民族回鹘族而得名，回鹘族是现在维吾尔族的祖先。回鹘双环单髻先将头发向后梳，然后在头顶扎束，再挽成桃形、球形、卷筒形等。房陵大长公主墓现存的 27 幅人物画中，有 17 人挽回鹘髻。回鹘髻配上胡服，正是唐代“女为胡妇学胡妆，伎进胡音务胡乐……胡音胡骑与胡妆，五十年来竞纷泊”这一社会现象的真实写照。

侍女右手中的壶，是一种盛酒器，在史料中记载为“胡瓶”。从它鸭嘴流、长颈、椭圆形腹、圈足的造型来看，这个壶应来源于中亚的粟特金银器。侍女左手中的盘为六曲花瓣形，也有学者认为它的形状类似唐代金银器中的多曲长杯，其造型常见于波斯萨珊王朝银器。在唐代，金银器主要被宫廷贵族使用，是身份、地位、富贵的体现。所以这幅壁画折射出了东西方文化交流的繁荣局面以及房陵大长公主生前奢华的家居生活。

16. 捧盒侍女图

【基础信息】

这幅壁画位于后墓室东壁南侧。侍女体态丰腴，身高 1.5 米左右，颈部有明显的褶皱和双下颌。她头梳回鹘髻，身穿黄色窄袖襦，外加红色披帔，下着紫色条纹裙，足部残损。她双手捧一蓝色盒子，与肩同高，呈现出缓步前行，供奉主人的姿态。

【完整信息】

侍女手中所捧的盒子，器身为方形，盒盖为盝顶形。盝顶为中国古代建筑的一种屋顶样式，顶部由四个正脊围成平顶，屋面呈现出上小下大“八”字形的坡面状。类似的盒子在西安市何家村窖藏出土过一件，陕西省宝鸡市扶风县法门寺地宫中出土了 7 件，均为金银器。这件盒子应该是对现实生活中金银质地盝顶方盒造型的模仿，用来盛放梳妆用品。

17. 持拂尘侍女图

【基础信息】

侍女头梳回鹘髻，上身穿白色窄袖短襦，外加淡红色披帔，下着红色条纹曳地长裙，脚蹬黑色云头履。右手轻拈披帔，左手握拂尘，拂尘柄尾有一环套在大拇指上，从左肩后举，似在侍奉主人。

【完整信息】

唐墓壁画中持拂尘的侍女形象很常见，仅房陵大长公主墓中就有两处，说明这一器具在唐人生活中使用的普遍性。拂尘在唐代称“拂子”或“蝇拂”，其材质多为木、竹等，前端以棕、麻、马尾、牦牛尾制成穗，颜色有红、白之分，它主要作为卫生用具、清玩之器和乐舞用具。唐代诗人韦应物《棕榈蝇拂歌》：“棕榈为拂登君席，青蝇掩乱飞四壁。文如轻罗散如发，马尾牦牛不能絜。柄出湘江之竹碧玉寒，上有纤罗萦缕寻未绝。”道出了拂尘以棕榈做穗、青竹做柄的事实。

18. 托盘侍女图

【基础信息】

此侍女与真人高度相似，头梳回鹘髻，穿深红色窄袖襦和浅红色长裙，上加白色长披帔，脚穿云头履。她手捧四足大盘，双目凝视盘底，似向墓室行进。

托盘侍女图

【完整信息】

云头履在这幅壁画中清晰可见。唐代妇女的鞋即履，因为古有“饰足为礼”之说，所以鞋头上的装饰非常讲究，有高头、平头、云头、花形、重台、如意等，代表身份的高低贵贱。云头履出现在多幅壁画中，说明这款鞋深受唐代女性的喜爱。

侍女手中的盘，底部有四个环状足，这种足多见于隋唐时期的瓷盘中。盘身的多曲造型常见于波斯萨珊王朝的银盘上，专家推测该幅壁画要突出表现的应是银盘。盘中似乎盛有物品，但目前已经难以辨认。

19. 持杯提壶侍女图

【基础信息】

图中侍女头梳回鹘髻，面部丰满，唇部和面颊涂有鲜艳的胭脂。上穿白色窄袖襦，下着浅红色长裙，肩披绿色帛巾。侍女右手提一柄长颈壶，左手拿一高足杯。

【完整信息】

此壁画中的长颈壶的形状和托盘执壶侍女图中的壶基本相同，鸭嘴流、长颈、椭圆形腹、圈足，带有典型的中亚粟特金银器的风格，《旧唐书·吐蕃传》中称其为“胡瓶”。这种瓶有可能是从西方直接输入的，也有可能是中国工匠的仿制品，无论是哪种都说明唐人对异域物品很是青睐。高足杯也是唐代金银器中常见的器物，杯身常装饰有狩猎、花卉等纹样，在唐代高等级墓葬的壁画中，经常可以看到高足杯的身影。中国古人饮酒不用高足杯，夏商周时期用爵，汉晋时期用耳杯，隋唐时期以后多用碗。唐代善于吸收外来文化，受东罗马帝国风格影响，唐代贵族喜欢用金银质地的高足杯作为饮酒器具。画面中粟特风格的长颈壶和东罗马风格的高足杯，为我们生动展示了唐代贵族对域外器物的接纳程度。

李爽墓壁画

【基础信息】

李爽，字乾祐，陇西成纪（今甘肃省秦安县）人，为人刚直，以孝闻名，在唐太宗、唐高宗两朝为官，曾任殿中侍御史、长安县令、桂州都督、司刑太常伯（刑部尚书）等职。卒于唐高宗总章元年（公元 668 年），享年 76 岁，与妻郑氏合葬。

【完整信息】

李爽墓位于陕西省西安市雁塔区羊头镇村西曲江池遗址南岸，1956 年被发掘。该墓全长 24.5 米，由墓道、天井、甬道、墓室组成。壁画残存 25 幅，较完整的有 16 幅，绘有《仪卫图》《建筑图》《男侍图》《侍女图》《乐伎图》及影作木构等。

李爽墓壁画皆为单人平列式，以殿堂红栱为间隔。较为突出的是《侍女图》，图中侍女有的持物奔忙，有的伫立待命，有的执团扇、拂尘，有的演奏乐器。人物造型端庄而俊俏，线条勾勒挺拔而圆熟，赋色艳丽而典雅。画中侍女手中所执器物，表明了各自不同的职分，同时再现了墓主人生前豪华的贵族生活场景。

20. 托盘侍女图

【基础信息】

托盘侍女图绘于斗拱梁柱之下。图中侍女头梳双环髻，身着白色圆领窄袖衫，下穿曳地红色长裙，双手托盘至肩上，盘内装有 6 个杯子。侍女在前行中回眸顾视，好像在等待同伴，又好像被人召唤了一下，动作轻盈潇洒，服饰简单朴素。绘画者用高超的技艺抓住了一位年龄较小、资历尚浅的侍女的瞬间动态，呈现了一个鲜活灵动、栩栩如生的人物形象。

【完整信息】

侍女所梳的双环髻，其特点是将头发分成两股，用丝绦束缚成环形，高耸于头顶或头之两侧，有瞻然望仙之状，所以双环髻又被称为飞仙髻或双环望仙髻。据唐代段成式等人《髻鬟品》一书的记载，唐玄宗时期，宫中盛行双环望仙髻，后为贵族妇女所喜欢，到宋代时仍很流行。

从画面内容推测，这幅图表现的应是侍女在为主人宴饮或待客而忙碌的场景。唐代饮酒之风盛行，对于当时的文人来说，饮酒不仅是风雅之事，更是激发创作灵感的“神丹妙药”。才会有“曲江流饮”，李白才会创作出许多流传至今的绝唱佳作，杜甫也才会用“李白斗酒诗百篇，长安市上酒家眠。天子呼来不上船，自称臣是酒中仙”的诗句为我们塑造出李白这个桀骜不驯、豪放纵逸、傲视王侯的唐代文人代表形象。此外，唐代饮茶之风也很盛行，茶圣陆羽所著《茶经》和他倡导的一整套饮茶艺术，代表了唐代茶文化发展的新高峰。这位侍女手举托盘到底是在奉茶还是在上酒？目前尚无定论，只能由大家去想象了。

21. 吹横笛乐伎图

【基础信息】

这幅图位于墓室北壁。画面中的乐伎头部脱落，但仍可看见所梳发髻为双环望仙髻。她身穿白色窄袖衫，下系条纹曳地长裙，外罩一短小绿纱腰裙，脚穿黑色云头履，双手持笛做吹奏状。站立在她面前，你可以想象一下千余年前大唐的悠扬笛声。

吹横笛乐伎图

【完整信息】

唐代政治稳定、经济繁荣、社会开放，从而为唐代音乐的发展以及贵族安逸奢华的生活提供了强有力的物质保障。唐人喜好音律，朝野内外不乏能演奏种类繁多的中外乐器的高手，唐人擅长的乐器包括鼓、钲、角、箫、笳、筝、琴、琵琶、笙、笛、竽、箜篌、拍板、瑟、觱篥、磬等，例如，唐玄宗就是羯鼓行家。

笛子是一种非常古老的中国乐器，也是中国乐器中最具代表性、最有民族特色的吹奏乐器。在河南省漯河市舞阳县贾湖距今9000～8000年新石器时代遗址中就曾出土过中国迄今为止最早的骨笛，在湖南省长沙市马王堆三号汉墓中也出土过两支竹笛，但这些笛子都是竖吹的，因此有学者认为它们都应属于洞箫类乐器。而隋唐时期的笛子既有竖吹的传统笛子，也有从西域传来的横吹的笛子，为了区别，唐人称竖吹的笛子为“笛”，横吹的笛子为“横笛”“羌笛”。唐诗中有关笛子的描写随处可见，唐代诗人宋之问曾有《咏笛》一首：“羌笛写龙声，长吟入夜清。关山孤月下，来向陇头鸣。逐吹梅花落，含春柳色惊。行观向子赋，坐忆旧邻情。”从诗中我们可以感受到笛声中蕴含的思乡之情。因此专家推测笛子在唐代属于较为流行的乐器。

22. 吹箫乐伎图

【基础信息】

这幅图位于甬道东壁。画面中绘一女扮男装的乐伎，头缠黑巾，身穿绛红色圆领长袍，绿色条纹裤子，裤脚口紧收于脚踝处，腰束蹀躞带并挂有一鞶囊，脚穿白色尖头鞋。双手持箫，做吹奏状。该画从侧面反映出了唐代贵族生活的丰富多彩。

吹箫乐伎图

【完整信息】

唐代社会自由开放，女性的活动空间很大，女性追求时尚、崇尚华美、表现自我的愿望强烈而浓厚。这一点在着装上表现为兼容并蓄，不拘一格。她们不断以各种新奇的服饰来装饰和美化自己，而对胡服和男装的追捧俨然成为唐代前期社会的一种潮流，使得“女为胡妇学胡妆”的社会风气盛行一时。画中侍女腰上的蹀躞带源自北方少数民族，鞶囊则用于携带刀砺等小物件。

箫，是一种用竹管制成的管乐器，底端不封口，直吹，古人也称其“洞箫”或“竖笛”。它出现的时间很早，据《列仙传》记载，公元前 7 世纪秦穆公之女弄玉和萧史就是因喜好吹箫而结成良缘。隋唐时期器乐合奏时，箫由于独特的音色出现频率极高。唐代诗人李白在《宫中行乐词其三》中曾写道：“笛奏龙鸣水，箫鸣凤下空”。这就是对两种乐器不同音色所表现得不同意境的描绘。看着这幅吹箫乐伎图，似乎还能听到绕梁的余音。

新城长公主墓壁画

【基础信息】

新城长公主墓位于陕西省咸阳市礼泉县烟霞乡东坪村北的一个小山梁上，西北方向距唐太宗昭陵陵山——九嵕山约 115 千米。新城长公主为唐太宗第二十一女，长孙皇后所生，是唐太宗最小的女儿。唐高宗龙朔三年（公元 663 年）去世，同年以皇后礼陪葬昭陵，唐代诸帝公主中明确以皇后等级礼葬的仅此一例。

【完整信息】

1994 年 10 月，由法国巴黎“陕西博物馆之友”出资，陕西省考古研究所、陕西历史博物馆、昭陵博物馆联合组成考古队，对新城长公主墓进行了发掘。该墓葬的地上封土堆呈覆斗形，封土堆四周分别有四个角阙和南、北门阙，当地群众形象地称之为“八抬轿墓”。墓中出土了多种随葬品。在墓道、过洞、天井四壁下部、甬道和墓室壁面均保存有较大面积的壁画。壁画布局完整，内容丰富，题材有《青龙图》《白虎图》《仪仗出行图》《阙楼建筑图》《列戟图》及各种人物图等。壁画具有唐高宗至唐中宗时期壁画布局的显著特点：每幅壁画四周均以红色枋梁、斗拱、廊柱为栏界，以墓葬各部分所代表的地上建筑来安排画面内容，使墓中壁画既有整体布局又有相对独立的单幅图像。比如过洞的建筑图象征城门、宫门等礼仪建筑，其间绘制出行、列戟等仪仗图。墓室四壁画斗拱、枋梁、廊柱象征内室，表现家居享乐生活。戟数为 12 杆的列戟图和外出乘舆担子图象征着公主身份的高贵。从绘画技法上看，墓中壁画是由多人分别绘制的，线条为铁线描绘，粗细均匀，富有韧性；赋色浓淡兼备，以朱砂、赭石、石青、石绿、藤黄及墨等填色，多用平涂、晕染和斡染法。从表现手法上，侍女形象大头细身，服饰亮丽，发式多样，具有典型的由初唐向盛唐渐变的特征。

23. 宫女图其一（第五过洞西壁）

【基础信息】

新城长公主墓过洞东、西两壁均有用赭红色绘出枋梁结构的建筑图案，再绘出四根廊柱，将壁面分成三个开间，每个开间绘出人物壁画。此图位于第五过洞西壁北开间，两名宫女相背立于红色斗拱廊柱之间，面部丰腴，头梳单刀半翻髻。这种高大的发髻属于假髻，唐代称“义髻”，流行于唐代贵族女性中。左边的宫女身高约 1.15 米，眉清目秀，面施薄粉，神态自如。身穿白色窄袖襦衫，外套浅褐色半臂，袖口施白色宽边，白色披帛由身后旋绕至两臂肘部自然飘垂。浅蓝色束胸长裙下微露尖头履。双手隐于长袖中，作交拱状，双脚分立似欲向前行进。观看唐墓壁画中女性的着装，最让人惊叹的是她们极具开放性的服饰风尚。唐初女性着装受隋朝旧俗影响，喜欢穿小袖短襦紧身长裙。随着社会的发展，观念和时尚也发生着变化，其中一个比较明显的变化就是女性衣领的敞口越来越大，越来越低，直至盛唐时发展为袒领。当时的许多诗人也纷纷作诗感叹，如方干《赠美人》中有“舞袖低徊真蛱蝶，朱唇深浅假樱桃。粉胸半掩疑晴雪，醉眼斜回小样刀”；欧阳炯《南乡子·二八花钿》中有“二八花钿，胸前如雪脸如莲”；周濆《逢邻女》中有“日高邻女笑相逢，慢束罗裙半露胸。莫向秋池照绿水，参差羞杀白芙蓉”。右边的宫女身高约 1.1 米，唇涂朱红，神态安详，回首顾

宫女图其一（第五过洞西壁）

视。身穿白色低领窄袖襦衫，红褐色长裙下微露黑色尖头履。左臂屈肘抬起，右臂贴身下垂，肘部略微屈起，双手皆隐于长袖中。左边宫女左上方空白处有用硬物刻画的“杨智”二字，推测可能是工匠或是盗墓者留下的人名。

【完整信息】

图中两宫女所着的就是隋唐时期最时兴的襦裙，即短上衣加长裙，裙腰高系及腋下。半臂是一种短袖上衣，是唐代女装中除过襦衫、裙、帔之外一种非常有时代特征的服饰。半臂由汉魏时期的“半袖”发展而来，隋代开始流行，唐代时男女都有穿着，而以女性穿半臂者居多。半臂有对襟、套头、翻领等各种样式，一般套于襦衫之上，以小带子当胸系住。唐代前期女装上衣窄小，时兴小袖，袖长遮手，外套半臂乃成一时风尚。中唐以后，女装转向宽松，与半臂难做搭配，故而中晚唐时期半臂的使用明显减少。

24. 宫女图其二（墓室南壁）

【基础信息】

新城长公主墓墓室顶部和四壁白灰墙皮保存状况尚好。墓室顶部为天象图，墓室四壁的壁画布局与过洞及天井相似，亦用赭红色绘出枋梁结构的建筑图案。其中，东、西、北三壁中部又各绘出两根红柱，将壁面分成三个开间，每个开间绘出三四位宫女。宫女们有的手持拂尘、扇、壶，有的手捧盒、杯、包裹，表现的应该是公主府内掌食、掌筵、掌严等各种内官。墓室南壁仅存西开间一幅宫女图。此图残存的画面东西宽 108.5 厘米，高 154 厘米，绘有宫女 4 人，现存 3 人。画面虽有残损，但仍可看出宫女们的神态、衣饰和姿容。左边的宫女侧身向右，头梳双环望仙髻，两环间饰有花钗；身穿浅褐色窄襦衫，着黑白相间的条纹长裙。右边两名宫女皆侧身向左，头梳惊鹄髻。其中右边靠中间的宫女脸颊部有残损，白色襦衫及半臂袖头都饰有宽宽的锦边，系着橘红色长裙，双手隐于袖中。最右边的宫女襦衫外套着黄色半臂，袖头饰有宽宽的锦边，白色长裙高束至胸，左臂下挟着长方形的折叠物，可能是唐代文献中出现频率很高的一种休闲小憩用具——茵褥。

【完整信息】

茵褥在李寿墓石椁线刻和李凤墓壁画中也有发现，它可作为坐垫或床垫。白居易《和望晓》中写道："草铺地茵褥，云卷田帷幔。"《旧唐书·田神功传》中记载："特许百官吊丧，赐屏风茵褥于灵座，并赐千僧齐以追福。"其中的"茵褥"应该是"座垫"。但《旧唐书·岑文本传》中记载："居处卑陋，室无茵褥帷帐之饰"中的"茵褥"则应是"床垫"。这幅壁画中宫女腋下的茵褥，根据其形状大小，推测应该是坐垫。画中人物均为柳眉细眼，小嘴红唇，造型上头大颈长，身材瘦削。绘画用色淡雅，着墨轻浅。尤其是发髻淡中有浓，似乎在发髻上罩裹了一层轻薄的黑纱，这在唐墓壁画中极为少见，极具特色。唐代女性不仅高髻峨峨，而且喜欢用簪、钗、步摇等装饰美化发髻。除此之外，唐代女性还喜欢在发髻上插饰梳、篦，其风气之盛，到中晚唐时期竟达到了"满头行小梳"的程度。

画家周昉在《簪花仕女图》中所绘的六位妇女，发髻上插戴着各式花朵和翠玉金银制作的花饰，是中晚唐时期贵妇奢华形象的典型代表。杜甫《丽人行》中也有"头上何所有？翠微㔩叶垂鬓唇"的诗句，意思是头上戴着什么样的首饰呢？翠玉做的花饰垂挂在两鬓。诗中的"㔩叶"，即髻上的花饰。可见，发髻上的花饰也是当时贵妇的所爱。

李凤墓壁画

【基础信息】

李凤墓位于陕西省渭南市富平县吕村，该墓是李凤与妻子刘氏的合葬墓。李凤，唐高祖李渊第十五子，封虢王。唐高宗上元元年（公元 674 年）去世，陪葬唐高祖献陵。1973 年，相关部门对该墓进行了发掘。

【完整信息】

墓葬的地上封土堆为长覆斗形，地下部分由墓道、4 个过洞、3 个天井、8 个小龛、甬道、墓室 6 部分组成，全长 63.38 米。墓道呈斜坡形，甬道和墓室砖砌，甬道北部有两道石门。墓室略呈正方形，穹窿顶。墓中出土了多种随葬品，墓葬壁画主要绘制在墓道、过洞、天井、甬道和墓室内四壁。全墓出土较完整的人物、花鸟壁画共计 16 幅，除第二过洞西壁为一胡人牵驼图外，其余皆为侍女图。绘画技巧圆熟，线条疏密有致，在唐代早期壁画风格中独树一帜。

25. 男装侍女图

【基础信息】

这幅图位于李凤墓甬道东壁，图中的侍女眉目低垂，神态谦恭。手部残损，似乎拱手或持物于胸前。

侍女头戴黑色幞头，身穿红色圆领袍服，系黑色腰带，下着红白条纹卷口裤，脚穿白色软鞋，一身唐代男子常见的装束。但她秀丽的曲线遮不住身为女子的体态，恬静的表情和白皙的肤色，透露出娇美的女性特征。侍女头戴的幞头即包头软巾，也叫折上巾，实际上是将一整块的皂绢裁出四角，其中两角系于脑后，另两角反系于头顶，是唐代男子非常流行的头饰。身上的圆领袍服，也称为团领袍衫，是唐代传统服饰中典型的男装。

男装侍女图

【完整信息】

隋唐时期，袍服吸收了北方少数民族褊衣的若干成分，对汉魏以来的传统服装进行了全盘改造，成为上至帝王、下至百官礼见宴会时均可穿着的常服。圆领袍服总体变化不大，只是衣长因身份及文臣武将而有不同，衣袖宽窄随时尚而有变异。女着男装，是唐代妇女服饰的一大特点，这一点不仅在唐墓壁画中有所反映，传世绘画中也有这种打扮的妇女形象。如现存于辽宁省博物馆的《虢国夫人游春图》，有学者认为图中着男装的就是虢国夫人，而其他陪同出游妇女均为女装。李凤墓这幅壁画所绘的男装侍女图也是唐代妇女不拘成规、求新追异精神风貌的一种写照。侍女脚穿的白色软鞋也称线鞋，是典型的女式鞋。唐墓壁画中女扮男装的侍女大多足穿女鞋，这似乎表明女子们在女扮男装和追求精神自由的同时，也不忘自身的女儿情趣。

【拓展信息】

《新唐书·五行志一》中记载："高宗尝内宴，太平公主紫衫玉带，皂罗折上巾，具纷砺七事，歌舞于帝前。"《旧唐书·舆服志》中记载："或有着丈夫衣服靴衫，而尊卑内外斯一贯矣。"这幅男装侍女图和其他大量考古发现的实物资料都进一步印证了唐代妇女，尤其是宫廷妇女喜好男装这一历史事实。

26. 侍女图

【基础信息】

图中的侍女头梳高髻，脸形长圆而丰润，粉腮朱唇，蛾眉凤目，身着白色低胸袒领窄袖襦衫，白色披帛搭过双肩，下着深红色曳地长裙，足蹬浅色云头履，仪态从容娴雅。

【完整信息】

据文献记载，从初唐时期到中晚唐时期，屡有帝王下诏规范社会服饰，唐高宗时期曾两次下诏要求女性尤其是贵族女性检点衣着，但"初虽暂息，旋又仍旧"收效甚微，由此可见当时女性着装之大胆、追求之执着。武则天掌权后，妇女地位进一步提高，妇女的风姿渐以健美丰硕为尚，"大髻宽衣"遂成潮流。中唐以后，女装更加丰肥宽大。除了款式，当时女装的颜色也非常艳丽，纹饰也变化繁多。妇女的裙色有红色、紫色、黄色、绿色等，最流行的是红色裙，即所谓的“石榴裙”。唐诗中对石榴裙的描述屡见不鲜，如白居易的“移舟木兰棹，行酒石榴裙”与“眉欺杨柳叶，裙妒石榴花”等。

27. 拂尘侍女图

【基础信息】

画面上的侍女柳眉凤目，樱唇桃腮，头梳单刀半翻髻，袒颈露胸，身着白色窄袖短襦衫，外套着浅色半臂及红色条纹长裙。露胸的低领和遮住手掌的长袖，反映出贵族妇女服装的时尚潮流。左手执一拂尘搭于左肩上，目视前方，神态从容。

28. 三侍女图

【基础信息】

这幅图位于李凤墓甬道东壁，图中描绘了三位行进中的侍女形象。前两位均头梳高髻，身着小袖袒领衫，下系红色条纹曳地长裙，肩绕帔帛，脚穿尖头履。画师们采用了色彩换位的方法，第一位侍女为红色披帛、白色小袖衫，第二位侍女为白色披帛、红色小袖衫，如此处理既避免了雷同又丰富了服饰的色彩，从而增加了这幅作品的艺术感染力。为首的侍女面部色彩脱落，双手缠红披帛交于腹前，姿态稳重矜持；从其挺胸昂头、袖手前行的状态推测，她的地位似乎更高一些。中间侍女的白色披帛通过双肩搭于双臂，长眉细目，神态谦恭；左手轻握红

三侍女图

色的团扇，并将扇柄靠于左肩，姿态优雅灵动；右手上举，似乎在向为首者诉说或恳求着什么。最后面那位侍女身材娇小，女扮男装。双臂抱一方盒于胸前，回首顾盼，似乎正被侧后方的什么事情吸引着注意力，顽皮中显露出稚气。画家用不多的笔墨为我们勾勒出三位不同神态、不同身份的侍女形象。

【完整信息】

从图中侍女所着的曳地条纹裙可以看出，南北朝时期的条纹裙在唐代也继续流行着，并发展为二色、三色、五色等，其影响甚至远达日本，奈良高松冢壁画中就有穿着条纹裙的女性形象。直到开元时期，随着花纹织锦的兴起，条纹裙才逐渐少见。

29. 持花侍女图

【基础信息】

此图位于李凤墓甬道东壁。图中两位侍女将头发梳成锥髻，即锥形的发髻。这种发髻是中国妇女最古老的发式之一，早在《汉书》里便有记载。左侧侍女伫立前视，手捧花枝，神态安详。右侧侍女侧身回头，神色惊诧；右手举花枝，左手携一长颈瓶。

这种长颈瓶多见于金银器和陶瓷器，其特征是鸭嘴流、长颈、椭圆形腹、圈足。这种形制的瓶子因是粟特金银器中流行的器类，所以被称为“胡瓶”，在唐代以贸易、朝贡等方式流入中原地区。

【完整信息】

此幅壁画人物线条疏密有致，构思细密，恰到好处地表现了两位发式基本一致，服装颜色款式相差无几，手中举花，神态却不相同的侍女形象。一个前望，一个后视；一个从容沉静却若有所思，一个灵动回首正有所顾盼。画面通过前呼后应的人物造型，以及人物表情神色的细微变化，描绘出简单却又动感的人物神态。画面构图的独到之处在于画中人物既可独立观赏，又可与左右其他画面连贯成一个整体，使观赏者不仅可以欣赏画面上所表现的内容，又可以想象画面上没有表现的内容，因此这幅壁画不失为一幅杰出的作品。

30. 持扇侍女图

【基础信息】

画面中间点缀着一株长满细叶开有白花的植物，在植物两侧有两位侍女相背而行。右侧的侍女身材修长，头梳双丫髻，上身穿袒胸窄袖红色短襦，白色帔帛绕肩而过，飘逸舒展的绿色宽幅垂地长裙高束至胸，足穿云头履，双手执长柄椭圆形扇子，目不斜视，徐步缓行。双丫髻从秦汉时期一直沿用，是年幼或未婚女子常梳的发髻，梳妆时将头发集束于顶，编结成左右各一的两个小髻，类似树丫杈，故称丫髻。双丫髻在宫廷侍女、侍婢丫鬟中十分流行。左侧侍女英姿飒爽，头裹黑色幞头，身穿翻领开胯紫色胡袍，下穿黑色条纹裤；右手执白色小扇，左手携茵褥夹于腋下，似乎正在听候主人的召唤。

持扇侍女图

【完整信息】

扇子在中国有着非常久远的历史，商代就有扇的雏形，除了用来扇风取凉，还是一种仪仗饰物，由侍者高擎着为帝王或高官外出巡视时遮阳挡风避沙。至魏晋以后，由于清谈之风盛行，扇子又成为文人、贵族及僧、道手中的清玩之具，具有象征身份的作用。这幅画中持扇的侍女夹持着茵褥，所表现的应是侍女们欲前往居室侍奉主人休憩的画面。因此，侍女手中之扇也应该是取凉的实用之具。从这幅壁画中可以发现，唐代早期的女性形象大多清秀、苗条，颇有南朝及隋代的风格。到唐代中晚期以后，人物体形日趋丰满，各类文物遗存中已很难见到早期那种纤纤细腰、亭亭玉立的女子形象。

31. 侍女图

【基础信息】

图中的斗拱下站立着两位侍女，左边的侍女上穿白色袒胸短襦，红色曳地长裙高束至胸，披帛绕肩而过，右臂挟一茵褥，左手搭于其上，似乎正在缓缓前行。右边身着胡服的侍女面容丰满，上穿绿色大翻领长袍，下着红白相间的条纹裤，足蹬白色软锦鞋，右臂挎一包袱，好似前行中驻足回首而顾盼张望。

【完整信息】

胡服在唐代非常盛行，加上丝绸之路的畅通，唐长安城成为当时世界著名的“国际化大都会”，众多的外国人和外族人频繁往来甚至留居长安，形成了唐代开放多元的服饰文化。这一现象在唐墓壁画中有较多表现，在唐诗中也屡屡可见。如“胡服何葳蕤，仙仙登绮墀”“垂带覆纤腰，安钿当妩眉”。窄袖衫、浑脱帽、条纹紧口裤、大翻领及软锦靴，是流行于盛唐时期“胡服胡帽”的基本构成。“安史之乱”之后，这种装束才随着胡风的颓灭而消逝。这幅壁画除人物和建筑外，还描绘了一些植物的形象，侍女左边的植物绿叶稀少而肥大，上开红花，栽于盆中；右边的一株植物种于地下，两排细小的叶子延伸而上，顶部分为两朵，一朵花开正艳，另一朵含苞待放。这些花草形象也是中国山水画和花鸟画萌芽的体现。

韦泂（jiǒng）墓壁画

【基础信息】

韦泂，唐中宗韦后之弟。卒于武周如意元年（公元 692 年），时年 16 岁。神龙元年（公元 705 年）唐中宗复位，韦氏复为皇后。由于韦后专权，韦氏一门势倾朝野，追授韦泂为卫尉卿，后又追赠其为淮阳王，并于唐中宗景龙二年（公元 708 年）将其灵柩运回京城长安予以礼葬。现今陕西省西安市长安区韦曲原上的南里王村、北里王村一带，就是韦氏家族的墓园。

【完整信息】

韦泂墓位于陕西省西安市长安区韦曲原上南里王村。1959 年发掘。该墓由墓道、天井、小龛、甬道、前墓室和后墓室组成，全长 31.1 米。墓中壁画大多脱落，残存青龙、白虎、朱雀、玄武、楼阁、文吏、男侍、女侍及花卉飞禽等画像图案，表现的是贵族家居生活的场景。壁画以绿色、朱色、黑色为主，风格古朴。人物形体丰硕，神态生动，造型准确。设色、笔法、线条和构图，都充分体现了盛唐时期已臻成熟的画风。

32. 高髻仕女图

【基础信息】

画中女子发髻高耸，脸庞红润丰满，蛾眉樱唇，身穿红色窄袖衫，淡黄色的披帔绕过胸前飘拂于身后。因画面残缺，无法断定其双手的姿势。仕女右侧隐约有一较小的高髻，面部及以下残缺，根据画面推测应为一女童的形象。

【完整信息】

高髻仕女图

这幅壁画的色彩灵活多变，线条细致入微。仔细观察，仕女的上下眼睑，脸部和颈部都以朱色晕染，使她显得雍容华贵，丰姿绰约。仕女的披帔依据衣纹的走向呈现出自然和谐的衣褶。最让人惊叹的是，仕女的鬓发，丝丝分明，有一种“毛根出肉”的艺术效果。

从画面中可以看出，这一时期的女性形象较之初唐时期发生了转变。首先，体态由初唐时期的窈窕向丰腴变化，说明在公元8世纪初，仕女形象逐渐向“肌丰而有余，体娇而婉淑”过渡。其次，发髻在初唐时期的基础上演变得更为高大、挺立。女性丰肥健硕的体态和高大挺立的发髻，体现了盛唐时期经济繁荣、国泰民安、包容开放的时代精神。

苏思勖（xù）墓壁画

【基础信息】

苏思勖于天宝四载（公元745年）去世，曾任银青光禄大夫，行内侍省内侍员外，官至三品。苏思勖墓位于陕西省西安市经五路，1952年发掘。在墓室和甬道上共绘制了20余幅壁画，壁画大部分保存完好，内容有男侍图、女侍图、抬箱图、乐舞图、六扇屏风图、朱雀图、玄武图、天象图等。这些壁画，风格清新，技法多变，既保留有盛唐时期浓艳华丽的风格，又初显中唐时期淡雅活泼的风格。

33. 二人抬箱图

【基础信息】

图中绘两位男侍，面色红润，表情怡然。他们头戴黑色幞头，上穿土红色圆领袍衫，下穿浅色长裤，足蹬黑靴。两人抬着一个长方形的箱子，正向着墓主人所在的墓室大步前行。为了方便行动，他们将前衣襟掖在腰带上，生活气息扑面而来。

二人抬箱图

【完整信息】

圆领袍服也叫作“缺胯衫”，最早出现于北齐、北周时期，可能是受“胡风”的影响形成的。在唐代这种“缺胯衫”非常流行，上至皇帝下至普通百姓都可以穿着，这也体现了唐代服装款式以方便生活为上的一大进步。

【拓展信息】

“箱子”这个词在汉代开始使用，一般用于储存衣服、被褥等生活用品，也称作巾箱、衣箱等。到了唐代，箱子已经成为不可缺少的生活用具，用途也更加广泛。这幅壁画中的箱子体型较大，有四只箱腿，并有把杆便于抬移。表现的应是墓主人生前出行时携带衣物的场景，在目前所发现的唐墓壁画中甚为罕见。

34. 玄武图

【基础信息】

这幅玄武图出土于苏思勖墓室的北壁，高 188 厘米、宽 175 厘米。图中绘制了一龟一蛇交缠在一起的情景，龟直立爬行，引颈回首，全身布满花斑鳞甲的巨蛇在龟身上缠绕了三圈，头尾相绕，形成环形。环形中部，蛇头和龟首张口吐信，怒目相对。玄武图是唐墓壁画中的常见题材，但笔法如此流畅，形象生动，且保存完整的玄武图却少之又少。

【完整信息】

玄武，是中国古代神话中的北方之神，与青龙、白虎、朱雀合称“四神”。四神为掌管四方之神，战国时期已经出现于文献记载中。玄武的本义就是玄冥，“武”和“冥”的古音是相通的。武，是黑的意思；冥，就是阴的意思。因此，最早的玄武就是乌龟。以后，玄武的含义逐渐扩大。龟生活在江河湖海，因而玄武成了水神；乌龟长寿，玄武成了长生不老的象征；最初的冥间在北方，所以玄武又成了北方之神。将玄武绘制在墓室北壁，就是用来表示方位的，起到镇墓辟邪作用。

35. 侍女图

【基础信息】

在墓室北壁玄武图的东边是一幅侍女图。图中侍女梳着倭堕髻，面颊红润，峨眉凤目，体态雍容，身穿交衽宽袍，肩绕披帛，双手拢于腹前，侧目注视着摆放墓主人棺椁的方向，神态专注，似乎在等待召唤，又似因对方的召唤而驻步。

开元、天宝时期以来，女性的艺术形象和服饰与初唐时期相比均发生了变化。初唐的女性形象多是身材修长、优雅灵动的窈窕淑女，服饰由于受到北齐、北周的影响，衣袖窄小。而到了开元、天宝年间，女性崇尚丰腴之美，形象多为云鬓大髻，裙衫宽大华丽，微微袒露前胸，具有了“环肥”的特点。

36. 乐舞图

【基础信息】

乐舞图绘制于墓室东壁，宽 4.1 米、高 1.47 米，图中共有 12 位人物。由于篇幅巨大，揭取时按照内容将全幅画面分割为三部分。

中间一幅为胡人舞者。舞者深目高鼻、络腮胡，头戴白色尖顶胡帽，身穿圆领长袖衫，腰系黑色腰带，足蹬黄色靴子，在暗黄色地毯上呈右手叉腰、左手高举，拧腰摆胯，仰身回顾，作旋转腾跃舞蹈姿态。

左、右两边两幅绘制的是乐师。右边的黄色地毯上，是一组由 5 人组成的乐队，分前后两排。前排坐在地毯上的 3 人，分别手持筚篥、筝、箜篌；后排站立着的 2 人，1 人吹排箫，1 人右臂前伸似乎在伴唱。左边的黄色地毯上，是一组由 6 人组成的乐队，也分为前后两排。前排坐着的 3 人，分别手持琵琶、笙和铜钹；后排站立的 3 人，一人吹横笛，一人拍板，一人左臂前伸似乎在与对方呼应高歌。乐队成员皆为男性，均头戴黑色幞头，上身穿圆领长衫，腰系黑带，脸颊上涂有淡红色胭脂。画面中跳舞者跳跃旋转，奏乐者管急弦繁，咏唱者引吭高歌，互相配合默契，气氛欢快激烈，表现了盛唐时期“胡腾舞”表演的欢乐场面。

【完整信息】

唐代开放包容，大量外国和周边少数民族的“胡舞”“胡乐”相继涌入长安，这些外来乐舞给中原地区传统乐舞注入了新鲜的血液。这幅《乐舞图》从图中人物所处的位置、姿势、神情分析，很可能是歌、舞、乐互相配合的一种表演形式。在乐曲的伴奏下，载歌载舞，不仅是唐代乐舞的表现形式，也是古代西域乐舞的一个突出特征。唐代的舞蹈分为健舞、软舞、字舞、花舞、马舞，今天确知源于西域的健舞有胡腾舞、胡旋舞、柘枝舞三种，它们都是在唐玄宗时期流行于唐长安城的。据史料记载，胡腾舞为男性舞，胡旋舞为女性舞，柘枝舞为女童舞。胡腾舞起源于西域的柘支国（故址在今哈萨克斯坦南部的塔什干地区，因国王姓石，也称石国），后沿丝绸之路传入中原地区，舞者多半是石国人。这幅壁画中舞者的形象与胡腾舞的记载大体吻合，舞者居于画面正中，无疑是画面的主角；两边的乐队，则起到了烘托气氛的作用。乐队成员皆似汉人模样，所持的九种乐器中，既有从西域传入中原地区的胡乐乐器，如箜篌、筚篥、琵琶、铜钹、横笛，也有汉族的传统乐器，如笙、筝、排箫和拍板。学者们根据乐器种类和组合判断，此乐舞图表现的应是盛唐时期流行的、以胡乐为基础同时融合了汉族传统乐舞特点的“胡部新声”。这种胡汉民族同台共舞的情景和东西方乐舞交织的画面，是不同文化艺术交流与融合的真实再现，也反映了唐代各民族间的友好交往、和睦共处。

墓主人苏思勖，是开元、天宝时期的宦官，多次监军，屡立战功。这幅壁画表现的应是墓主人生前在深宅大院中赏舞作乐的生活景象，是我们研究唐代乐舞、了解唐代社会各个阶层生活的珍贵实物资料。

乐舞图

薛氏墓壁画

【基础信息】

薛氏，太平公主第二女，父薛绍。武则天时期受封万泉县主。于唐睿宗景云元年（公元 710 年）去世，同年葬于今陕西省咸阳市底张湾。

薛氏墓发掘于 1953 年。墓由墓道、过洞、天井、前甬道、后甬道和墓室组成。墓室中出土了大量随葬器物及壁画。壁画内容丰富，有青龙图、白虎图、楼阁图、戟架图、男侍图、武士图、女侍图、花鸟图、狮子图等。

【完整信息】

此墓壁画的风格，已出现盛唐时期的特点，绘画技巧更为娴熟；男女侍者的面容趋于妩媚、细巧；人物线条更加柔和。在用色上比较素雅，以黄绿色和灰褐色为主，这与早期唐墓壁画中所采用的鲜艳的色彩不同，可能与画家风格的差异有关。

37. 抱包裹侍女图

【基础信息】

画面中一侍女头梳螺髻，身穿淡绿色窄袖衫，着浅色长裙，褐黄色披帛绕于肩部。头部略微后仰，双手于胸前抱一包裹，双目睨视，表情略显傲慢。在此幅图中，画师用不多的笔墨将一个豪门资深侍女骄纵的神态刻画得活灵活现，表现了画师高超的绘画技艺，也婉转地体现了墓主人的权势。

【完整信息】

唐代壁画中较为常见的螺髻为盘叠式发型，主要特点是将头发分成多股，然后采用编、盘、叠等手法将头发叠成螺壳状。据记载，唐代长安城中的女性好梳此髻，因其造型高耸似螺且不易散落，故称“螺髻”。

38. 双鬟髻侍女图

【基础信息】

图中侍女侧身而立，凤目樱唇；眉较浓阔，形似桂叶；颊涂胭脂，头梳双鬟髻。上身穿黄色窄袖衫，下系淡绿色长裙，肩披灰褐色帔帛，足蹬云头履。双手握披帛交叉于腹部，面朝右侧，似在倾听什么，整个画面动中有静。从侍女相貌特征看，稚气犹存，似为一年轻女子。

杨玄略墓壁画

【基础信息】

杨玄略墓位于陕西省西安市枣园村。墓主杨玄略为晚唐时期宦官，官至银青光禄大夫，于唐懿宗咸通五年（公元864年）去世，同年下葬。此墓于1953年发掘，墓毁损严重，壁画多形迹不清，仅有青龙图、白虎图、文吏图、侍女图、白鹤图、朱雀图、柳树图等可辨认。

【完整信息】

杨玄略墓壁画是典型的晚唐时期作品。当时唐朝政治、经济上呈现衰落态势，直接或间接地反映到艺术领域，之前生机勃勃的景象已不复存在。画中侍女体态臃肿，神情慵懒，已经失去了初唐、盛唐时期侍女的神气和活力。官吏躬身行走，也没有盛唐时期同类作品中人物所具有的傲然挺立、自信沉着的气度。壁画中的白鹤，也不再在空中翱翔，而是降落驻足，这也反映了晚唐时期道教盛行之下人们缺乏向上进取精神的世风。壁画整体构图趋于简化。画面上这种气氛与格调的转化，与唐朝江河日下的国运和时代变迁正相吻合。

39. 朱雀图

【基础信息】

这幅朱雀图位于杨玄略墓墓室南壁，高95厘米，宽109厘米。画面为一只正面挺立的朱雀，流云环绕，展翅张尾，跃跃欲飞。

朱雀与青龙、白虎、玄武一起合称“四神”，“四神”分别代表南、东、西、北四个方位。墓葬中绘制四神的现象最迟在西汉时期已经出现，但位置并不固定。唐墓中四神的位置基本固定，表现方式也比较程式化。青龙、白虎绘于墓道东、西两壁，朱雀、玄武绘于墓室南、北两壁。唐墓中这种绘制风格甚至传播到了日本，四神壁画在高松冢古坟、竹原古坟中都有发现。

【完整信息】

朱雀形象经常出现在瓦当、石碑上，或石椁、门楣等处，但因受刻绘面积的限制，多以侧面形式出现。杨玄略墓中的这幅朱雀图以正面形式表现，非常清晰、舒展。朱雀头顶羽冠，曲颈圆眼，张喙咋舌，双爪挺立，展翅张尾，精神饱满，神态威武雄壮。

朱雀图

懿德太子墓壁画

【基础信息】

懿德太子李重润，唐高宗李治与武则天之孙，唐中宗李显嫡长子，母亲是韦皇后。原名李重照，因避武则天名讳，故改名为李重润。

开耀二年（公元682年）正月，李重润出生于东宫殿内。永淳元年（公元682年）被立为皇太孙。嗣圣元年（公元684年），唐中宗失位，李重润被废为庶人。圣历元年（公元698年），唐中宗复立为皇太子，李重润被封为邵王。大足元年（公元701年），李重润因私下议论张易之、张昌宗兄弟“何得恣入宫中”，被人陷害，密告于武则天，武则天大怒，李重润因此被武则天赐死，死时年仅19岁。唐中宗复位后，于神龙元年（公元705年）追封李重润为“懿德太子”。神龙二年（公元706年）将其灵柩迁回长安陪葬乾陵，并给予其“号墓为陵”的礼遇。

懿德太子墓全长100.8米，由墓道、6个过洞、7个天井、8个小龛、前甬道、后甬道、前墓室、后墓室8部分组成。懿德太子墓“号墓为陵”，这是唐代皇室一种极为特殊的丧葬制度。称陵不称墓，墓葬和随葬品以皇帝等级安排。懿德太子墓是目前仅见的一例“号墓为陵”的太子墓。正因如此，该墓葬规模宏大，随葬品丰富，出土各类文物达1000余件。墓内满绘壁画，保存较为完整的有40余幅，分别绘在墓道、过洞、天井、前后甬道和前后墓室内。壁画内容着重表现懿德太子生前政治地位的显赫和日常生活的奢华，壁画题材有《仪仗图》《青龙图》《白虎图》《城墙图》《阙楼图》《伎乐图》《男侍图》《僮仆图》《宫女图》《狩猎图》《驯兽图》《饲禽图》和各种异彩缤纷的花饰图案等。

【完整信息】

懿德太子墓发现的40余幅大型壁画气势磅礴、场面宏丽，是研究唐代绘画艺术珍贵的实物资料。壁画幅面大，布局严谨，内容上出现了新的题材，如驯豹图等。艺术手法高超，线条运用巧妙，笔法变化多端。人物形象精美，群体形象注重物像的主体感与线条的明暗变化。在着色方面，比较熟练地运用了石青色、石绿色、石黄色、银朱色、大红色等。如此高水准的艺术创作，应该是初唐至盛唐时期具有代表性的绘画大师在墓葬壁画中留下的杰作，故有学者推测，懿德太子墓壁画应出自宫廷巨匠之手。

40. 青龙图　白虎图

【基础信息】

青龙图和白虎图是从墓道东、西两壁上揭取下来的，位于墓道口的顶端。由于墓道口被毁坏，导致壁画受损严重，仅存青龙、白虎的后肢及臀尾部。自西汉时期开始，青龙、白虎、朱雀、玄武就成为东、西、南、北四方神灵的标志。此处绘制四神除表示方位外，也作为仪仗队的导引。

41. 阙楼图

【基础信息】

《阙楼图》绘制于懿德太子墓墓道的东、西两壁上，共两幅。东壁《阙楼图》高 3.04 米，宽 2.96 米；西壁《阙楼图》，高 3.05 米、宽 2.98 米。两幅壁画内容大致相同。阙楼为一组三出阙，即一个母阙加两个子阙。阙楼高大宏伟，从上到下可分为屋顶、屋身、平坐、墩台四部分。屋顶为单檐庑殿式，有一条正脊和四条斜脊，四面屋顶呈斜坡状，略微向内凹陷形成弧度，故又称为“四阿顶”。正脊两端饰有高高翘起的鸱尾。鸱是传说中的一种神兽，主水，饰于屋檐上起到避火镇宅的作用。屋檐出檐深远，上面画出筒瓦、滴水等结构。屋檐下有飞檐和椽子，长度基本相等。屋身面阔、进深各三间，大门居中，两边为直棂窗，周围有回廊。平坐架于墩台之上承托起屋身，四周为绘有蔓草花纹的单勾阑，转角和柱头有斗拱起到承重作用。墩台呈梯形台体，收分明显，上部施木枋与平坐相连，两重木枋中间以短柱联系；墩台为砖土结构，夯土筑为基础，外包长方形条砖，四边转角处包砌饰有忍冬蔓草纹的条石。《阙楼图》以城墙和远山为背景，其北面为《仪仗图》，绘有向城门行进的仪仗队伍。

西壁阙楼图

【完整信息】

阙是中国传统建筑中的一个重要组成部分，根据建筑位置的不同可称为城阙、宫阙、陵阙、宅第阙等。唐懿德太子墓《阙楼图》中所绘的即为城阙。阙通常建在城门两侧或宫室之间的夯土墩台上，台上加木构亭台，可登临观望，因此也称为“观”。汉代刘熙《释名》中解释为“阙，缺也，在门两旁，中央阙然为道也。观，观也，于上观望也”。阙的出现最早可追溯到西周时期，《诗经》中就有“挑兮达兮，在城阙兮”的描述。阙最初是一种防御性建筑，“阙为城卫，以待暴卒”供士兵们登临、观望、抵御外侵。早期阙的形制较为简单，以独立于城门外的单阙为主。到了春秋时期，阙的数量、位置和使用范围逐渐有了等级区别，如《公羊传》记载：“礼，天子诸侯台门；天子外阙两观，诸侯内阙一观。”

秦汉时期，阙的形制逐渐丰富，二出阙、三出阙已经出现，与单阙共存，并且出现了阙楼夹建于城门两侧的形式。阙的数量与等级相关，汉代时一般官僚可用一对单出阙楼，二千石以上诸侯可用一对由一主阙与一子阙构成的二出阙，皇帝则用由一主阙与二子阙构成的三出阙。但也有例外，《汉书·霍光金日磾传》中记载：西汉大将军霍光墓前“起三出阙，筑神道”，可见此时用阙制度并不严格。这一时期，阙的功能也逐渐丰富，汉刘熙《释名·释宫室》中记载：“门阙，天子号令、赏罚所由出也。”阙成为天子发号政令、显示德政、临抚万民的场所。

唐宋时期是阙的繁荣期。这一时期的城阙普遍高大恢宏，装饰华丽，充分体现出阙的威仪感。此时的阙具有重要的政治功能。隋唐时洛阳城应天门两侧各有一组三出阙，当时许多重要的政治活动，如大赦、改元、接见外国使节等都在此举行。随着阙功能的不断丰富和完善，其明尊卑、别身份的功能不断被强化，逐渐演变为“表正王居，光崇帝里”（南朝陆佐公《石阙铭》）的礼仪性建筑物。唐代用阙制度完善，其数量与身份等级有严格的对应关系，三出阙是皇帝独享的最高配置，唐乾陵内城四门外以及唐桥陵南门西侧均发现三出阙的基址。唐懿德太子墓中绘制的这组三出阙，正是“号墓为陵”的具体体现。

到了明清时期，阙逐渐衰退，仅用于宫城正门和重要宫殿前，结构造型也大大简化，完全成为礼仪的象征。从形制上看，阙经历了从单阙、二出阙向三出阙发展的过程。单阙形制最简单，出现也最早，起初孤立建筑在城门侧，左右相对，与城门不相连。汉代时出现了紧靠城门左右两侧、与城垣相连的阙。最迟到南北朝时期，单阙与城门间以垣廊连接起来，形成“凹”字形平面。二出阙形制较为复杂，为一母阙旁附一子阙，两阙形制相同，母阙高大，子阙略矮小。目前所见最早的二出阙形象见于四川省成都市羊子山东汉墓中出土的门阙图画像砖。汉晋时，二出阙脱离城门，孤立在城门外侧。南北朝时出现了垣廊，将阙与城门连接起来，隋唐时期沿用了这种形制并有所发展。唐淮安王李寿墓壁画《阙楼图》中所绘二出子母阙与城楼之间以廊相连接，形成“凹”字形平面。三出阙是城阙中最复杂的一种，一般形制为母阙外侧或后侧附两出子阙，规模依次递减。汉代已经出现三出阙，考古发掘中所见最早的三出阙实例为汉阳陵陵园南门阙。三出阙在唐代时业已成熟。隋唐洛阳城应天门阙形制为双向三出子母阙，即母阙的外侧和后侧各有两出子阙，平面呈曲尺形，阙楼与城门间以飞廊和垛楼连接，浑然一体又错落有致，给人以庄严肃穆之感。这种建筑形制对北宋汴梁丹凤门和明清故宫午门产生了深远的影响，在中国建筑史上占有重要地位。

唐懿德太子墓中的《阙楼图》能够直观地展示唐代阙楼的形象，其所绘的三出阙更是研究唐代阙楼制度的珍贵材料。此外《阙楼图》也为研究唐墓壁画的绘制方法提供了宝贵的资料。壁画的笔画工整平直，墩台处最长一笔可达 80 厘米，由上到下一气呵成。仔细观察可以看到笔画处有轻微凹陷。这说明绘制时应该是先利用直尺和树枝在未完全干透的墙面上起稿，再用毛笔在凹陷的痕迹内进行勾勒。这种绘画形式与我国传统绘画中的工笔界画（中国画技法名，作画时使用界尺引线）一脉相承，因此有学者将这两幅壁画评价为“工谨细巧、雍容典丽的初唐界画”。另外，懿德太子墓《阙楼图》还具有很高的艺术价值。画面采用仰视的角度，与现实中观看阙楼的视角相符，并衬以城墙和远山的背景，突显出阙楼的高大巍峨，给人一种“扑面而来”的视觉震撼。在绘制时采用了类似焦点透视的方法，立体感很强，三出阙有明显的远近关系。整幅画面配色和谐自然，墩台为冷色调，内部还有赭、灰等细微变化，墩台四边工笔细描出蔓草图案，十分庄严典雅。屋身、平坐部分用朱红色描绘，在主要连接点还绘有金铜饰件，给人富丽华贵之感，充分展现出皇家建筑的豪华气派。

42. 仪卫图（墓道东壁）

【基础信息】

在《阙楼图》以北的东、西两壁分别绘有规模庞大的《仪仗出行图》。从图上可以看出，阙楼的一侧与城墙相连，墙外是青山绿树，墙内就是即将出行的仪仗队伍。东壁的《仪仗出行图》，位于东阙楼图之后。壁画高 4.2 米，宽 6.72 米，由于篇幅巨大，在揭取时被分成三部分。

【完整信息】

规模宏大的仪仗队由步行卫队、骑马卫队、车队三部分组成，共计 104 人。东壁壁画中行在最前面的是步行卫队，共计 54 人，分为 6 队，每队 6～10 人，每队为首一人手持七旒旗，旒旗饰以雉尾，或绘有狮、豹、虎等动物形象。仪仗武士皆着圆领长袍，脚蹬黑靴，佩横刀、弓和胡禄，图中呈弯曲形状的就是胡禄。胡禄是古代士兵和狩猎者挎在身上用来装箭矢的箭囊，最早出自西域，通常以兽皮为材料，是唐朝士兵必备的武器装备之一。

步行卫队之后是骑马卫队，共计 29 骑武士，分为 6 队，每队 4～5 人，每队为首一人手持红色七旒旗，其余仪仗武士则手持旒旗或绘有虎、豹等动物的旗帜。最后一列 4 人举贴金雉尾扇，仪卫亦佩戴着横刀、弓和胡禄。整个队列的最后边是车队，由马车 3 架、马夫 3 人、18 个待从组成。学者将马车的外形与《旧唐书·舆服志》中的相关记载对比之后，判定这种车应为体现皇太子尊贵身份的金辂车。车前向外伸出的前面弯曲的独木车辕称为辀。“辀”即“辕”，其区别在于用于大车上的称“辕”，用于兵车、田车、乘车上的称“辀”。车身上巨大的圆形盖称为华盖。车厢左边插有九旒旗，右边插有棨戟。棨戟是一种涂漆的木戟，古代常作为仪仗用具。按《旧唐书·舆服志》

所记，壁画所显示的仪仗属皇太子规格。根据《新唐书·仪卫志》记载，骑马卫队最后一列4人所举的雉尾扇是皇帝的仪仗用具，与相传为阎立本所绘的《步辇图》中的雉尾障扇相类似，属帝王用物无疑。这也是唐懿德太子墓“号墓为陵”的又一标志。

东壁仪仗出行图

43. 仪卫图（墓道西壁）

【基础信息】

西壁的这幅仪仗出行图与东壁的相对称，表现的场景也基本相同。壁画高3.58米，宽6.73米。图中共绘有92人，其中步行卫队43人，分成6队，每队6～10人，穿着、佩戴与东壁相同。身后的骑马卫队共计30人，分成6队，每队5人，手持与东壁仪仗队相同的七旒旗。车队由马车3驾、马夫3人、侍从16人组成。在金辂车前有4人，2人手执雉尾扇、2人执雉尾障扇，其上有贴金装饰。根据《新唐书·仪卫志》记载这两种扇子均为皇帝专用的仪仗用具，这又是一处体现懿德太子墓“号墓为陵”等级的实例。

【完整信息】

在表现仪仗出行的场景中出现山石、树木、城阙等背景环境，是唐中宗、唐睿宗至唐玄宗时期皇室贵族墓壁画布局的特点之一。这幅壁画中远山、阙楼、城墙以及仪卫的比例十分准确，说明唐代宫廷画匠在处理人物与环境的关系方面已掌握了高超的技巧。

44. 驯豹图

【基础信息】

唐代贵族喜好狩猎活动，西域各国为了迎合唐朝贵族的喜好，纷纷进贡了一些驯养好的珍奇动物，以在贵族的狩猎活动中助猎之用。壁画表现的是侍官驯养猎豹的情景，在这里我们可以清晰地看到两只猎豹，驯养猎豹的侍官手里拿的是挝，这是当时驯养烈性动物时用到的工具。仔细观察就会发现这4位侍官，高鼻深目、络腮胡，是典型的胡人形象。由于这时期的猎豹大多是从中亚、西亚、阿拉伯等地进贡给大唐王朝的，专家推测这些胡人驯兽师有可能是随着猎豹等珍奇动物一起随贡入唐的，也有可能是应聘到宫廷之中的专职驯兽师。

45. 内侍图（第三过洞东壁）

【基础信息】

此图位于第三过洞东壁小龛以南，高1.56米，宽1.38米。图中共有7人，分成前后四排站立。他们头戴幞头，身着圆领长袍，7人面部表情相似，均手持笏板作逢迎状，除着白袍者之外其他人皆向前看。笏板，又称手板、玉板、朝笏或朝板，是古代臣下上殿面君时的工具，依官品高低材质有别。据说古时候文武大臣朝见君王时，将要对君王上奏的内容要点记在笏板上，双手执笏按所记之事依次禀奏，以防遗忘。

【完整信息】

《旧唐书·舆服志》记载：“文武之官皆执笏，五品以上，用象牙为之，六品以下，用竹木。”图中的7位内侍穿着不同颜色的衣服，根据《旧唐书·职官志》记载：“内侍之职掌在内，侍奉出入宫掖、宣传之事。”图中内侍所着袍服颜色不同，体现出不同的官品：为首一人着紫袍为三品，随后着红袍者为四、五品，着绿袍者为六、七品。

内侍图（第三过洞东壁）

46.（执）团扇宫女图（第三过洞东壁）

【基础信息】

该图位于第三过洞东壁小龛以北。该墓壁画似乎以第三过洞为分界线，在小龛的南侧为内侍图，小龛以北则似乎进入东宫内廷，所以均为女侍。壁画高 1.69 米，宽 1.39 米。图中有两位宫女，头梳螺髻，身着短襦、长裙，肩上披帛，脚穿云头履。南侧的宫女面容年轻，表情娴静，略微侧身看向北边的宫女；北边的宫女眼眉向下，神态似乎有些寂寞忧伤。两位宫女腰微弯曲，体态婀娜，手中各持一长柄团扇，扇面用丝绸包裹着，纹饰无法知道。也有学者认为她们手持的是扑蝶或扑鸟器具。

47. 宫女图（前墓室西壁南端）

【基础信息】

宫女图（前墓室西壁南端）

懿德太子墓墓室为前、后双室，其中前墓室的西壁壁画以中央红柱为界，分为南、北两部分，对称绘制有两组宫女图。该图位于西壁南端，高1.77米，宽1.82米。图中7名宫女面向中心柱，前后错落伫立，站位大体呈三角形。位于队首的宫女头梳高耸的单刀半翻髻，身着绯衣长裙，身体右侧佩有组绶，肩搭绿色披帛，足穿云头履，双手捧一盘于胸前，盘中所盛之物已经残破不可辨识，从其穿着判断应为四品宫中女官。在她身后有两名宫女，其中一人头梳螺髻，袖手而立；另一人头梳丫髻，双手捧一小口细颈鼓腹罐。在她们身后的四位宫女皆头梳螺髻，双手笼于袖中，尾随在队列之后。从图中我们可以感受到画师绘画功底深厚、技艺高超，用线条和色彩勾勒出人物的眉目神情，较好地表现了图中宫女每个人不同的个性：为首的年长者持重大方，随后的妙龄少女妩媚端庄。画中独具匠心之处在于通过正、侧面不同角度呈现了正在行进队伍中不同人物角色的位置、状态，使一队宫女从远处走向墓室的过程充满了韵律感，在视觉上造成具有纵深感的空间效果，深化了建筑壁面的象征意义。

48. 架鹞驯犬图

【基础信息】

该图位于第二过洞西壁，由两位侍者和一条猎犬组成。其中，右边的侍者左臂架鹞，右手作调教安抚状，同时还侧身回头戏弄身后的猎犬。猎犬体态矫健，长嘴细腿，属于擅长奔跑的犬种。整幅画面对人与犬的主次关系和神态动作刻画得非常细致而真实，因此显得生动逼真，栩栩如生。唐代统治者喜好狩猎，武则天圣历年间设置了“闲厩使”的专门官职，“闲厩使押五坊，以供时狩：一曰雕坊，二曰鹘坊，三曰鹞坊，四曰鹰坊，五曰狗坊”。五坊位于大明宫东内苑，专职饲养和训练宫廷中的狩猎动物。根据图中侍从中间的树木和石头推测，该壁画可能就意在表现出内苑场景。狩猎成为宫廷贵族日常娱乐运动的同时，也成了绘画和艺术常见的表现题材。何家村窖藏出土的狩猎纹高足银杯、鎏金仕女狩猎纹八瓣银杯等器物说明，狩猎纹还是重要的装饰纹样。这些现象都反映了唐代贵族阶层喜好狩猎、崇尚武勇的思想观念。

架鹞驯犬图

【完整信息】

画面中的猎犬应属于波斯犬。波斯犬出产于古代的波斯地区，这种犬腿长腰细，高大凶猛，善于奔跑，被称为“萨路基猎犬”，也称“波斯灵缇犬”，统称波斯犬。开元、天宝年间，中亚“昭武九姓”国中的安国、康国都向唐朝进献过此类犬。波斯犬在北齐时就已用于狩猎，出猎时“犬于马上设褥以抱之”（《北史·齐纪·后主纪》）。在此图中，波斯犬身后立有一身着绿衣的男子，应是五坊中的驯养者——“五坊小儿”。该幅壁画对我们了解唐代五坊的设置，研究唐朝宫廷的动物驯养，以及探究贵族狩猎时借助动物助猎的行为，提供了极其珍贵的形象资料。

49. 宫女图（前墓室西壁北侧）

【基础信息】

懿德太子墓前墓室西壁壁画以中央红柱为界分为南北两部分，对称绘制了两组内容基本相同的宫女图。该图位于北侧，高 1.65 米，宽 2.07 米。图中 7 位宫女站立位置呈三角形，面朝南，向中心柱作徐徐前行状。宫女们手中持有莲花形带盖托盏、瓶、烛台、拂尘等。根据《唐六典》记载，东宫内官有“掌食，从八品。掌膳羞，酒礼，灯烛，柴炭及宫人食料器皿”，与图中宫女手持之物对照，推测壁画表现的可能就是“掌食”。南侧图中的宫女形象与之基本相同。除居首的宫女头梳高耸的单刀半翻髻外，其余皆梳螺髻，上穿短襦，下着曳地长裙，肩绕披帛，身材修长，亭亭玉立。面部神色恭谨，举止端庄，举手投足、一颦一笑都表现出皇室侍女的高贵娴雅和训练有素。

50. （执）团扇宫女图（第三过洞西壁）

【基础信息】

该图位于第三过洞西壁小龛北侧，与东壁的（执）团扇宫女图对称，表现内容也基本相同。壁画高 1.66 米，宽 1.29 米。图中两位宫女一人面向墓道（南），一人则面向墓室（北）。画师在作画时对人物特点的描绘驾轻就熟，宫女的下巴处加了一条弧线，使身居优渥之境的东宫侍女，脸庞上形成的“双下巴”跃然而出。众所周知，盛唐女性以胖为美，而图中宫女虽然都有双下巴，但身材却都很匀称，体现出一种健康、丰满的独特审美标准。壁画以红色、绿色为主色，色彩运用大胆，搭配得当，整体视觉效果呈现出喜庆、祥和、雅致、大气的皇家气派。

51. 内侍图（第三过洞西壁）

【基础信息】

该图位于第三过洞西壁，与东壁的内侍图对称，内容也基本相同。壁画高 1.4 米，宽 1.67 米，7 人分前后四排站立，人物面部奴颜婢膝的表情暗示出其作为东宫内侍的身份，也进一步突显出墓主人尊荣的地位。

52. 宫女图（前墓室南壁东侧）

【基础信息】

该图位于前墓室南壁东侧，高 1.75 米，宽 1.16 米。因此图附近有盗洞，雨水与淤泥从盗洞渗漏而下导致壁画颜色脱落较为严重。图中有 2 位宫女，其中身材高大的宫女头梳高耸的单刀半翻髻，身着绯衣长裙，在其身体右侧佩有组绶，肩搭绿色披帛，足穿云头履。后边的宫女头梳丫髻，身着绿色长裙，左手平置于胸前，带着数条珠串状物，右手作托物状。根据此幅壁画的所在位置，专家推断这两位侍女应是立于寝宫门外，负责接迎和通报的女官。画面多处残留有构图时的修改线条，这是研究唐墓壁画创作技法的宝贵资料，同时也再一次验证了壁画的创作程序，即用炭棒或枝条起稿，用墨线勾勒轮廓，最后敷色。

宫女图（前墓室南壁东侧）

章怀太子墓壁画

【基础信息】

章怀太子墓位于陕西省咸阳市乾县。章怀太子李贤，唐高宗第六子，武则天所生。生前受封潞王、沛王、雍王，并于上元二年（公元 675 年）被册立为皇太子，奉令监国。文明元年（公元 684 年），武则天逼其自尽于巴州。神龙二年（公元 706 年），被唐中宗以雍王身份迁回乾陵陪葬。景云二年（公元 711 年），唐睿宗追谥其为章怀太子，并重开墓室，与妃子房氏合葬。

【完整信息】

章怀太子墓发掘于1971年。地下全长71米，由墓道、4个过洞、4个天井、6个小龛、甬道及前后墓室组成。墓中出土600多件随葬品及50多组壁画。壁画分两次绘制，首次绘制于神龙二年（公元706年），甬道以后部分为景云二年（公元711年）重新绘制。壁画内容主要是墓主人生前的生活场景，有出行图、仪仗图、马球图、客使图、观鸟捕蝉图以及乐舞娱乐和众多的男侍女侍形象等，表现了李贤生前以太子身份监国时的威仪以及奢豪的宫廷生活。画面构图完美、场面宏大，造型生动逼真，绘制技法成熟，颜色绚丽，浓淡相宜，是盛唐初期的佳作。这些题材广泛、内容丰富、笔墨流畅、表现形式多样的画面，既是中国古代美术史上的杰作，也是研究唐代美术、服饰、图案、音乐、舞蹈等领域的珍贵资料。

53. 殿堂侍卫图（第四过洞西壁）

【基础信息】

在章怀太子墓第四过洞的东、西两壁绘有两组内容相同的《殿堂侍卫图》。位于第四过洞西壁的这幅《殿堂侍卫图》，高171厘米，宽274厘米。画面中有一长廊建筑，似为东宫院中两侧的偏廊，木质结构，长廊被立柱间隔分成三开间，内有榻式平台，每一开间内的平台上分别坐着一名侍卫。其中，两位着白色长袍的侍卫蜷身跪坐在台子上，但两者的长袍款式有别，左边的为圆领长袍，右边的为翻领长袍；两人面容相似，均为圆脸、短髻，头戴幞头，足蹬黑靴，双手插于袖中，目光前视，似在留意周围的动静。最右边的侍卫身着红袍，脚着黑色长靴，斜坐在长廊边缘，手持笏板，似为承担联络的人员。但因画面残损，胸部以上已经看不清楚了。按《唐六典》卷二十四《左右卫》记载“亲、勋、翊五府之三卫及折冲府之应番上者……凡宿卫内廊閤门外……皆坐于东、西廊下”。因此跪坐在廊内的侍卫，相当于左、右卫下五府的殿堂卫士或殿职官。他们仪表堂堂，神情专注，显示出皇家的森严等级和威严阵势。

殿堂侍卫图（第四过洞西壁）

【完整信息】

这幅画表现了唐代宫廷生活的一个侧面，再现了墓主人李贤生前的生活场景。史书记载李贤天资聪颖，从小深得唐高宗的喜爱。皇太子李弘病死后，20 岁的李贤被册立为皇太子。在做太子期间，他协助皇帝处理国事，周密而严谨，上图所描绘的就是当时太子东宫中的情景。两位跪坐的长袍男子应是值夜班的官员，二人袍服残留绿色，依照唐代官服制度规定，六品官员着绿色，因此他们很可能就是宫门局的长官——宫门郎。画中第三位根据其衣着颜色，应为官级较高的四品官员。他侧面而坐，手持笏板，表现的是等待面见太子的状态。画面内容清晰明了，构图简洁，人物神情与其身份及所处环境融合协调，是盛唐壁画的佳作，为后世研究唐代东宫的仪卫制度等提供了珍贵的资料。

54. 殿堂侍卫图（第四过洞东壁）

【基础信息】

这幅《殿堂侍卫图》位于第四过洞东壁，高 174 厘米，宽 248 厘米，与西壁的《殿堂侍卫图》两相呼应。也是在长廊台柱间绘有三人，其中两人跪坐，一人站立。自南向北第一人头戴幞头，圆脸，身着翻领长袍，腰间束带，双手放于腿上，侧身扭头向北，目视第二人。第二人侧身向南，服饰与前者相似，左手微微上举，似在与第一人交谈。第三人头戴幞头，身着圆领长袍，腰间束带，足蹬黑靴，眉清目秀，形象年轻，双手放于胸前，站在长廊内的通道口处，根据其神情和姿态判断，像是东宫中殿堂侍卫与宫内的联络人员。

第四过洞东、西两壁的这两幅壁画，构图相互呼应，布局巧妙合理，艺术家用简练的线条描绘出殿堂的廊庑结构，建筑特征与人物身份职责简单明了，是研究墓主人身份等级和唐代高等级贵族生活的形象资料。

55. 内侍图（第三过洞西壁）

【基础信息】

在第三过洞东、西壁对称地各绘制着一幅《内侍图》，两幅图的人物数量及排列方式基本相同，只是动作略有不同。这幅《内侍图》位于第三过洞西壁，高 168 厘米，宽 284 厘米。南面第一人，身着绿色圆领袍衫，足蹬红色浅口履，与东西壁《内侍图》中其他 7 位人物皆着黑色长靴不同，是一个特例。内侍面部都较为消瘦，颧骨突出，无胡须，因此推断其可能是宦官。宫刑在古代社会是五刑中仅次于死刑的刑罚，受过宫刑的男子主要从事宫廷内宫侍者的工作，被称为宦官。秦汉时期，一整套与封建君主专制制度相适应的宦官机构逐步完善。唐代的内侍省专用宦官掌管传达诏旨，守御宫门，洒扫内廷，内库出纳和照料皇帝、太子的饮食起居等事务。武则天时期，宦官人数剧增；唐中宗神龙年间，三大内及东都的宦官已达三千人，为此后宦官擅权埋下了隐患，也成为唐朝走向衰亡的重要原因。此图中的内侍，形象都比较矮小，面部表情猥琐丑陋，可以看出画家对宦官的鄙视态度。

56. 内侍图（第三过洞东壁）

【基础信息】

位于第三过洞东壁的《内侍图》高 168 厘米，宽 284 厘米。画中绘有四名内侍，均为宫中宦官。宦官一词由来已久，史书上也称寺人、阉人、中官、内臣、内侍等。在长期的内廷生活中，他们熟悉皇帝、皇后及太子的意图，一些人因此往往成为皇帝等人的贴己心腹。图中四名内侍衣着款式相似，头上均戴黑色幞头，腰间束带，足蹬黑色尖头靴，其中三人手持笏板。

图中四人朝向有别，姿态各异，呈散点式排列。右起第一人身着红袍，面向南躬身趋步，拱手作对话状。第二人身着黑袍，双手持笏板似正在陈述。第三人身着褐色长袍，向南行走中回身后望，右手平托笏板，像是召唤着后面的同伴。第四人身穿黄袍，面向北，躬身颔首，双手持笏板拱于胸前，作呈奉状。

【完整信息】

这幅《内侍图》色彩鲜艳，艺术家用娴熟的技巧将宦官的形神姿态描绘得生动自然，真实反映了唐代宫廷生活的一个侧面。从四名内侍身着袍服的颜色，所持笏板的姿态，推测应是唐代内侍省的官员。按照唐代官服制度规定，图中穿红袍者应是四品或五品官员，其他三位身着黄色、黑色、褐色袍的内侍，应为六品以下官员。

古代文人士大夫对宦官的评价向来不高，认为这些受过宫刑的宦官大多心态扭曲，缺少善良之心。历史上宦官亦多有狐假虎威、作恶多端之辈。因此，这也是为什么在唐墓壁画中看到的宦官形象经常被描绘成一副尖嘴猴腮面孔的缘由，尤其是李贤墓中的宦官形象，表情多被夸张扭曲，极其丑陋。其实宦官也并不都是“贪恶肆横”的坏人，唐墓壁画中对宦官形象的丑化，只是社会上对这一群体长久以来普遍鄙视的一种情绪表达。

57. 内侍图（前甬道东壁）

【基础信息】

这幅《内侍图》绘于章怀太子墓前甬道东壁，高 108 厘米，宽 41 厘米。画面中的人物应是一个宦官形象，其身材矮小瘦弱，面部特征突出，双目深陷，颧骨高耸，两腮塌陷，口部涂成红色；头裹黑色幞头，身着圆领黄色长袍，足蹬黑靴，腰束黑带。他略微弯腰，右臂屈起，手握鱼符，鱼符下方系挂一把钥匙，左手食指指向鱼符，双眼向右斜视。鱼符是隋唐时期朝廷颁发的一种凭证，一般用木雕或铜铸，做成鱼形，鱼身从中间剖成两半，刻有可供勘验的文字或记号，右半符留在上级主管部门，左半符颁发给下属执行机构。唐代进出宫门时，须将左、右两个半符相合，勘验无疑，才能放行。在某种程度上，鱼符和军事中调遣军队用的兵符——虎符，意义相似。鱼符下方系挂一把钥匙，以表明宦官门吏的身份。

【完整信息】

据《新唐书·职官志》记载："唯有宫门郎掌内外宫门管钥之事"，据此推断这名手拿鱼符和钥匙的宦官应为宫门局中的宫门郎。这幅《内侍图》绘画笔法简练、粗犷，并带有轻松、随意、诙谐的感觉，突出了人物的特征，形神兼备，具有较高的艺术水平。

58. 内侍、侍女图

【基础信息】

这幅壁画位于章怀太子墓前甬道东壁，高 131 厘米，宽 170 厘米。画面中三人分别为两名侍女，一名内侍。左边的侍女头梳高髻，双手挽巾交于胸前。中间的侍女，女着男装，身穿翻领胡服，双手捧长方形器具，英姿飒爽。两名侍女均面向墓室内，好似在等待墓主人的吩咐。右边的内侍躬腰屈身，双手执扡，面朝墓室外。

【完整信息】

根据文献记载，在中国历史上最早喜好穿着男服的女子是夏桀的宠妃妹喜。唐代丝绸之路的畅通，使得大量的外来物品源源不断地流入长安，皇室贵族率先成为这些新奇外来事物的尝试者和推广者，胡服、胡乐、胡舞、胡器都因为他们的喜好而广受民众的追捧，而其中更以男装胡服被贵族妇女所推崇，成为这一时期时髦装束的代表，图中中间侍女所着的男装胡服就是这一时期人们审美情趣的最好印证。内侍手中所持的挝，最早是一种驯马的工具。但这幅壁画中我们看到手持挝的内侍显然不是驯马人，而应是太子的近身侍者，说明挝在唐代除了驯马、狩猎等实用功能外，还具有仪仗功能。唐代文献中关于挝的记载很少，而这幅壁画可能是唐代的挝具有仪仗功能的形象资料。

59. 列戟图

【基础信息】

在章怀太子墓第二过洞东、西壁对称地绘有列戟图，两列戟架上各插戟 7 杆，总计 14 杆。这幅列戟图与我们在李寿墓中看到的略有不同，没有了放置戟架的廊房和站立的卫士。红色的戟架上插着黑色的戟杆，戟上垂有四旒的虎头彩幡，并装饰红色缨带。

据《唐六典》《唐会要》记载，唐代宫殿、官府列戟按戟数可分为 24、18、16、14、12、10 杆这六个偶数等级，14 杆属于第四等级，这一等级是亲王及一品官员身份的人才可以享用的待遇。李贤正是以雍王的身份迁葬乾陵，恰与戟数 14 杆相符，因此这幅《列戟图》应是迁葬时绘制的。

60. 仪卫图之一

【基础信息】

《仪卫图》位于墓道东、西壁《客使图》之后，第一过洞廊柱建筑之前，其中东壁北段的《仪卫图》较为完整，高 222 厘米，宽 227.5 厘米。图中绘有九名仪卫，分成三组，每组三人，呈三角形站位。三组中各有一人，手持大旗，三面旗上分别绘有熊纹、鹰纹、云纹。所有仪卫均头戴红色抹额（抹额是唐代仪卫武士的首服，是一种三角形状的巾子，一般为红色），身穿圆领白袍，腰系黑带，脚着黑靴。腰带分别系有鞶囊、横刀、弓和胡禄等。将空的胡禄放在地上，可以听测四面八方的动静，因此胡禄又被称为“地听”。

【完整信息】

唐墓壁画受唐人“墓为真宅”观念的影响，除了指示方位的四神和装饰美化作用的图案外，题材主要分为两个方面的内容：一是表现墓主人政治地位和身份等级的出行、仪仗、建筑、戟架等内容，二是表现墓主人生前豪华奢侈内宅生活的各种场面。从目前唐墓壁画揭取情况可以看出，在唐玄宗天宝年以前，即初唐和盛唐时期，表现墓主人生前仪仗和狩猎场面的壁画题材非常突出，同时也适当地安排了宫廷生活和日常家居生活的场面。到了中晚唐时期，唐墓壁画盛行家居生活方面的题材，仪仗出行方面的题材则愈来愈减弱。这一变化也对应着社会生活的改变。据《新唐书·仪卫志》记载，唐代仪卫武士随身佩挂的武器主要有弓、箭和横刀，一品卤簿有青衣十人。该幅壁画画面中的 9 名仪卫和下述的《仪卫领队图》中的仪卫领班所组成的 10 人仪卫队，不论从规格和装束上都与文献记载一致，符合李贤以雍王身份陪葬乾陵时的埋葬规格。

该幅壁画的绘画技法颇具代表性，既有工整的铁线描，也有潇洒而富有力度的兰叶描，灵活运用，表现自如。色彩的运用以平涂为主，晕染法使用较少，色彩浓淡过渡，自然和谐。

61. 仪卫图之二

【基础信息】

画中的人物应为仪卫领队（也有学者称其为侍卫长）。他头戴幞头，身着青色翻领窄袖胡服，腰间系黑色革带，右侧佩鞶（pán）囊（也有学者认为是鱼袋），足蹬黑靴，双手在腹前拄仪刀于地上，此人身材魁伟，相貌堂堂，目光炯炯地注视着前方。这名领队和其身后的 9 名仪卫共同组成了一个 10 人的仪卫队，属于一品亲王的礼遇规格。

仪卫图之一

仪卫图之二

62. 客使图

【基础信息】

《客使图》又称《礼宾图》，高 185 厘米，宽 247 厘米，在章怀太子墓墓道中部的东、西两壁上对称分布。两幅壁画上各绘制有 6 个人物。东壁《客使图》，由北至南的前三人（图中左起前三人）均穿着初唐时期的朝服，面面相对呈三角形站立。他们头戴笼冠，身穿阔袖红袍，白裙曳地，腰系革带，手持笏板，足蹬岐头履，气度沉稳，神情肃穆，雍容自如。从他们的动作和神情来看，似乎正在商量事情。图中左起第四、五、六位均为异域使者的形象。左起第四位使者秃顶髡发，浓眉深目，高鼻阔嘴，身穿翻领紫袍，系白色腰带，脚穿黑靴，身体略向前倾，两手交叉置于胸前，呈洗耳恭听状。左起第五位使者面颊丰润，须眉清晰，小口朱唇，头戴尖状小冠帽，冠上插两支翎羽作为装饰，上身着白色宽袖短袍，领部与袍底镶红襟，下穿白色广口裤，腰束白带，足蹬黄靴，两手置于袖中拱于胸前，神态谦恭，仿佛正向大唐官员禀奏着什么。左起第六位使者头戴翻耳皮帽，身穿圆领黄袍，腰束黑色革带，外披一件皮毛大氅，下穿黄色毛皮窄裤，足蹬尖头靴。他双手拱于袖中，站立在离其他人稍远的位置，似乎正在等待召唤。

【完整信息】

壁画中这些人物的身份历来是学术界争论不休的话题。对于三位大唐官员的身份，目前的主流观点认为他们是唐代鸿胪寺的官员。鸿胪寺是唐代掌管四夷觐见和朝祭礼仪的部门。据《旧唐书·职官志》记载：“鸿胪寺，卿一员，从三品。少卿二人，从四品上。卿之职，掌宾客及凶仪之事，领典客、司仪二署，以率其官属，供其职务。少卿为之贰。凡四方夷狄君长朝见者，辨其等位，以宾待之。”画面中左起前三位官员均身着红色朝服，据《新唐书·车服志》中“绯为四品之服，金带跨十一”的记载推测，他们很有可能是负责接待外国使节、安排觐见的鸿胪寺卿和少卿。

三位异域使者的国籍问题是学术界颇具争议的话题。有学者认为图中左起第四位秃顶髡发的使者来自中亚地区或东罗马帝国。考究其发型和衣着，为东罗马帝国使者的可能性较大。《旧唐书·西戎传》记载：“拂菻国，一名大秦，在西海之上，东南与波斯接……风俗，男子翦发，披帔而右袒。”东罗马帝国在我国史籍中被称为拂菻或大秦。我国与大秦的交往最晚可追溯到汉代，《后汉书》有记载：汉桓帝时大秦安敦王曾遣使来汉，并敬献象牙、犀角、玳瑁等珍宝。魏晋南北朝时期我国与大秦也保持着密切的交流。到了唐代，大秦多次遣使朝贡与唐交好，使两国的关系发展到一个新的阶段。《旧唐书》中记载：“贞观十七年，拂菻王波多力遣使献赤玻璃、绿金精等物，太宗降玺书答慰，赐以绫绮焉……不数月，又遣大德僧来朝贡。”可见唐与大秦交往密切。

关于图中左起第五位着羽冠使者的国籍，中外学者纷纷提出了不同看法，其中具代表性的观点有“日本使者说”“新罗使者说”“渤海使者说”等。从现有史料和相关考古发现来看，他最有可能是新罗使者。画面中该使者的衣着服饰，与《旧唐书·高丽传》中“官之贵者，则青罗为冠，次以绯罗，插二鸟羽，及金银为饰，衫筒袖，裤大口，白韦带，黄韦履”的记载颇为吻合。使者头上插有翎羽的小尖冠，在朝鲜平安南道高句丽古坟“双楹冢”壁画和吉林省集安县通沟高句丽古坟“舞踊冢”壁画中也可觅得踪影。

图中最右边的使者身着皮毛制成的厚实衣帽，明显是来自寒冷的地方。

学者们推测他可能是来自我国东北少数民族室韦族或靺鞨族的使者。

两幅《客使图》体现出唐代画师高超的艺术水准和绘画水平，其画面优美，气势磅礴，极富表现力。在构图上布局有致，宾主分明，遒劲洗练、疏密有致的线条，将不同人物刻画得生动传神，惟妙惟肖。六位大唐官员的从容大气、泰然自若与六位异域使臣的毕恭毕敬、忐忑不安形成鲜明对比，人物性格与心态跃然纸上。

东壁客使图

63. 侍女与侏儒图

【基础信息】

侍女与侏儒图

章怀太子墓前墓室南壁东、西两侧各绘制一幅侍女与侏儒图，右图是位于东侧的《侍女与侏儒图》。这幅图高 168 厘米，宽 102 厘米。画中三人为行进中的状态，为首的一位身材矮小，身高明显低于常人，但着装、打扮却与常人无异。他头戴黑色幞头，身穿圆领黄袍，系黑腰带，脚穿黑靴；面庞宽圆，粗眉、阔鼻、红唇、大耳，面颊也涂有红色。双手一高一低置于胸前，左手半握，右手张开，扭身回头正在与身旁侍女比画交谈着什么，表情生动。

【完整信息】

这位身材矮小的人物应是一位侏儒，属于唐代宫廷专门豢养的、以滑稽表演供皇室贵族取乐的特殊人群。侏儒早在先秦时期就已出现，汉代已成为宫廷贵族取乐的对象，身份极其卑微。画面中间是一位身穿红色翻领长袍胡服，下穿条纹紧口裤，足穿线鞋的年轻女子，圆脸红唇，体态窈窕。最后一位女子身穿白襦绿裙，披巾交于胸前，体态丰腴，雍容华贵，右手上指，目光随手指方向延伸至远方，有一只雀鸟正在展翅飞翔。

这幅壁画在构图上让人物成阶梯状排列，服饰线条简洁流畅，多采用晕染法着色，整幅壁画色彩鲜艳而凝重，呈现出强烈的层次感。

64. 提罐侍女图

【基础信息】

这幅《提罐侍女图》绘于章怀太子墓前甬道东壁，壁画高 171 厘米，宽 119 厘米。画中的两位宫女都穿着绿色窄袖短衫、米黄色长裙，头梳螺髻，肩部分别披着绿色和红色帔巾，两人正一前一后向前走去。前方的女子右手提罐背身而立，像是听到了召唤，回眸顾望同伴。后面的女子双臂交于腹前，神态端庄，若有所思。整幅画面呈现出宫人在寂静而幽僻的太子宫院中行走，似乎正通过形体和眼神进行着无言的交流的场景。

【完整信息】

从画面中可以看出，后方的侍女神情庄严，体态端庄，可能地位较高，前方女子右手提罐，正等待吩咐，似乎身份较低。据《唐六典》记载，太子宫中有宫女 116 人，其中掌管膳食、酒水、灯烛、柴炭及宫人食料器皿的占较大比例。画面中前面提罐披绿色帔巾女子应是从事服务劳作的普通宫女，而后面披红色帔巾女子应是太子宫中掌管膳食的女官。

【拓展信息】

身披绿色帔巾的宫女手中所提的罐为短颈、鼓腹，考古发现的与之外形相似的唐代提梁罐数量不少，在何家村窖藏更是发现了多件银质的提梁罐，其中最为著名的则是被学者称之为“唐代最美器物之一”的鎏金鹦鹉纹提梁银罐。这类银罐主要用于盛放酒水、药物等，壁画中的提梁罐为我们考察和研究唐代贵族生活器皿的种类和形制，又增添了一个形象资料。这幅《提罐侍女图》在刻画人物表情动态方面独具匠心，通过两位侍女一正一背，一静一动，一前视一回眸的表现，将人物的呼应关系以及唐代侍女的婀娜姿态都处理得恰到好处，是一幅颇具匠心的艺术作品。

65. 内侍、侍女图

【基础信息】

这幅《内侍、侍女图》同样绘制于章怀太子墓前甬道东壁，高 176 厘米，宽 129 厘米，图中绘有一男一女两名侍从。其中，男内侍头戴黑色幞头、身穿白色圆领袍衫，侧身向外，双手执笏板，目光前视，肃然正立，似在等候来宾；侍女侧首向外，似乎正在注视着前方，从其装扮和神态来判断应是宫中的女官。

【完整信息】

据文献记载，在唐朝服务于太子的宦官应归属于太子内坊。太子内坊在唐初时属东宫官属，开元二十七年（公元 739 年）属内侍省官属。这些人掌管着太子东宫门户的禁令，以及宫人的俸禄与赏赐、引导主客傧序，还有太子出行时所用伞舆及牛马的管理等。图中看到的内侍应是在太子内坊局中担任这类职务的宦官，他们在壁画中多以拱手侍立或屈身执笏的形象出现。

66. 捧物侍女图（其一）

【基础信息】

章怀太子墓前甬道长 14 米，宽 1.7 米，高 1.2 米，东、西两壁的壁画都绘有男女侍从人物。东壁上的是一组《捧物侍女图》，图中共有六位人物，在壁画揭取的时候将它分割成两幅，每幅三人，下图是其中的一幅。画面中左边的侍女头梳高髻，身着小襦衫和蓝绿色长裙，手捧食盒，她的身份应是东宫中的掌食者。右边的侍女与前者服饰基本相同，手捧莲花形盘，盘中是一株的海棠花，应该是一种鲜花盆景。走在中间的是一名眉清目秀，女扮男装的侍女，她头裹黑色幞头，身穿浅色圆领长袍，下着长裤和线鞋，手中托着一只圆盘，盘中栽种着两株娇小艳丽的花草，其间衬托着小块玩石，显然是一盆树石盆景。也有专家认为走在最前面的侍女所捧的物品是食物，中间着男装的侍女捧的是唐代美食“酥山”。

【完整信息】

圆领袍服、翻领胡服和靴本是唐朝男子的装束，唐代妇女由于受到胡化风气和唐人豪爽开放性格的影响，在初唐和盛唐时期流行穿着男装与胡服，因而唐墓壁画中出现了众多着男装、穿胡服的侍女形象。男装侍女一般不穿靴，而着线鞋；不裹幞头，露出发髻，展现出女性特征。图中这位男装侍女却头裹幞头，应该就是唐代宫廷中的所谓“裹头内人”，她们一般承担的是宫中的杂役工作。根据其手中所托的树石盆景推测，这名裹幞头的侍女很可能是太子内官中的掌园。据《唐六典》记载，唐朝太子宫中，专门掌管太子日常生活的侍女竟达 116 人之多，其中的“掌园”负责“园苑，种植物蔬果”。

捧物侍女图（其一）

67. 捧物侍女图（其二）

【基础信息】

《捧物侍女图》（其二），画面中间的侍女手捧花盆，据此推测可能是太子内官中的掌园。她的发式、服饰均与左、右两边的侍女相同，惟襦衫开口较低，袒露胸部。另外，《捧物侍女图》也反映出盆景制作在唐朝的兴盛。从画面可见，这一时期的盆景内有水、有花草、有奇石，涵盖了后世盆景的基本内容。

68. 马球图之一

【基础信息】

在章怀太子墓墓道西壁还绘有一幅举世瞩目的《马球图》，与东壁的《狩猎出行图》遥相呼应。《马球图》描绘了在远山和古树陪衬下的宫苑中，二十多位球手争打马球的壮观场面，原图全长 8.9 米，揭取时被分割为五部分。

《马球图》中打马球者均身着窄袖袍，头戴幞头，脚蹬黑靴，跃马奔驰，执缰挥杖，追逐着马球往返穿梭。这幅画是我国马球运动最早的形象资料，因场面宏伟、构图绝妙、形象生动，被定为国宝级文物。

【完整信息】

右图是《马球图》中最精彩的部分，图中描绘了五位骑手正在追逐击球的紧张场面。画面人物虽然不多，但竞争相当激烈。骑手着两种不同颜色的服饰，代表的应该是正在比赛的两支球队。队员们有的扬起球杆准备击球，有的手握缰绳直奔马球，有的驰骋腾空，有的注目等候，各显绝技。尤其是骑枣红马的第一人最为生动，他手持月牙鞠

马球图之一

杖，侧身后看，作反身击球状，马球似乎正在他身后的空中飞旋。

【拓展信息】

马球，又称波罗球，是一项古老的体育运动。马球运动的起源一直是学术界争论的焦点，目前主要有三种观点。第一种是波斯起源说，20 世纪 30 年代，向达先生在《长安打毬小考》中首次提出马球起源于波斯，后向西传至君士坦丁堡，向东传至中亚地区，在初唐时期传入我国，进而传入朝鲜半岛、日本。第二种是吐蕃起源说，这种观点最初是由美籍德国人劳佛尔提出的，他通过词源学的研究，认为马球的英文 polo 一词源于藏语，阴法鲁、徐寿彭、王尧等学者也结合语言学和历史文献论证了此观点。第三种是我国本土起源说，这种观点是 20 世纪 50 年代由我国体育界人士提出的，他们认为早在东汉时期中原地区就出现了马球这项运动。曹植《名都篇》中就有“连翩击鞠壤”的描述。诗句中“击鞠”是否指打马球尚有疑问，不足以作为力证。但 2012 年在江苏省徐州市睢宁县巨山村发现了 6 块画像砖，上面刻有打马球的图案。这几块画像砖由当地百姓拾获，用来垒砌圈棚，因而缺乏确凿的年代信息，但有研究者表示，从材质、图像、工艺等方面进行鉴定，应系东汉时期的画像砖无疑。如是，则为此说法增添了有力的实物证据。无论马球运动起源于何时何地，它在唐代兴盛至极则是无疑的。

69. 马球图之二

【基础信息】

这幅图位于 5 名球手激烈比赛的图像之后，画中绘有一组人物，但由于画面漫漶残缺，人数不详。他们与 5 名球手保持一段距离，骑马伫立观望，可能是观众或等待替换上场的队员。

【完整信息】

马球运动在唐代之所以深受人们的喜爱，除了它是一项高雅、有趣和富有挑战性的娱乐活动外，还因为它是一项带有浓厚军事色彩的运动。在太平盛世的年代，唐代皇帝提倡这项运动应该具有上述的双重积极意义。参赛者在马球场上相互配合、驰骋拼搏，无疑是骑术、球技、体力、技能与智谋的综合竞争。当时的王公贵族、军中统领、文人学士乃至女子，都不乏球场好手，就连唐代二十几位皇帝中也有不少人打得一手好马球。随着马球运动的日益盛行，马球场的建设也不断引起重视，并使之逐步得到发展与完善。唐朝前期，以梨园球场最为著名，后期则以含光殿球场声名远播。据《唐国史补》《资治通鉴》记载，唐代后期甚至还出现了别具一格的“灯光球场”“草地球场”。唐朝宫廷打球多在宫内、里坊或军中的正式球场进行，但章怀太子墓壁画所绘的打马球，却是在野外非正规的场地进行的。由此分析，这场马球赛应该不是一场正规的比赛，可能是出行途中或打猎之余闲暇之际几人随意组合的练习活动，这也从一个侧面说明马球运动在唐朝十分普遍，可以不择场地随时进行。

马球图之二

70. 马球图之三

【基础信息】

这幅壁画画面残缺。四名骑手中只有一名着红袍者较为完整，他正骑马狂奔，从他头上飘飞的两条幞头巾角可以想象出他追逐马球时的速度之快。

【完整信息】

唐玄宗不仅是狂热的球迷，更是技艺精湛的球手，其水平让吐蕃高手都刮目相看。唐中宗景龙四年（公元 710 年），金城公主下嫁吐蕃王，吐蕃派出庞大的使团来长安迎亲。双方举行了一场盛大的马球大赛。比赛一开始，精擅“国技”的吐蕃队先拔头筹，令唐宫廷队大失颜面。在这关键时刻，由当时还是临淄王的李隆基、嗣虢王李邕以及驸马杨慎交、武延秀四人披挂上阵，以少敌多，对抗吐蕃队十人。比赛局势瞬间逆转，只见他们“东西驱突，风回电激，所向无前”，尤其是年轻骁勇的李隆基“若猛虎下山，出入于无人之境”。最终唐宫廷队打败了以马球为“国技”的吐蕃队，取得了胜利。

马球图之三

71. 马球图之四

【基础信息】

这幅图描绘的是崇山峻岭间，一名宦官和一名武士模样的骑手正飞驰电掣般奔赴球场的情景。图中人物与山石的比例协调，比起“人大于山，水不容泛”的六朝山水画已有了很大进步。

唐人具有尚武精神，喜爱名马成风，画家也乐于画马。唐人画马注重写实，并以形神兼备为艺术追求。此幅图中鞍马人物不仅形体比例准确，骏马疾驰的神态和骑手眉目间的焦急之态也都刻画得栩栩如生。

马球图之四

72. 马球图之五

【基础信息】

唐朝是中国画兴盛发展的重要时期。随着山水画的迅速发展，唐墓壁画中也开始出现对山石、树木等环境的描绘。此图即一幅单纯的松柏图，五棵松树挺直整齐，与六朝山水中的植物“若伸臂布指”长短相间迥异。整个布局安排得紧凑而有序，真正达到了“疏可走马，密不透风”的艺术效果，充分显示出唐朝画工高超的山水绘画技巧和独具匠心的艺术构思。全图有起有伏，疏密相间，错落有致，呈现出一种和谐的韵律之美。图中无论是人、马的细部描绘，还是山石、古树的粗犷勾勒，都给人一种古朴、典雅的美感。

马球图之五

《马球图》不仅是研究唐代马球运动的重要实物资料，而且具有极高的艺术价值，它向人们展示了唐代画师高超的艺术造诣。画面整体上采用一种鸟瞰式的散点透视法，通过大视角、全景式的描绘，将驱马突击的五位球手、跨马观战的观众和远处策马奔腾的数人合理安排在一幅画面中，布局详略得当、疏密有致。在局部的构图上，画家巧妙地将山石、树木等景物与人物交错排列，形成一种动静相成、错落有致的韵律感。在让我们感受到唐代马球比赛的激烈和精彩，以及人们对马球运动的热爱和痴迷的同时，更让我们体会到唐代崇尚竞争、崇尚力量的社会心态和积极健康、昂扬向上的时代精神。

73. 狩猎出行图之一

【基础信息】

《狩猎出行图》绘于章怀太子墓墓道东壁南段，高 1～2 米，长达 8.9 米，是一幅构思完整、疏密有致的大型壁画创作。由于篇幅过大，揭取时被分割成四部分。该图以远山近树为背景，描绘了由 46 个鞍马人物、2 匹骆驼组成的出行狩猎队伍，浩浩荡荡地奔驰在长安郊外大道上的场景。画面真实地再现了唐代皇室贵族喜爱狩猎的生活场景，被定为国宝级文物。

狩猎出行图之一

右图描绘的是队首处的三名导骑。导骑腰佩弓与装箭的胡禄，前后两名导骑手持马鞭，中间一人右手持红色四旒旗，正骑马飞奔向前。

74. 狩猎出行图之二

【基础信息】

中间大队人马共有六排，束腰佩剑，驾鹰抱犬，前呼后应。行走在大队人马最前列的是一位身穿紫袍、体态雍容的男子，尤其引人注目的是他的坐骑是一匹披鬃垂尾的白马，与其他人所乘剪鬃扎尾的马匹，形成了鲜明的对比。秦俑中出土的陶马也是挽结缚尾式，说明扎束马尾这种做法早在秦代便开始施行。这样做是为了防止马匹在奔跑中马尾飞飘扫割到侧后方的马匹眼睛，而发生危险，这是古人为了骑乘安全所采取的一种办法。其余五排骑马者或穿翻领胡服，或穿圆领

狩猎出行图之二

袍衫，黑色的幞头上系有红色抹额，有的随身携带胡禄和弓，还有的架鹰携犬。在大队人马中还可见两骑手身后蹲着猎豹和猞猁，这是用于助猎的动物。《狩猎出行图》形象地再现了唐代皇室贵族外出狩猎的阵势组合，也印证了初盛唐时期上流社会喜好狩猎，并架鹰带犬助猎的社会现实。

【完整信息】

细心观察我们还可以发现，最前列这匹白马的步伐也呈现出不同于一般马的步履姿态。我们平常见到的马都是异侧前后蹄同时离地或着地，而这匹马则是同侧前后蹄同时离地或着地。这种不同于一般马的特殊步伐，可以使马的身体在同一水平线上左右摆动，从而使走姿更加平稳，使骑马的人没有前颠后仰之苦，不易产生疲劳感。具有这种步履的马在唐代文献中被称为“走马”，走马的数量较少，只有极少数地位很高的人才可以使用。由此分析，这位骑马者的地位应该比较高，有人推测他有可能代表的就是墓主人章怀太子李贤。

75. 狩猎出行图之三

【基础信息】

这幅图是分割后的第三幅图，画面中12名骑手疾驰飞奔，紧紧跟着前方的队伍。骑手们有的扬旗挥鞭，有的笑语喧哗。后面的猎骑则不甘落后，接踵而至，其中一位身穿白色袍服的骑手正回首眺望，扬手向前，似乎正在吆喝后队的人马快点跟上。整个场面轻松而欢快，与前后画面形成很好的呼应。马上魁梧健壮的骑手，头戴幞头，身着黄、白等色的翻领胡服或圆领袍衫，腰佩横刀和弓箭，人马疾驰而过，留下的是淡淡的远山和狩猎苑囿的空旷与幽静。

狩猎出行图之三

唐墓壁画在描绘众多人物的大场面时，改变了汉墓壁画平列式构图的做法，人物被有机地组合起来，图中这 12 名骑手分成两组，各组人物之间穿插呼应，画面显得十分生动活泼。

76. 狩猎出行图之四

【基础信息】

画面最后用苍劲的枯笔绘就出五棵挺拔苍劲的大树，其间负重的骆驼和数匹轻骑奔驰在古木森森的林荫山道上，作为整个狩猎出行队伍的殿后和辎重驮运队。画面中两匹骆驼背驮炊器、柴草飞驰前奔，其间的骑士从面貌上看，多数深目高鼻，他们应为来自中亚的胡人。画师以青松山林为背景，寥寥几笔勾勒出树木山石，并巧妙借用墓道斜坡，精心构图布局和渲染气氛，使这支人数众多的狩猎队伍，似乎正从古木参天的大道呼啸而出，奔向山坡，从而营造出一种漫山遍野人喊马嘶的恢宏气势。

【完整信息】

平时我们看到的骆驼都是慢悠悠地行进着，但这幅画面中的骆驼都是奔跑的状态，足以看出整个队伍前行的速度很快。画面中不仅有定稿的人物、动物形象，而且还发现有残留的构图起稿线，可以看出画师在绘画的时候不仅会考虑个体的人物形象，也会考虑画面整体的布局，从而使整个画面错落有致、协调统一、突出重点。

【拓展信息】

在原始社会，狩猎活动只是获取食物的一种方式。但随着社会的发展，狩猎逐渐变成强健体魄、愉悦身心、培养勇武精神的一种有益活动。西周时期，狩猎作为贵族礼仪的一项内容被正式确定了下来，以后历代沿袭，并形成传统。到了唐代，帝王对狩猎活动有着非同寻常的喜好，狩猎也成为帝王政治生活中享有重要地位的技艺。骑马射猎是唐代狩猎的主要方式，急速运动中的骑射，需要高超的马术和射艺，也需要非凡的胆量和过人的机敏，也最能显示骑手的勇武和豪侠。唐太宗李世民曾把弓不虚发、箭不妄中的狩猎原则放在与国家统一、国泰民安同等重要的地位。唐高祖李渊之子齐王李元吉曾说："我宁三日不食，不可一日不猎。"唐代朝野上下洋溢着崇尚勇武、健康向上的勃勃生机，这是与注重武艺、喜好狩猎的社会风气分不开的。在这样的社会背景下，狩猎活动便成为唐代绘画的重要题材。

《狩猎出行图》场面宏大，气势恢宏，是一幅大比例、远景式的动态画面。整幅画中的鞍马人物、林木树石都曲尽其妙，宛然如真。画师以对生活的细致观察和高度提炼，加上自身丰富的创作经验和想象力，将大唐皇室贵族"意气骄满路，鞍马光照尘"的狩猎景象重现在墓道墙壁之上。整体用笔简约明快，构图疏密得当。特别是场景线条的描绘，长长的线条一笔挥就，从头到尾圆浑劲挺。人物鬓发及胡须的用笔，精细不乱，韵味有余，显露出蓬松的"毛根出肉"的质感。从用笔特征仔细分析，有的遒劲，有的粗犷，可能整幅画并非出自一人之手，有可能是由多名画师共同完成的佳作。古代描绘车马狩猎的画面不少，但如此宏大的画幅却很少见。《狩猎出行图》不仅使我们真切地感受到了章怀太子李贤生前外出狩猎的情景，同时也为研究唐代王室狩猎的真实生活提供了珍贵的形象资料。

狩猎出行图之四

唐安公主墓壁画

【基础信息】

唐安公主，唐德宗长女，初封唐安公主。自幼聪慧孝顺，深受唐德宗喜爱，成年后下嫁秘书少监韦宥。唐德宗建中四年（公元 783 年）泾原兵变，唐安公主随父逃亡梁州（今陕西省汉中市、城固县、南郑县、勉县等地）。唐德宗兴元元年（公元 784 年），死于城固县，时年 23 岁；同年十月廿二日迁葬于长安城东（今陕西省西安市东郊王家坟）。唐德宗贞元十五年（公元 799 年），追谥韩国公主，谥号贞穆。唐代公主追封及谥号，开始于唐安公主。

唐安公主墓为单室砖墓，由墓道、甬道及墓室组成。甬道和墓室绘有《朱雀图》《玄武图》《天象图》《男侍图》《女侍图》《花鸟图》等。

【完整信息】

唐安公主墓中的壁画反映了中唐时期的时代特点。这一时期经济政治的衰落，都直接或者间接在壁画中有所反映。比如墓中的侍女图，画中侍女体态臃肿，神情慵懒，已经失去了初唐、盛唐时期侍女的活力和神气；官吏躬身行走，也没有盛唐时期同类作品中人物所具有的傲然挺立、自信沉着的气度。

永泰公主墓壁画

【基础信息】

永泰公主墓位于陕西省咸阳市乾县北部，是乾陵 17 座陪葬墓之一。永泰公主李仙蕙是唐中宗李显的第七个女儿，也是唐高宗李治和武则天的孙女。久视元年（公元 700 年）被封为永泰郡主，下嫁武承嗣之子武延基。大足元年（公元 701 年）死于洛阳，年仅 17 岁。根据墓志铭记载，李仙蕙因难产而死。但据《旧唐书》记载，她却是因议论张易之与张昌宗而触怒了女皇，被武则天赐死。各种推测众说纷纭，尚无定论。神龙元年（公元 705 年）唐中宗复位后，追封李仙蕙为“永泰公主”。神龙二年（公元 706 年）将其灵柩迁回长安陪葬乾陵，并给予“号墓为陵”的最高礼遇。

【完整信息】

永泰公主墓发掘于 1960 年，这是中华人民共和国成立以后发掘最早、规模最大、墓葬级别最高的一座唐代女性墓葬，也是唐朝 289 年历史中唯一一座“号墓为陵”的公主墓。墓区总面积为 6050 平方米，墓区朱雀门外左右各树立一座单出阙楼，阙楼以南有一条宽约百米的神道，两侧排列着一对石狮、两对石人及一对华表等大型石刻，具有皇陵的规模，体现出其非同寻常的级别。墓葬地下全长 87.5 米，深 16 米，是唐代墓葬中级别最高的双室砖墓之一。墓葬由墓道、5 个过洞、6 个天井、8 个小龛、前后甬道及宽敞的前墓室、后墓室 8 部分构成，这样复杂的结构形式，象征着这位雍容高贵的公主生前安居的深宫大殿。这座墓葬形制巨大，虽曾被盗，但仍然出土各类精美随葬品 1300 余件。墓中的壁画颇具规模，从墓道至墓室分别绘制青龙图、白虎图、门楼图、仪仗队图、列戟图、云鹤图、宫女图及天体图等装饰图案。特别是其中的宫女图极具特色，宫女图布局上采取组合式构图，每图均为 7 人以上的群像，图中人物造型自然生动，比例协调，表情各异，栩栩如生，体现出高超的艺术造诣，堪称唐代人物画，尤其是侍女画的杰作。

77. 宫女图

【基础信息】

壁画中共绘制 16 位风姿绰约的宫女，为避免画面单一，画师将其分置于两幅画面中，北侧 7 位宫女与南侧 9 位宫女面向站立，中间绘制廊柱加以区隔。南侧的这幅《宫女图》高 177 厘米，宽 198 厘米，描绘了 9 位唐代宫女形象。画面中左起为首一人头梳半翻髻，上着白色窄袖衫，外套红色半臂，肩绕绿巾，下穿绛色长裙，脚穿重台履。面若满月，仪态端庄，双手拢于胸前。从她所处的位置、神态及手中未持器物推测，她可能是这群宫女的首领女官。在她身后跟随的八位宫女，服饰有别，神态各异，手中捧持不同器具。首领女官身后第一位宫女头梳螺髻，身着白衫绿裙，肩披绛紫色披帛。右手托一敞口盘，左手盘绕在披帛一端，正侧身回顾，目光流盼。其侧后方站立的宫女，头梳双螺髻，浓眉细目，挺鼻丹唇，神情温婉。这位宫女内穿圆领红衫，外着翻领交衽长袍，作胡服装扮，双手捧一高脚烛台，红色的烛火莹莹燃起。图中侧背向人的这位宫女，似乎正在与前二位宫女窃窃私语。只见她身着窄袖红衫，外加黄色半臂，一袭绛色长裙曳地，双手捧一方形奁盒。她上身微仰，腰肢前倾，身姿婀娜，虽侧身示人，亦可让人联想到其姣美的面容。

在稍远的地方站立的左起第五位宫女，梳半翻髻，身着红衣黄裙，肩绕绿巾，左手执一朱色团扇。她注目凝视，神情怡然，似乎正在倾听其他人的谈话。第六位宫女位于画面中央，与旁人稍离，是画师着力描绘的对象。这位宫女螺髻蛾眉，面目清秀，身形颀长，肩若削成。只见她手捧高足玻璃杯，折腰挺腹，亭亭玉立，仿佛弱柳扶风，又似莲花摇曳。她身着朱色窄袖衫，肩绕白巾，一袭绿裙曳地，裙边飘荡合欢带，这正是唐代标准的美人形象，最能体现当时社会崇尚优雅高贵的审美情趣。

在擎杯宫女之后，站着两位黄衣红裙的女子，一人披红巾，另一人披绿巾，分别持长柄如意和拂尘。画面中最右边一位宫女作男子装扮，头戴幞头，身着圆领长袍和窄脚条纹裤，足蹬线鞋，手捧包袱。在唐代，侍奉内廷的宫女常有身着男装的，称为“裹头内人”。

这九位宫女从各个方面向我们展示了大唐女子的气质和风貌。壁画中女子的发髻式样有半翻髻、螺髻和双螺髻三种，皆为初唐和盛唐时期流行的高髻式样。半翻髻又称为翻荷髻，因形状似翻卷的荷叶而得名。画中两位宫女的半翻髻高高耸起，显然是使用了义髻，即假发。螺髻与双螺髻因形似螺壳而得名，本来是幼童发式，后来被唐代女子改造成高髻并普遍使用。唐诗中“螺髻凝香晓黛浓”说的正是此发式。

【完整信息】

这幅“群美毕集”的宫女群像，让我们得以窥探唐代皇室贵族日常生活的私密画面。画中9位风姿绰约的宫女分别手持梳妆的奁盒、纳凉的团扇、搔痒的如意、驱蝇的拂尘以及各种宴饮器具，尤其是点燃的明烛，暗示我们这是一个微凉的夏夜，宫女们正赶去服侍公主准备华灯宴饮的场景。

南侧宫女图

这幅《宫女图》在人物造型和画面布局上，展现出极高的艺术水准。画中9位宫女身材匀称，体态丰盈却不显臃肿，呈现出“S”形的曲线美，是初唐向盛唐过渡时期的典型形象。这种造型方式显然是受到了印度佛教艺术中菩萨天女形象的影响，同时又融合了唐代画家本土化的处理方式。画中手持高足杯的宫女低头沉吟，似笑似思，其婀娜的体态最能代表武周时期仕女画的神韵。画家通过洗练而流畅的线条将这些特点成功地诠释出来，以线的粗细勾画人物的轮廓和细部，疏密有致，富于变化。尤其人物的面部，眉、发、眼、鼻和嘴经过精心勾勒，一丝不苟。在一幅人物群像中，画家通过服饰、妆容、姿态以及神情的细部特征，使每一个人都具有鲜明的特点，毫不雷同，令人过目不忘。整幅画充分体现了画师高超的绘画水平，是唐代早期仕女画的最高水准。

南里王村唐墓壁画

【基础信息】

现今西安市长安区韦曲原上的南里王村、北里王村一带，是唐代显赫一时的韦氏家族的墓园。此墓发掘时未见墓志铭，墓主人身份不详，但根据墓葬所在位置及形制判断，该墓墓主人应属于韦氏家族成员。

【完整信息】

此墓 1987 年发掘。形制为竖井式单室砖墓，规模较小，出土有陶俑等少量随葬品。壁画分布于墓葬的甬道和墓室，内容较为丰富，题材有朱雀图、祥云图、男女侍图、野宴图及表现墓主人生前贵族生活的六合屏风图等。

根据随葬品和壁画的特点推测，韦氏墓的年代应在盛唐之后、中唐前期。这一时期壁画盛行家居生活题材，流行山水、飞禽等内容。风格趋于写实，信手勾勒，不加修饰，近于现代速写。壁画技巧熟练，造型准确，神态生动。比较突出的壁画是表现大型野外聚餐场面的宴饮图，该图题材新颖，场面宏大。壁画中侍女形象，体态丰腴，衣裙宽大、飘逸，开中晚唐之风。

78. 树下仕女图（之一）

【基础信息】

此图是绘于韦氏墓墓室西壁靠近棺床的六合屏风图之一。此图高 159 厘米，宽 56 厘米。六合屏风图每一幅主题图四周均绘出宽约 10 厘米的红色边框，以模拟屏风的锦缘，各屏所表现的内容均为一形象大致相似的贵妇日常生活的场景。树下弹琴仕女图中绘一棵大树，树下有一女子发髻低垂，着浅色衣衫、绿裙，黄色半臂，斜坐榻上弹拨琴弦。在她右边，有一头戴白帽、身着黄袍的男子形象，与整个画面相比，其身材比例极不协调，为什么会出现这种情况呢？有学者认为有以下两种原因：第一，因唐代墓室壁画的绘制者身份差别极大，既有出类拔萃的名画家，也有画技一般的匠人，而且墓主人的身份、地位亦大不相同，难免出现壁画水准相差较大的情况。第二，这幅画也许表达了更深一层的含义，那就是黄袍小人在这里可能体现的是绿裙女子弹奏乐曲时所表达或心中所想象的一种幻境，如仙人等。画师着意表现绿裙女子悠闲、慵懒的神态。这也是当时流行的一种画风，是社会由盛转衰景象在绘画作品中的反映。女子怀中所抱的乐器是唐代极为常见的曲颈琵琶。这种琵琶在唐代是极为流行的乐器，在各种乐舞中占据了很重要的位置，其形象在出土文物和壁画中屡见不鲜。该墓规格较低，绘画技法和艺术风格呈现出鲜明的特色，有较大的随意性，应出自民间画师之手。

树下仕女图（之一）

【完整信息】

韦氏墓的六合屏风图是我们研究唐代屏风画的重要资料。唐代屏风的使用非常普遍，尤其以六合屏风最为常见。屏风画的内容也丰富多彩，有人物画、山水画、鸟兽画等。因唐代屏风主要以木料和纸或帛制作，难以持久保存，且随着社会生活习俗的变革，家具随之更新等缘故，明清以来直到 20 世纪前期，除了在日本正仓院保存有一些唐代屏风外，流传民间的古物中已不见唐代屏风实物的踪影。随着近年来唐墓中出土的屏风图壁画的不断增加，我们得以亲眼看见唐代屏风的形象资料。

79. 树下仕女图（之二）

【基础信息】

树下仕女图也是韦氏墓六合屏风图之一，画中两人一前一后立于树下，四周点缀以花草怪石。前立者似为一贵妇人，体态丰腴，头梳倭堕髻，身穿黄衫，着绿裙，披浅色帔帛。双手隐于袖中，交拱于胸前，神态雍容华贵。后立者应为侍女，身穿圆领黄色长袍，系一腰带，双手亦隐于袖中交于胸前。贵妇人面向前方，似在远眺或欣赏四周的景色。侍女侧头向其右方张望，表现了少女稚气未脱，对一切充满好奇的神情。

树下侍女图（之二）

在日本奈良东大寺中，发现了许多古代屏风，它们主要是日本天平胜宝八年（公元756年，唐肃宗至德元年）六月二十一日，光明皇后献给东大寺的圣武天皇遗物，其中最引人注目的是“鸟毛立女屏风”，六曲屏面上各绘有一棵树，树下绘有女像一人，或坐或立，也以相邻两曲为一组，图中人物姿态互相呼应。除主像旁无侍仆外，从构图到人物与韦氏墓中的六合屏风图的风貌几乎如出一辙，由此可证明“鸟毛立女屏风”确为唐文化的产物，成了当时奈良皇室吸收唐文化热潮的实证。

1972年在阿斯塔那古墓群中还出土了唐画木骨绢面屏风，题材有弈棋仕女图、舞乐图和牧马图。它们的功用是作为随葬品装饰墓室，在某种意义上也可以当作壁画看待。其绘制水平相当高超，艺术风格几乎与传世的唐代绘画作品及中原地区的唐代壁画相同。这也反映出中原地区丧葬风俗对西域的影响，而这一影响也必然是通过丝绸之路完成的。

传世名画

80.《照夜白图》《牧马图》

【基础信息】

《照夜白图》是唐代著名画家韩幹的代表作。“照夜白”是唐玄宗李隆基的坐骑，为西域大宛国进贡的名马。该马一身雪白，夜晚犹如满月，因此被称为照夜白。图中“照夜白”系于一木桩上，昂首嘶鸣、奋蹄不息，似乎像要挣脱缰索一样。这幅画以富有弹性的遒劲线条和略加渲染的绘画技法，恰到好处地表现出了骏马的矫健和奔腾气势，使之成为中国古代以马为主题的画作精品。此画从唐朝流传至今，先后被很多人收藏，画幅边缘有很多收藏者加盖的印章，还有李煜、米芾等人的文字题记，是流传有序的名迹，现收藏于美国大都会艺术博物馆。

《牧马图》是韩幹所作的另一幅绢本设色人物画，现藏于台北故宫博物院。画面描绘了一位头戴幞头、手持马鞭、满脸虬髯、体态健硕的官员，骑着一匹白马、牵着一匹黑马，准备外出牧放的情景。两马并辔而行，黑马在外，白马在内。从画风看，牧马人两腮胡须，体格高大壮硕，是胡人相貌，据研究其应属于唐代为朝廷专职驯养马匹的“奚官”；马匹健壮丰满、生动逼真，属于来自西域的良马。此图线条纤细遒劲，寥寥几笔勾勒出马的体态神情和人物的鲜明特征，具有极强的艺术感染力。画上有宋徽宗赵佶瘦金书题款：“韩幹真迹”。

81. 宋人摹本张萱《虢国夫人游春图》

【基础信息】

《虢国夫人游春图》原为唐代画家张萱所作，陕西历史博物馆馆藏图来源于宋代摹本。画中描绘的场景是天宝十一载（公元 752 年），唐玄宗的宠妃杨玉环的三姊虢国夫人及其眷从出游赏春的情景。画面中共有八骑九人（包括一小女孩），前三骑与后三骑是侍从、侍女和保姆，中间并行二骑为秦国夫人与虢国夫人。秦国夫人居右上首，正面向虢国夫人似乎在诉说着什么。全画构图疏密有致，错落自然。人与马的动势舒缓从容，正应游春主题。画家不注重背景，只以湿笔点出斑斑草色以突出人物，意境空蒙清新。图中用线纤细，圆润秀劲，在劲力中透着妩媚。设色典雅富丽，极具装饰意味，格调活泼明快，整幅画面洋溢着雍容、自信、乐观的盛唐风貌。

张萱，生卒年不详，唐代最具盛名的仕女画家，京兆长安（今陕西省西安市）人。唐玄宗开元十一年（公元 723 年），与杨升、杨宁同任史馆画直，工画人物，擅绘贵族妇女、婴儿、鞍马，名冠当时，与周昉不相上下。所画妇女，惯用朱色晕染耳根，为其特色；又善以点簇笔法构写亭台、树木、花鸟等宫苑景物，此法与周昉所作不同。传世作品除《虢国夫人游春图》外，还有《捣练图》。

82. ［唐］周昉《簪花仕女图》

【基础信息】

《簪花仕女图》是中国古代人物画的一幅经典之作，画中描绘了六位衣着艳丽的贵族仕女于春夏之交赏花游园的情景。全图分为四段，以平铺列绘的方式，分别描绘妇女们采花、看花、漫步和戏犬的情形。其中，卷首与卷尾的仕女均作回首顾盼宠物的姿态，从而使通卷的人物活动收拢归一。全图六个人物的主次远近安排巧妙，另有小狗、白鹤及花树点缀其间，景物衬托少而精。作者以“主大从小”的方式突出主要人物，这是中古时期人物画常用的表现手法。

画中人物线条简劲圆浑而有力，设色浓艳富贵而不俗。仕女们身着纱衣长裙，头戴花髻，这是当时的盛装。高髻时兴上插大牡丹，下插茉莉花，在黑发的衬托下，显得雅洁明丽。人物的描绘以游丝描为主，行笔轻细柔媚，匀力平和，特别是在色彩的辅佐下成功地展示出纱罗和肌肤的质感。画家为手臂上的轻纱敷染淡色，深于露肤而淡于纱，恰到好处地再现了滑如凝脂的肌肤和透明的薄纱，呈现出柔和、恬静的美感。该画中仕女的服饰与出土的中晚唐时期的陶俑的服饰特点基本相同，呈现出颇为一致的审美取向和精神面貌，真实地反映了中晚唐时期女性的服饰文化。

相传《簪花仕女图》为周昉真迹。周昉，是唐代继张萱之后以擅绘贵族妇女著称的画家。周昉作品的特点，据记载是“衣裳劲简”“彩色柔丽”，所描绘的妇女形象“以丰厚为体”。这些特点在《簪花仕女图》中都可以看到。周昉生活的时代，是唐朝经过安史之乱由盛而衰、社会矛盾日渐尖锐之际。他笔下的妇女与张萱作品中人物欢愉活跃的神态不同，仿佛沉湎在一种百无聊赖的氛围中，纵然装饰得花团锦簇，也掩藏不住内心的寂寞与空虚。在表现时代特点和生活深度上，周昉具有卓越的艺术才能，是中唐时期继吴道子之后而崛起的人物画家。他早年效仿过张萱，后来加以变化，别创一体，后人将他创作的人物画特别是仕女画和佛教的“水月观音”画，尊为“周家样”，其风格和技法对晚唐及其之后的画坛产生了深远的影响。

参考文献

1 赵荣. 人文陕西［M］. 西安：陕西旅游出版社，2010.

2 庞雅妮. 盛世文化的半壁江山：陕西历史博物馆［M］. 西安：西安出版社，2018.

3 冀东山. 神韵与辉煌——陕西历史博物馆国宝鉴赏［M］. 西安：三秦出版社，2006.

4 王炜林. 陕西古代文明［M］. 西安：陕西师范大学出版总社，2019.

5 中国国家博物馆. 文物中国史［M］. 北京：中华书局，2009.

6 陕西历史博物馆. 花舞大唐春——何家村遗宝精粹［M］. 北京：文物出版社，2003.

7 陕西省文物局. 陕西历史博物馆［M］. 西安：西安地图出版社，2020.

后 记

陕西历史博物馆被誉为“古都明珠，华夏宝库”，展览体系为“一主两翼”，“一主”指“陕西古代文明”陈列，该陈列按照历史发展的脉络集中展示了陕西出土或征集的三千余件珍贵文物，较系统地展现了陕西古代文明演进的历史轨迹。“两翼”为两个专题陈列：“大唐遗宝——何家村窖藏出土文物展”集中展示了玉器、金银器和钱币等，反映了唐代手工艺的最高水平；“唐代壁画珍品馆”展示了研究唐代社会生活及风俗文化的重要实物例证——唐墓壁画。

为了更好地解读陕西历史博物馆展览体系，我馆社会教育部工作者特别策划出版了《解说陕历博》一书，希望通过此书让读者对展览以及文物有所了解。此书的编写突破了传统模式，通过对文物不同层次的解读，帮助读者更深入地了解陕西古代文化和中国古代传统文化。

这本书的出版得到了陕西历史博物馆党委的重视和支持，在本书的编撰过程中，我们借鉴了诸多前辈的学术成果。特别感谢副馆长、研究馆员庞雅妮在百忙之中给予严谨、专业的指导，感谢杨效俊、梁彦民、晏新志等专家提出的宝贵意见。万分感谢社会教育部参与撰写此书的同事们的精诚合作，本书是集体智慧的结晶，也是一个提升自我的途径。同时感谢陕西人民教育出版社编辑安然提供的许多建议。特在此说明并致谢。

由于水平有限，时间仓促，不足之处，恳请读者和同仁批评指正。